Einführung in die Kostenrechnung

Burkhard Huch

Einführung in die Kostenrechnung

8. Auflage

Physica-Verlag Heidelberg

Prof. Dr. Burkhard Huch
Institut für Betriebswirtschaftslehre, Hochschule Hildesheim,
Marienburger Platz 22, 3200 Hildesheim

ISBN 3-7908-0360-X Physica-Verlag Heidelberg

CIP-Kurztitelaufnahme der Deutschen Bibliothek

Huch, Burkhard: Einführung in die Kostenrechnung / Burkhard Huch. - 8. Aufl.
Heidelberg : Physica-Verlag, 1986. (Physica-Paperback)
ISBN 3-7908-0360-X

Satz und Druck: Journalfranz Arnulf Liebing GmbH + Co., Würzburg
Bindearbeiten: Konrad Triltsch GmbH, Graphischer Betrieb, Würzburg
7120 7130 – 543210

Vorwort zur fünften Auflage

Mit der Kostenrechnung befaßt sich eine kaum mehr übersehbare Fülle von Veröffentlichungen auch aus neuester Zeit. Dennoch mangelt es an Lehrtexten, die in gestraffter Form einem Leser ohne einschlägige Vorkenntnisse die umfassenden Grundlagen jenes Gebietes erschließen. Hier soll die nun vorliegende fünfte, wesentlich erweiterte Auflage auch weiterhin eine Lücke zu schließen versuchen.

Mit der vorliegenden Schrift sollen sowohl die Studierenden der Wirtschaftswissenschaften und der Ingenieurswissenschaften als auch die interessierten Praktiker die Möglichkeit erhalten, sich einen Überblick über den Stoff der betrieblichen Kostenrechnung und die hierüber fast zahllos erschienenen Veröffentlichungen zu verschaffen. Unter dem Gesichtspunkt ‚Ein Buch ist kein Buch' darf der Leser sich zur Aneignung dieses Stoffgebietes nicht kritiklos auf das Studium dieser Darstellung beschränken. Zahlreiche Literaturhinweise sollen zum Nachlesen und zur Vertiefung des hier Aufgezeigten anregen.

Zum Verständnis dieser Schrift werden keine speziellen Kenntnisse auf dem Gebiet der Kostenrechnung vorausgesetzt; doch sollte sich der Leser bereits die Grundlagen der Allgemeinen Betriebswirtschaftslehre unter Einbeziehung der Buchhaltung angeeignet haben.

Seit dem Erscheinen der ersten Auflage sind knapp sechs Jahre vergangen. Die ursprüngliche Konzeption wurde über die verschiedenen Auflagen hinweg beibehalten. Gegenüber der ersten Auflage sind nun die Methoden der Teilkostenrechnung stärker abgehandelt, gegenüber der vierten Auflage habe ich die Ausführungen über die Plankostenrechnung erweitert und vertieft. Denn Probleme zukunftsgerichteter Rechnungen — etwa die Ermittlung der relevanten Plankostenwerte und Kostenvorgaben — und Kontrollen — so die Überprüfung der Planwerte im Hinblick auf Wirtschaftlichkeitsaussagen — bilden heute im Rahmen der entscheidungsorientierten Betriebswirtschaftslehre mehr und mehr den Schwerpunkt. Weiterhin ist den Organisationsformen der Kostenrechnung innerhalb des Rechnungswesens nach dem Gemeinschaftskontenrahmen und nach dem Industriekontenrahmen mehr Beachtung gewidmet. Die übrigen Kapitel wurden im Laufe dieser fünf Auflagen überarbeitet. Der Aufbau des Buches hat sich nicht geändert.

Auch in dieser Auflage sollte nicht über eine komprimierte Darstellung und Diskussion des Sachgebietes hinausgegangen werden. Mit der Veröffentlichung *Uebele, H., W. Zöller*: Arbeitsbuch „Kostenrechnung", Berlin–Heidelberg–New York 1972, wird den Studierenden eine weitere Lernhilfe empfohlen. Dieses Arbeitsbuch knüpft mit zahlreichen Lernfragen und weiteren Beispielen an die von mir gebrachten Ausführungen an.

So hoffe ich, mit dieser nun vorliegenden fünften Auflage die Grundlagen der Kostenrechnung vollständig abzudecken. Dabei gilt mein Dank den Hörern meiner Vorlesungen; mit ihrer stetigen Kritik haben sie den Ausbau des Buches vorangetrieben und so entscheidend zu der nun vorliegenden Fassung beigetragen.

Hannover, im Februar 1977

Burkhard Huch

Inhaltsverzeichnis

1. Die Kostenrechnung im Rechnungswesen

1.1 Das Rechnungswesen innerhalb der Betriebswirtschaftslehre

Der Begriff „Rechnungswesen" kennzeichnet ein bestimmtes Informationssystem [*Szyperski*]. Die Abgrenzung des Informationssystems „Rechnungswesen" von anderen Informationssystemen kann unterschiedlich eng oder weit vorgenommen werden. Die Einengung auf wirtschaftlich auswertbare Informationsakte dient der Abgrenzung des Rechnungswesens von rein fertigungstechnischen Informationssystemen [*Coenenberg*, S. 1].

In der wirtschaftswissenschaftlichen Literatur ist eine Reihe von Definitionen für das „Rechnungswesen" erarbeitet worden:

Nach *Kosiol* [1972, S. 133] bildet das Rechnungswesen der Unternehmung durch ein System von Zahlen die realen Vorgänge des Wirtschaftsgeschehens ab, die sich rechnerisch ausdrücken lassen und die geeignet sind, die Wirklichkeit des Unternehmungsprozesses in ihren für den betrachteten Zusammenhang charakteristischen Zügen inhaltsgetreu wiederzugeben.

Nach *Schneider* [*E.*, 1963, S. 1] ist der Ausdruck „Rechnungswesen eine Sammelbezeichnung für alle Registrierungen und Berechnungen, die in einer Unternehmung mit dem Ziel vorgenommen werden, a) ein zahlenmäßiges Bild des tatsächlichen Geschehens, b) eine zahlenmäßige Grundlage für Dispositionen für die Leitung zu gewinnen".

Mit diesen Definitionen hat sich in neuerer Zeit *Weber* [1974, S. 3ff.] kritisch auseinandergesetzt. Er weist insbesondere darauf hin, daß ältere Definitionen den gesamten Komplex des Rechnungswesens nur unvollkommen wiedergeben; *Weber* [1974, S. 5] schlägt daher folgende Definition vor:

Betriebswirtschaftliches
Rechnungswesen   = System zur Ermittlung, Darstellung und Auswertung von Zahlen über die gegenwärtigen und zukünftigen wirtschaftlichen Tatbestände und Vorgänge im Betrieb sowie die gegenwärtigen und zukünftigen wirtschaftlichen Beziehungen des Betriebes zu seiner Umwelt.

Auch sieht die traditionelle Betriebswirtschaftslehre das Rechnungswesen noch vielfach aus einer institutionellen Betrachtungsweise heraus. In dieser Betrachtung beinhaltet das Rechnungswesen die zur Erfassung, Darstellung und Verarbeitung aller Geschäftsvorfälle gebildeten Institutionen. Folgende Einteilung des Rechnungswesens in vier Teilbereiche geht auf die „Richtlinien zur Organisation der Buchführung" des früheren Reichswirtschaftsministeriums vom 11.11.1937 zurück. Danach wurde das Rechnungswesen [*Nowak*, S. 10] eingeteilt in:

1. Buchführung und Bilanz
2. Selbstkostenrechnung
3. Statistik
4. Planung

Das Rechnungswesen ist aber weniger institutionell, als vielmehr funktionell zu sehen. Die Aufgabe des Rechnungswesens besteht darin, Informationen zu gewähren [*Heinen*, 1966, S. 15]. Entgegen den Funktionsbereichen „Beschaffung", „Produktion" und „Absatz" leistet das Rechnungswesen keinen unmittelbaren Beitrag zum Betriebsgeschehen. Innerhalb des Gesamtsystems der Betriebswirtschaft besteht diese Funktion einerseits in der Ermittlung und Bereitstellung von Informationen zur Rechenschaftslegung und zur Dokumentation. Informationsempfänger sind hier in der Regel außerhalb der Betriebswirtschaft stehende Adressaten. Zu erwähnen sind hier die Gläubiger, der Staat und außenstehende Kapitalgeber. Diese Aufgaben übernimmt der Teil des Rechnungswesens, der als „externes Rechnungswesen" zu bezeichnen ist. Im Mittelpunkt steht hier die Erfassung und zahlenmäßige Dokumentation von Geschäftsvorfällen vergangener Perioden [*Grochla*, Sp. 1095f.]. Andererseits ist es Aufgabe eines „internen Rechnungswesens", Informationen für dispositive und strategische Entscheidungsprozesse bereitzustellen [*Grochla*, Sp. 1096f.]. Informationsempfänger ist hier die Betriebs- und Geschäftsleitung; diese obliegt nach *Gutenberg* [1969, S. 130ff.] dem dispositiven Faktor. Die Informationen sind Grundlage der betriebswirtschaftlichen Entscheidungsbildung. Neben vergangenheitsbezogenen Rechnungen gewinnen hier zukunfts orientierte Rechnungssysteme immer mehr an Bedeutung.

Die systemorientierte Betriebswirtschaftslehre betrachtet die Betriebswirtschaft als sozio-technisches, zielorientiertes und offenes System [*Ulrich*, S. 100ff.]. Bei funktioneller Bildung von Subsystemen übernimmt ein jedes Subsystem arteigene Funktionen innerhalb der Gesamtfunktion des Gesamtsystems „Betriebswirtschaft" [*Kirsch/Meffert*, S. 34ff.]. Neben den Beschaffungs-, Produktions- und Absatzsystemen als materielle Subsysteme entstehen das Entscheidungssystem und das Informationssystem als immaterielle Subsysteme. Das Rechnungswesen läßt sich dabei als Subsystem des Informationssystems interpretieren [*Hoffmann*, S. 363ff.]. Das interne Rechnungswesen gilt als wesentlicher Bestandteil des Management-Informationssystems [*Firmin/ Linn*, S. 76]. Als Ergänzung zu einem vollwertigen Management-Informationssystem wären noch zusätzlich entscheidungsrelevante Informationen nicht quantitativer Art erforderlich [*Huch*, 1972a, S. 68f.]. Zu erwähnen sind hier Informationen über die Umwelt.

Als Informationssystem kann das Rechnungswesen funktionell in folgende vier Teilbereiche aufgeteilt werden:

1. Darstellung der Tatbestände
2. Steuerung des laufenden Geschehens
3. Planung, Planungskontrolle und Planrevision
4. Erstellung von Informationen zur unternehmerischen Zielfindung und Zielsetzung

In dieser funktionellen Betrachtung wird das Rechnungswesen als betriebswirtschaftliches Instrument der Unternehmensführung angesehen [*Lindemann*, 1968, S. 177ff.; *Meffert*, 1971, S. 195f.].

1.2 Die Systematik des Rechnungswesens

Erkenntnisobjekt des betriebswirtschaftlichen Rechnungswesens ist die Einzelwirtschaft mit ihren unterschiedlichen ‚Sphären' – ‚Betrieb' und ‚Unternehmung'–; entsprechend den begrifflichen Gepflogenheiten sind hier drei Abgrenzungsmöglichkeiten zu diskutieren:

1. Betrieb als Oberbegriff, Unternehmung als historische Erscheinungsform; vgl. hierzu *Gutenbergs* Unterscheidung zwischen systemindifferenten und systembezogenen Tatbeständen. Betriebe, die nach dem erwerbswirtschaftlichen Prinzip, dem Autonomieprinzip und dem Prinzip der Alleinbestimmung geführt werden, sind Unternehmungen [*Gutenberg*, 1969, S. 445ff.].
2. Betrieb und Unternehmung gleichgeordnet; Betrieb als produktionswirtschaftliche, Unternehmung als finanzwirtschaftliche oder juristische Seite einer Betriebswirtschaft [*Schäfer*, 1963, S. 102ff.].
3. Unternehmung ist Oberbegriff, Betrieb Unterbegriff; die kaufmännisch geleitete Unternehmung besteht aus folgenden drei Bereichen [*Lohmann*, S. 12ff.]:
   a) dem technisch-produktionswirtschaftlichen Betrieb,
   b) dem die Güter- und Zahlungsströme abwickelnden Geschäft und
   c) der Führung, die die Bereiche a) und b) zu koordinieren hat.

Der Betrieb als konkreter Ausdruck der Betriebssphäre beinhaltet die Funktionen der Leistungserstellung (Produktion) und Leistungsverwertung (Absatz) als Hauptzweck der unternehmerischen Tätigkeit. Die Beschaffung ist diesen vorangestellt. Der Betrieb wird damit als Teil der Unternehmung betrachtet. Die Unternehmung stellt hier das betriebswirtschaftliche Gesamtsystem dar. Die Güter- und Zahlungsströme und die Bestände des Gesamtsystems lassen sich nach *Lücke* [1970a, S. 17; ferner *Schäfer*, 1963, S. 39 und S. 41] mit der Abbildung 1 darstellen. Wegen der Schwierigkeit der Quantifizierung immaterieller Güter werden nur die materiellen Realgüter und die Nominalgüter erfaßt [*Chmielewicz*, S. 85ff.]. Bei einer ganzheitlichen betriebswirtschaftlichen Betrachtungsweise gewinnen jedoch gerade immaterielle Güter immer mehr an Bedeutung. Ferner wird ausgegangen von einer Unternehmung mit Sachgüterproduktion.

Diese Darstellung ist analog anzuwenden für Unternehmungen der Dienstleistungsbranche. Dienstleistungsbetriebe stellen Leistungen in Form von Diensten bereit [*Gutenberg*, 1958, S. 20]. Da Dienstleistungen nicht lagerfähig sind [*Farny*, S. 17], entfällt dann in der Abb. 1 das Lager für Fertigprodukte.

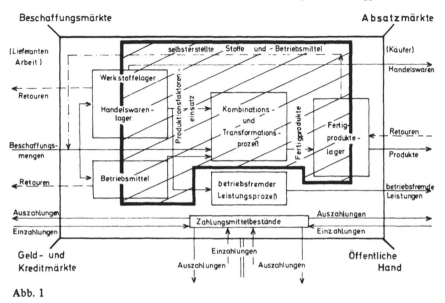

Abb. 1

Entsprechend der Unterscheidung zwischen Betrieb und Unternehmung wird das Rechnungswesen grob aufgegliedert in eine Unternehmungsrechnung als externes Rechnungswesen und in das interne betriebliche Rechnungswesen. Beide Rechnungen haben ihre Bereiche datenmäßig zu verarbeiten. Während die Unternehmungsrechnung als externe Rechnung die Daten der gesamten Betriebswirtschaft zu erfassen hat, bezieht sich das interne betriebliche Rechnungswesen und damit auch die Kostenrechnung nur auf den Bereich der eigentlichen betrieblichen Leistungserstellung. Dieser Bereich ist in der obigen Darstellung von *Lücke* schraffiert worden. Sofern im betrieblichen Leistungsprozeß betriebsfremde Leistungen erstellt werden, bleibt dieser als betriebsfremder Leistungsprozeß außerhalb der eigentlichen Kostenrechnung.

Diesen Teilgebieten gliedert *Kilger* [1976, S. 11] als dritten Bereich die Betriebsstatistik an, die aber im Gegensatz zur Unternehmungsrechnung und zum internen betrieblichen Rechnungswesen kein geschlossenes Abrechnungssystem darstellt. Hier werden vielmehr Zahlen und Daten statistisch ausgewertet, die bereits in den übrigen Teilgebieten des betriebswirtschaftlichen Rechnungswesens erfaßt worden sind.

Die soeben getroffene Systematisierung ist nach Erkenntnisobjekten „Betrieb" und „Unternehmung" erfolgt. Darüber hinaus erscheint eine Systematisierung nach den Zielen zweckmäßig. Nach den Zielen läßt sich das Rechnungswesen nach *Coenenberg* [1976, S. 2] dann in Planungsrechnungen, Kontrollrechnungen und Dokumentationsrechnungen einteilen. Diese Unterscheidungsmöglichkeit ist wesentlich für die Gestaltung der Kostenrechnung (vgl. Kap. 3).

1.3 Aufgaben und Durchführung der Unternehmensrechnung

Die Unternehmensrechnung, oft auch Finanzbuchhaltung oder Geschäftsbuchhaltung genannt, erfaßt vorwiegend die Geschäftsvorfälle zwischen der Unternehmung und der Außenwelt. Die Unternehmungsrechnung wird jeweils am Ende einer Periode durchgeführt. Sie stellt die Informationsquelle dar für die Eigentümer, Gläubiger (Lieferanten, Kreditgeber, öffentliche Hand) und die Betriebsangehörigen. Zugleich dient die Unternehmungsrechnung der Ermittlung des ausschüttungsfähigen, des zu versteuernden und des handelsrechtlichen Gewinns. Letztlich kann sie betrachtet werden als Zentrum der Informationsgewinnung für Daten zur Beurteilung der gesamten Situation der Unternehmung.

Die Geschäftsvorfälle werden im Kontensystem der doppelten Buchführung verbucht. Im System der doppelten Buchhaltung wird der Erfolg einer Unternehmung während einer Periode auf zwei Arten ermittelt:

a) durch Gegenüberstellung von Aufwendungen und Erträgen in der Gewinn- und Verlustrechnung; diese ergibt sich aus den Abschlußsalden der Erfolgskonten.

b) durch Eigenkapitalvergleich von Anfangs- und Schlußbilanz; die Bilanzen ergeben sich aus den Abschlußsalden der Bestandskonten.

Die Unternehmungsrechnung ist für keinen Betrieb entbehrlich. Diese Buchführungspflicht ist gesetzlich verankert, desgleichen müssen bei der Durchführung der Unternehmungsrechnung gesetzliche Vorschriften beachtet werden. Dabei sei kurz verwiesen auf §§ 38ff. HGB, §§ 149ff. AktG, §§ 4ff. EStG und §§ 6ff. KStG.

1.4 Aufgaben und Durchführung der Kosten- und Leistungsrechnung

Die Kostenrechnung ermittelt auf rechnungstechnischen Wegen den durch den Produktions- und Absatzprozeß verursachten Werteverzehr. Die Kostenrechnung verkörpert dabei keinen Selbstzweck; ihre Aufgaben liegen dabei hauptsächlich in der Bereitstellung von Informationen für betriebliche Entscheidungen und Kontrollen. Die Entscheidungen und Kontrollen betreffen die Beschaffung, die Produktion und den Absatz [*Meffert*, 1968, S. 53]. Es lassen sich folgende Schwerpunkte setzen:

1. die Gestaltung des Produktionsprogrammes in qualitativer und quantitativer Hinsicht,

2. die Preisstellung des Sortiments,
3. die Faktorbereitstellungs- und Faktorverwendungsplanung und
4. die Steuerung des betrieblichen Produktions- und Absatzprozesses.

Diese Informationen basieren auf einer Vor- und Nachkalkulation der Erzeugnisse und einer Wirtschaftlichkeitskontrolle der einzelnen Erzeugnisse, der Betriebsabteilungen (Kostenstellen) und des gesamten Betriebes. Desgleichen muß hier eine Wirtschaftlichkeitskontrolle der Produktionsfaktoreinsätze durchgeführt werden. Bei öffentlichen Aufträgen erfolgt die Preisermittlung aufgrund einer den entsprechenden Richtlinien genügenden Kostenrechnung.

Nach *Mellerowicz* [1966, S. 68] dient die Kostenrechnung ganz allgemein als Grundlage für

1. Preisstellung,
2. Betriebskontrolle,
3. Betriebsdisposition und Betriebspolitik,
4. Sonderzwecke (Feststellung von Tax-, Versicherungs-, Bilanz- und technischen Werten).

Bei *Neth* [1971] wird ferner dabei darauf hingewiesen, daß die Ermittlung der bilanziellen Werte der Halb- und Fertigfabrikate in den Aufgabenbereich der Kostenrechnung fällt. Die Herstellungskosten werden in der Kostenrechnung ermittelt. Damit ergibt sich häufig ein qualitativer Berührungspunkt zwischen der Kostenrechnung und der Unternehmungsrechnung. Weiterhin sind bei der Preisstellung aufgrund von Selbstkosten die in die Unternehmungsrechnung eingehenden Erlöse von den Ergebnissen der Kostenrechnung abhängig. Die organisatorischen Zusammenhänge zwischen beiden Systemen werden später behandelt (vgl. Kap. 9).

Die gesamte Kostenrechnung gliedert sich in drei Bereiche, die jeweils ihre speziellen Aufgaben übernehmen:

1. Die Kostenartenrechnung dient der vollständigen Erfassung der Kosten nach Arten in der Dimension: Kosten/Periode.
2. Die mit Hilfe eines Betriebsabrechnungsbogens durchgeführte Kostenstellenrechnung verteilt die nicht unmittelbar dem Erzeugnis zurechenbaren Kosten auf die Kostenstellen in der Dimension: Kosten/Periode.
3. Die Kostenträgerrechnung als Kostenträgerzeitrechnung (Betriebsergebnisrechnung) und Kostenträgerstückrechnung (Kalkulation): Die Kostenträgerzeitrechnung ermittelt den Gewinn als Gewinn/Periode, die Kostenträgerstückrechnung ermittelt die Kosten pro Erzeugnis als Kosten/Stück.

Die Kostenartenrechnung und die Kostenstellenrechnung sind reine Periodenrechnungen. Die Kostenträgerrechnung als Kostenträgerzeitrechnung ist ebenfalls eine Periodenrechnung. Die Kostenträgerrechnung als Kostenträgerstückrechnung ist hingegen eine Stückrechnung.

Das System der Kostenrechnung sei in Anlehnung an *Schönfeld* [1970a, S. 17] wie folgt dargestellt:

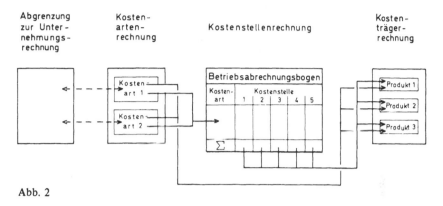

Abb. 2

Der Begriff „Kostenrechnung" wird den Aufgaben des internen betrieblichen Rechnungswesens nur unvollständig gerecht [*Kilger*, 1976, S. 9f.]. Das interne betriebliche Rechnungswesen hat als Bewegungsrechnung folgende Aufgaben zu erfüllen. Erstens dient das interne betriebliche Rechnungswesen als „Kostenrechnung" der Erfassung una Verrechnung der Kosten, d.h. des bewerteten Verbrauches an Produktionsfaktoren. Zweitens erfolgt aber auch mit einer „Leistungsrechnung" eine Erfassung und Verrechnung der Leistungen, d.h. des Wertezuwachses durch die während einer Periode hergestellten und abgesetzten Produktmengen. Drittens erfolgt eine integrierte „Kosten- und Leistungsrechnung" mit der Kostenträgerzeitrechnung (Betriebsergebnisrechnung) in der Ermittlung und Analyse des Periodenerfolges durch Gegenüberstellung von Kosten und Leistungen.

1.5 Die Produktions- und Kostentheorie als Grundlage der Kostenrechnung

Produktion ist die Leistungserstellung von Industriebetrieben [*Gutenberg*, 1958, S. 53]. Das Erkenntnisobjekt der Produktions- und Kostentheorie ist der betriebliche Produktionsprozeß. In einem modernen Industriebetrieb ist er von sehr komplexer Art; er ist ein Kombinationsprozeß, in dem die verschiedenen Produktionsfaktoren in gegenseitiger Verbundenheit meist in einer Vielzahl von Fertigungsstufen zur Erzeugung von Gütern eingesetzt werden [*Jacobs*, S. 5]. Die Produktionstheorie analysiert dabei die Beziehungen zwischen den Faktoreinsätzen und den sie verursachenden Einflußgrößen unter besonderer Berücksichtigung technologischer Aspekte [*Lücke*, 1970a, S.13]. Während die Produktionstheorie primär die Mengenbewegungen erfaßt, sind demgegenüber die Wertbewegungen des Kombinationsprozesses Inhalt der

Kostentheorie [*Heinen*, 1970a, S. 114—120 u. S. 165—168; *Lassmann*, S. 5f.; *Kilger*, 1958a, S. 553ff.].

Bei diesen Untersuchungen wird auch primär ausgegangen von der Sachgüterproduktion. Die Bereitstellung von Dienstleistungen erfordert jedoch auch einen Kombinationsprozeß, in dem Produktionsfaktoren zu der Dienstleistung kombiniert werden. Aufgrund dieser Überlegungen sind für Dienstleistungsbetriebe in der angelsächsischen Literatur die Begriffe ‚service production' und ‚service industry' [*Fuchs*] zu finden. Das Fehlen von theoretischen Untersuchungen der Dienstleistungsproduktion ist zurückzuführen auf die Schwierigkeit, Dienstleistungen zu quantifizieren [*Carlson*, S. 2; *Farny*, S. 17], und auf den in der vergangenen Zeit geringen Anteil der Dienstleistungsbranche am volkswirtschaftlichen Sozialprodukt. In dieser Darstellung wird auch primär von Betrieben der Sachgüterproduktion ausgegangen. Diese weisen jedoch auch in der Kostenrechnung große Parallelen zu den Dienstleistungsbetrieben auf.

Im Brennpunkt der Produktions- und Kostentheorie steht das Problem der quantitativen Abhängigkeiten von Faktorverbrauch und Kosten vom Produktionsprozeß. Dazu werden die verbrauchs- und kostenbestimmenden Faktoren analysiert. Zu diesen Einflußfaktoren gehören Beschäftigung, Kapazität, Fertigungsprogramm etc. Diese Größen sind zugleich betriebliche Aktionsparameter. Neben den allgemeingültigen Beschreibungen der Abhängigkeiten im Produktionsprozeß zeigt die Produktions- und Kostentheorie gleichzeitig die Möglichkeiten auf, diesen dem ökonomischen Prinzip entsprechend optimal zu gestalten [*Heinen*, 1970d].

Die Kostenrechnung hat das gleiche Erkenntnisobjekt wie die Produktions- und Kostentheorie. Die Aufgabe der Kostenrechnung liegt in der Analyse des Produktionsprozesses. Dieses schlägt sich nieder in einer Ermittlung und Analyse der Kosten, um den leistungsbezogenen Gütereinsatz in allen Phasen des Produktionsprozesses wertmäßig zu erfassen. Dabei werden Verfahren entwickelt, mit denen der mit der Leistungserstellung verbundene Einsatz von Produktionsfaktoren erfaßt, bewertet und über die Kostenstellen auf die Kostenträger verrechnet wird. Die Kostenrechnung stellt damit Informationssysteme dar, mit deren Hilfe sich produktions- und kostentheoretisch geplante Fertigungsvorhaben auch realisieren lassen. Ging es der Produktions- und Kostentheorie um die theoretische Analyse und Planung des Produktionsprozesses, so geht es der Kostenrechnung um die praktische Bewältigung.

Somit hat die Produktions- und Kostentheorie die Grundlagen für die Kostenrechnung zu liefern. Umgekehrt hängt das produktions- und kostentheoretische Denken auch von der Kostenrechnung ab. Einmal bedürfen die Aussagen der Produktions- und Kostentheorie einer Bestätigung durch die Kostenrechnung. Zum anderen zeigen die kostenrechnerischen Analysen vielfach erst die Probleme, die einer kostentheoretischen Lösung bedürfen.

Damit ist gezeigt worden, daß beim Aufbau einer Kostenrechnung die Produktions- und Kostentheorie herangezogen werden muß. Nur dann kann die Kostenrechnung die für optimale betriebliche Entscheidungen notwendigen Informationen liefern [*Jacobs*, S. 6; *Meffert*, 1968, S. 90f.].

Bei der Analyse des Zusammenhanges beider Bereiche haben sich nach *Meffert* in der Literatur vor allem folgende drei Aspekte herauskristallisiert [*Meffert*, 1968, S. 91f.]:

a) Die Verbindung und das Auseinanderstreben beider Bereiche werden historisch untersucht [*Dorn*, 1961, S. 95ff.].

b) In empirisch-deskriptiver Weise werden die produktions- und kostentheoretischen Ergebnisse unmittelbar mit dem von der Kostenrechnung bestimmten Verhalten und Handeln verglichen. Ausgangspunkt bildet hierbei die Produktions- und Kostentheorie; man denke an die Marginalanalyse [*Henzel*].

c) Untersuchungen der beiderseitigen Interdependenzen unter praktisch-normativen Aspekten auf folgenden Teilbereichen:

– Übereinstimmung der Formalstruktur theoretischer und rechnerischer Modelle [*Kilger*, 1958a, S. 553ff.].

– Behandlung des Kostenbegriffes in Theorie und Rechnung [*Menrad*, 1965]

– Anwendung der Kostentheorie für die Zwecke einer verursachungsgerechten Kostenzurechnung [*Schneider, D.*, 1961, S. 677ff.]

Die Produktions- und Kostentheorie ist eine „unumgängliche Voraussetzung für die theoretische Erfassung der Struktur adäquater Rechnungsverfahren und Grundlage für die Prognose der Konsequenzen alternativer Rechnungssysteme in bezug auf die Kriterien Relevanz und Genauigkeit" [*Meffert*, 1968, S. 92].

1.6 Bestimmungen und Vorschriften über die Kostenrechnung in historischer Betrachtung

Für die Kosten- und Leistungsrechnung gelten grundsätzlich keine gesetzlichen Vorschriften, sondern lediglich die Grundsätze einer ordnungsgemäßen und verursachungsgerechten Rechnung, wie sie sich in der betriebswirtschaftlichen Literatur und in der betrieblichen Praxis herausgebildet haben. Doch führten in Deutschland die staatliche Beeinflussung der Wirtschaft zur Zeit des Dritten Reiches und das relativ große Volumen öffentlicher Aufträge zu Vorschriften über die Gestaltung und Durchführung der Kosten- und Leistungsrechnung [*Berger*, 1970b, Sp. 650–653; *Kilger*, 1976, S. 298ff.]. Es sei hier auf folgende Bestimmungen und Richtlinien hingewiesen:

a) Normalkontenrahmen des Vereins Deutscher Maschinenbauanstalten 1930,
   dem die Veröffentlichungen *Schmalenbachs* und die Bemühungen des RKW
   um eine Rationalisierung des Rechnungswesens vorangingen. Fortsetzung
   dieser Bemühungen im Wirtschaftlichkeitserlaß vom 12.11. 1936 und in den
   Richtlinien zur Organisation der Buchführung vom 11.11.1937 um eine Vereinheitlichung des betrieblichen Rechnungswesens.
b) Erlaß über die allgemeinen Grundsätze der Kostenrechnung (KRG) vom
   16.1.1939; allgemeine Regeln zur industriellen Kostenrechnung der Reichs-
   gruppe Industrie (ARIK) von 1942; Kostenrechnungsrichtlinien der eisen-
   und metallverarbeitenden Industrie (KRRMe): Forderung nach einem die
   wirklichen Kostenverhältnisse zeigenden Rechnungswesen; daher: Aufteilung in Kostenarten-, -stellen- und -trägerrechnung, zeitliche Kostenabgren-
   zung, Trennung in Einzel- und Gemeinkosten, Einfluß der Beschäftigung
   auf die Kostenhöhe.
c) Grundsätze und Gemeinschaftsrichtlinien für die Kosten- und Leistungsrechnung (GRK) nach dem 2. Weltkrieg; Fortsetzung obiger Bestrebungen.
   Neben den rein kostenrechnerischen Vorschriften sind auch Verordnungen
   auf dem Gebiet des Preisrechts erlassen worden:
d) Leitsätze für die Preisermittlung aufgrund der Selbstkosten bei Leistungen
   für öffentliche Auftraggeber (LSÖ) vom 15.11.1938. Die Ermittlung der
   Selbstkosten hatte nach den Vorschriften der LSÖ zu erfolgen. Diese gaben
   eine Aufstellung über die in die Selbstkosten einzubeziehenden Elemente
   einschließlich eines Gewinnaufschlages.
e) Gegenwärtig ist die Verordnung über Preisbildung bei öffentlichen Aufträgen (VPÖA) vom 21.11.1953 gültig. Relevant ist der Marktpreis, sonst
   Selbstkostenfest-, -richt- bzw. -erstattungspreis. Die Einzelvorschriften zur
   Ermittlung der Selbstkostenpreise finden sich in den Leitsätzen für die
   Preisermittlung aufgrund von Selbstkosten (LSP) vom 1.1.1951 [*Diederich*,
   Sp. 1023–1031; *Schönfeld*, 1970a, S. 97–115; *Wirtschaftsprüferhandbuch*
   S. 1027–1068]:

Selbstkostenfestpreis: Voraussichtliche Verbrauchsmenge
                         X Beschaffungspreis am Tage des Angebotes

Selbstkostenrichtpreis: Soll-Verbrauchsmenge (bzw. Ist-Menge bei Zwi-
                         schenkalkulation)
                         X Anschaffungspreis bei Zwischenkalkulation

Selbstkostenerstattungs-
preis: Ist-Verbrauchsmenge X Anschaffungspreis

Die Verbrauchsmengen beziehen sich hier jeweils auf dem für die Produktion benötigten Faktoreinsatz.

2. Der Kostenbegriff

2.1 Kostendefinitionen

2.1.1 Der wertmäßige Kostenbegriff

Nach *Schmalenbach* sind Kosten die in der Kostenrechnung anzusetzenden Werte der für die Leistungserstellung verzehrten Güter [*Schmalenbach*, 1963, S. 6; *Gutenberg*, 1958, S. 132]. Um auch die Absatzkosten mit erfassen zu können, muß der Werteverzehr für die Leistungsverwertung einbezogen werden. *Kilger* versteht unter Kosten den bewerteten Güter- und Leistungsverzehr, der zur Erstellung und zum Absatz der betrieblichen Produkte und zur Aufrechterhaltung der hierfür notwendigen Betriebsbereitschaft erforderlich ist [*Kilger*, 1962, S. 19].

Somit bestimmen drei Kriterien den wert- und zweckbestimmten Kostenbegriff [*Heinen*, 1970a, S. 55–81; 1970b, S. 108f.]:

a) Güterverzehr, b) Leistungsbezogenheit, c) Bewertung

ad a) Güterverzehr: Der Art des Verzehrs entsprechend lassen sich sämtliche Güter (Sach- und Dienstleistungen) wie folgt aufteilen:

    1) Verbrauchsgüter gehen vollständig in die Produktion ein:

        aa) selbständige Verbrauchsgüter (Material)

        bb) Leistungen betrieblicher Verbrauchsgüter (Dienst-, Fremdleistungen)

    2) Gebrauchsgüter gehen nicht unmittelbar in die Produktion ein:

        aa) materielle Gebrauchsgüter (Gebäude, Maschinen)

        bb) immaterielle Gebrauchsgüter ('good will', geistiges Eigentum Dritter usw.)

ad b) Leistungsbezogenheit: Zu den Kosten zählt nur derjenige Güter- und Leistungsverzehr, der in unmittelbarer Beziehung zur Erstellung der Betriebsleistung steht.

Kosiol verwendet zur Abgrenzung der Kosten das ‚Kostenverursachungsprinzip‘, „wonach in einem engeren teleologischen Sinne Kosten nur dann vorliegen, wenn der Güterverbrauch durch die Leistungen hervorgerufen wird" [*Kosiol*, 1964, S. 29]. In unseren Ausführungen wird das Verursachungsprinzip als Kriterium der Verrechnung von Kosten herangezogen (vgl. Kap. 3.3.1).

ad c) Bewertung: Jeder Güterverzehr ist in Geld zu bewerten, um die verschiedenen Gütermengen vergleichbar und verrechenbar zu machen. Neben dieser grundlegenden Verrechnungsfunktion, durch welche die Gütermengen gleichnamig gemacht werden, fällt der Bewertung auch die zusätzliche Funktion der ökonomischen Gewichtung zu [*Kosiol*, 1969, S. 32]. Im Gegensatz zum Preis, der das Austauschverhältnis von Gütern am Markt darstellt, dient der Wert der individuellen Rangordnung von

Gegenständen – aber auch von Handlungsweisen [*Engels*, S. 38f.; *Gäfgen*, S. 99]. Damit wird der Bewertungsmodus abhängig von den mit der Kostenrechnung verfolgten Zwecken [*Kosiol*, 1964, S. 93]. Da der primäre Zweck der Kostenrechnung zu sehen ist in deren Funktion als Informationsquelle für betriebliche Entscheidungen, betriebliche Entscheidungen hingegen wiederum abhängig sind von der gesetzten Zielsetzung, ist auch der Bewertungsmodus abhängig von der gesetzten Zielsetzung.

In der Unternehmungstheorie werden die Gewinnmaximierung oder die Rentabilitätsmaximierung als gebräuchlichste Zielsetzungen herangezogen. Bei der Verfolgung aller möglichen Ziele sollte aber wenigstens die Betriebserhaltung gewährleistet sein. Die Betriebserhaltung stellt in diesem Fall ein Mindestziel dar [*Engels*, S. 54]. Die Betriebserhaltung ist gewährleistet, wenn die betriebliche Substanz, d.h. das reale betriebliche Anlage- und Umlaufvermögen erhalten bleibt. Dieses ist gewährleistet, wenn der Betrieb bei Neuanschaffungen dieser verbrauchten Produktionsfaktoren mit Hilfe der über die Erlöse erhaltenen liquiden Mittel die verbrauchten Güter in ihrer ursprünglichen und unveränderten Form oder aber im Zuge der technischen Entwicklung in leistungsäquivalenter und entwicklungsadäquater Form beschaffen kann [*Bellinger*, S. 14ff.; *Eckardt*, S. 19ff.; *Hax*, S. 18ff.].

Für die Kostenrechnung gelten allgemein folgende Wertansätze:
1. Anschaffungs-, Wiederbeschaffungs-, Tages-, Verrechnungspreis: Unter dem Gesichtspunkt der Substanzerhaltung ist der Wiederbeschaffungspreis anzusetzen, der dem Tagespreis entspricht, wenn die Wiederbeschaffung zum Zeitpunkt des Verbrauchs erfolgt [*Hax*, S. 43]. Bei Ansatz der Anschaffungspreise ist nur die nominelle Kapitalerhaltung gewährleistet. *Lücke* weist darauf hin, daß der Ansatz von Wiederbeschaffungspreisen bei steigenden Preisen zum Ausweis von nominellen Gewinnen führt. Die Wiederbeschaffungspreise müssen dabei natürlich die Grundlage für die Preisbestimmung am Absatzmarkt bilden. Dieser nominelle Gewinn wird geschmälert durch die Gewinnsteuer, so daß dann die Erhaltung der Substanz nicht mehr gegeben ist. Der Wertansatz, basierend auf den Wiederbeschaffungspreisen, ist so um die mögliche Gewinnsteuer zu erhöhen [*Lücke*, 1970a, S. 249; 1970b, S. 4ff.].

Als weitere Bewertungsmöglichkeiten kommen in Betracht:
2. der Durchschnittspreis als Mittelwert mehrerer Preise gleichartiger Güter,
3. der Preis eines gleichartigen oder ähnlichen Gutes oder
4. der Preis eines andersartigen Gutes.

Bei dem Ansatz des tatsächlich bezahlten Preises für ein gleiches oder ähnliches Wirtschaftsgut können folgende Methoden berücksichtigt werden [*Wöhe*, 1968, S. 547f.]:

a) lifo (last in first out): Die Bewertung erfolgt unter der Vorstellung, daß die zuletzt eingekauften Güter zuerst verwendet werden.

b) fifo (first in first out): Die Bewertung erfolgt unter der Vorstellung, daß die zuerst eingekauften Güter verwendet werden.

c) hifo (highest in first out): Die Bewertung erfolgt unter der Vorstellung, daß die am teuersten eingekauften Güter zuerst verkauft werden.

2.1.2 Der realwirtschaftliche Kostenbegriff

Schneider legt seinem Realkostenbegriff einen betrieblichen Realgüterverbrauch zugrunde. Die Bewertung des konkreten Realgüterstromes mit den entsprechenden Preisen ergibt die Kosten. Da Kosten somit nur Realgüterverbrauch sind, rechnet *Schneider* die Zinsen des Eigen- und Fremdkapitals nicht zu den Kosten; denn ein Geldbetrag repräsentiert kein Gut, sondern stellt eine Anweisung auf Güter dar. Um Zinsen – ähnlich auch Steuern und Abgaben – als Kosten erfassen zu können, wählt er für diese ‚Kostenarten' ohne Realgüterfluß den Begriff der „Als-ob-Kosten" [*Schneider, E.,* 1963, S. 33–35].

2.1.3 Der pagatorische Kostenbegriff

Dem pagatorischen Kostenbegriff liegt die Auffassung zugrunde, daß Kosten nur die mit der Herstellung und dem Absatz eines Erzeugnisses bzw. einer Periode verbundenen „nicht kompensierten" Ausgaben darstellen [*Koch,* 1966, S. 14]. *Koch* faßt unter dem Kostenbegriff alle diejenigen Ausgaben zusammen, „die nicht als Tilgungsausgaben oder Kreditgewährungsausgaben durch entsprechende Einnahmen aus einer Kreditinanspruchnahme oder Rückempfang eines gewährten Kredites kompensiert werden" [*Koch,* 1966, S. 14]. Finanzausgaben führen demnach nicht zu Kosten.

Neben *Koch* wird der pagatorische Kostenbegriff von mehreren Autoren vertreten. Genannt seien hier vor allem *Fettel* [1954, S. 94], *Rieger* [1928, S. 59, S. 183, S. 189], *Schäfer* [1950, S. 558] und *Seischab* [1952, S. 19ff.]. Das Mengengerüst, welches dem Güterverzehr entspricht, umfaßt die Mengen, die aus den mit der Leistungserstellung verbundenen Ausgaben resultieren. Diese Ausgaben entsprechen dabei nicht den Verzehrsarten des wertmäßigen Kostenbegriffes.

Das Preisgerüst, d.h. die Bewertung hat sich bei dieser pagatorischen Betrachtung grundsätzlich an den tatsächlichen Ausgaben, d.h. also an den historischen Anschaffungspreisen zu orientieren. Da aber diese Betrachtung im Widerspruch zu dem wertmäßigen Kostenbegriff steht und nicht den Gepflogenheiten der praktischen Kostenrechnung entspricht, hat *Koch* durch Einführung von Hypothesen den pagatorischen Kostenwert dem wertmäßigen Kostenwert angeglichen. Zweck- oder prämissenbedingte Hypothesen (Fiktionen) können auch einen Ansatz von Nicht-Ausgaben als Kosten rechtfertigen [*Koch*, 1966, S. 20ff. u. S. 59ff.].

Zweckbedingte Hypothesen werden gebildet, wenn der Zweck der Kostenrechnung einen kostenrechnerischen Ansatz von Nicht-Ausgaben verlangt. So können auch in der Plankostenrechnung Festpreise angesetzt werden. Der pagatorische Kostenbegriff wird hier auf ein Verifikationsmodell übertragen, „das von der Wirklichkeit insofern abweicht, als es die Bedingung enthält, daß die Anschaffungspreise der Materialien . . . im Zeitablauf konstant sind" [*Koch*, 1958, S. 369f.].

Prämissenbedingte Hypothesen rechtfertigen die kostenmäßige Berücksichtigung von Nicht-Ausgaben, wenn „die empirischen Bedingungen des konkreten Falles und die dem Kostenbegriff zugrunde liegenden Prämissen sich nicht entsprechen" [*Koch*, 1958, S. 369]. Bei unentgeltlich überlassenen Produktionsmitteln wird die Prämisse gesetzt, daß „der Unternehmer alle im Betriebsprozeß eingesetzten Produktionsmittel käuflich erwirbt", und zwar über die Hypothese, „der Unternehmer habe seitens des Schenkenden eine Geldzuwendung erhalten und mit diesem Geldbetrag die betreffende Maschine gekauft" [*Koch*, 1958, S. 371].

Durch diese Einführung von Hypothesen geht *Koch* von einer konsequent durchgeführten pagatorischen Betrachtung ab, um sich weitgehend dem wertmäßigen Kostenbegriff anzulehnen [*Heinen*, 1970, S. 81–91].

Wie *Adam* [D., 1970] nachgewiesen hat, ist die wertmäßige Kostenkonzeption umfassender konzipiert und daher insbesondere für die dispositiven Aufgaben der Kostenrechnung besser geeignet. Für die Praxis der Kostenrechnung spielt die Unterscheidung in wertmäßige und pagatorische Kosten nur eine untergeordnete Rolle, da beide Kostenkategorien für fast alle Kostenarten zu den gleichen Beträgen führen [*Kilger*, 1976, S. 24].

2.2 Abgrenzung von Kosten und Leistungen gegenüber der Unternehmensrechnung

2.2.1 Abgrenzung von Kosten

Die Kosten- und Leistungsrechnung, in der die Kosten und Leistungen des Betriebes gegenübergestellt werden, hat überwiegend instrumentalen Charakter, da sie der Vorbereitung und Kontrolle betriebswirtschaftlicher Entscheidungen dient. Demgegenüber ist die Unternehmensrechnung (Finanz- oder Geschäftsbuchhaltung), in der man im Zuge der Gewinn- und Verlustrechnung zur Ermittlung des handelsrechtlichen Jahresergebnisses Aufwendungen und Erträge gegenüberstellt, in erster Linie extern orientiert. Angesichts dieser unterschiedlichen Zwecke beider Rechnungen ist es nicht möglich, die Kosten den Aufwendungen und die Leistungen den Erträgen, d.h. also die Erfolgsgrößen der Kosten- und Leistungsrechnung den Erfolgsgrößen der Gewinn- und Verlust-

rechnung gleichzusetzen [*Männel,* S. 215]. Im folgenden werden die Erfolgs-
komponenten der unterschiedlichen Rechnungen gegeneinander abgegrenzt.

Auf der Inputseite der Einzelwirtschaft ergibt sich zur Ableitung und Bestimmung des Werteverzehrs die Begriffsreihe „Auszahlungen, Ausgaben, Aufwand, Kosten". Ausgegangen werden soll von den herrschenden Definitionen
[*Gutenberg,* 1958, S. 133; *Schäfer,* 1963, S. 205ff.; *Weber,* 1972; *Männel,*
S. 215ff.]:

Auszahlung: Zahlungsstrom von der Unternehmung nach draußen
Ausgabe: Auszahlung + Schuldenzugang − Schuldenabgang
Aufwand: entsprechend dem Verzehr an Gütern und Leistungen während
            einer Periode periodisierte Ausgaben zum Zwecke der Erfolgs-
            ermittlung

Auszahlungen, Ausgaben und Aufwendungen sind unternehmungsbezogene
Größen. Für die Betrachtung einer Periode gilt:

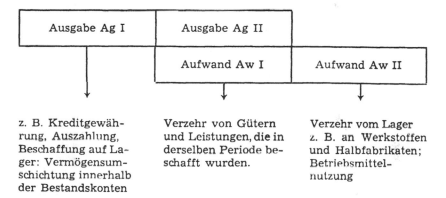

Abb. 3

Kosten sind der Wert des regelmäßigen Verzehrs an Gütern und Leistungen
für Zwecke der Erstellung und Verwertung der Betriebsleistung sowie Aufrechterhaltung der Betriebsbereitschaft während einer Periode.

Zu den Kosten einer Periode zählt der betriebsbezogene, periodenbezogene Aufwand. Dieser stellt an sich die Grundkosten dar. Da nach *Mellerowicz*
Kosten Normalcharakter haben müssen, ist der betriebsbezogene, periodenbezogene, aber außerordentliche Aufwand nicht zu den Kosten zu zählen [*Mellerowicz,* 1963, S. 5f.]. Würde man diese Interpretation von *Mellerowicz* soweit
interpretieren, daß nur der durchschnittliche, rationelle, als Norm anzusehen-
de leistungsbezogene Verbrauch als Kosten anzusehen ist, so wären die Nor-

malkosten im engeren Sinne um Unwirtschaftlichkeiten kleiner als die tatsächlichen Kosten als betriebsbezogener, periodenbezogener Aufwand. Es handelt sich hier also um einen Unterbegriff im Sinne von Normalkosten, Optimalkosten oder notwendige Kosten [*Kosiol*, 1969, S. 31].

An dieser Stelle sei die Frage erlaubt, wieweit erhöhter Güterverzehr bei betrieblichen Lernprozessen Kostencharakter hat. Bei Aufnahme neuer Fertigungsvorgänge mit Serienbeginn durchläuft der Faktor menschliche Arbeit nach der lerntheoretischen Konzeption im Einsatz einen Lernprozeß, während dessen er seine Eignung für die betrieblichen Verrichtungen verbessert. Dieses wirkt sich aus auf eine Senkung der Fertigungszeit und auf eine Senkung des Werkstoffverbrauchs, jeweils auf eine bestimmte Erzeugnismenge bezogen [*Schneider, D.*, 1965; *Baur; Ihde*]. Nach Beendigung des Lernprozesses wird der jeweilige normale Güterverzehr erreicht. Einerseits hat der Mehrverbrauch im Lernprozeß außerordentlichen Charakter, der keinen Kostenansatz erlauben mag; andererseits ist dieser Mehrverbrauch aber ordentlich und notwendig, um die späteren „Normalkosten" nach *Mellerowicz* [1963, S. 5f.] erreichen zu können.

Es gelten hier folgende Abgrenzungen:

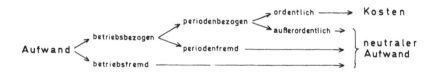

Abb. 4

	betrieblicher, periodenbezogener, ordentl. Aufwand Aw_{bpo}		
neutraler Aufwand Aw_n	Zweckaufwand Aw_z	wegfallender Aufwand Aw_w	
	Grundkosten Kg	Anderskosten Ka	Zusatzkosten Kz
		kalkulatorische Kosten Kk	

Abb. 5

Die kalkulatorischen Kosten stellen einen Werteverzehr dar, dem im Falle der Anderskosten wegfallender Aufwand in anderer Höhe oder aber im Falle der Zusatzkosten überhaupt kein Aufwand gegenübersteht. Die Anderskosten unterscheiden sich von dem wegfallenden Aufwand dadurch, daß der gleiche mengenmäßige Sachgüter- und Dienstleistungsverzehr in der Kostenrechnung anders bewertet wird als in der Aufwandsrechnung [*Kosiol*, 1964, S. 35f.]. Der Unterschied liegt hier in dem Wertgerüst. Es sei verwiesen auf die Abschreibungen, die in der Aufwandsrechnung nach dem Prinzip der nominellen Kapitalerhaltung auf der Grundlage der tatsächlichen Anschaffungspreise anders bewertet werden als in der Kostenrechnung nach dem Prinzip der substantiellen Kapitalerhaltung. Den Zusatzkosten stehen überhaupt keine entsprechenden Aufwendungen gegenüber. Die Ursache liegt hier also im Mengengerüst. Es sei verwiesen auf die Eigenkapitalzinsen oder den kalkulatorischen Unternehmerlohn.

Die Verrechnung dieser kalkulatorischen Kosten erhöht die Genauigkeit, Vergleichbarkeit und Aussagefähigkeit der Kostenrechnung; denn die Kostenrechnung erfolgt nun unabhängig von [*Fischer/Hess/Seebauer*, S. 266]:

Rechtsform,		eines kalkulatorischen Unternehmerlohnes bei Personengesellschaften,
Finanzierungsweise,	durch	kalkulatorischer Zinsen,
Bilanzierungsweise,	Berücksichtigung	kalkulatorischer Abschreibungen,
Eintritt von Wagnissen		kalkulatorischer Wagniszuschläge

Abb. 6

Die Abgrenzung der Begriffsreihe „Auszahlungen", „Ausgaben", „Aufwand" und „Kosten" läßt sich abschließend nach *Männel* [1975, S. 216] mit der Abbildung 7 skizzieren.

2.2.2 Abgrenzung von Leistungen

Auf der Outputseite der Einzelwirtschaft ergibt sich zur Ableitung und Bestimmung der Werteentstehung eine ähnliche Begriffsreihe „Einzahlungen, Einnahmen, Erträge, Leistungen". Ausgegangen werden soll von den herrschenden Definitionen [*Gutenberg*, 1958, S. 133; *Schäfer*, 1963, S. 265ff.; *Menrad*,

> Auszahlungen der Periode
> (effektiver Abfluß von Geldmitteln)
> Barmittel-Abfluß/Abbuchung von Bankguthaben

Liquiditätsrechnung

+   Verminderung des Vermögens durch kreditorische Vorgänge (Schuldenzugänge)

./.   Auszahlungen der laufenden Periode, die eine Tilgung von Schuldenzugängen vorangehender Perioden darstellen (z.B. eine Rechnung aus dem Vorjahr wird bezahlt)

> Ausgaben der Periode

Überleitung zur Erfolgsrechnung

./.   grundsätzlich nicht erfolgswirksame (rein finanzwirtschaftliche) Ausgaben (wie z.B. Darlehenshingabe)

./.   Ausgaben der Periode, die erst in späteren Perioden erfolgswirksam sind, wie z.B. Investitions-Ausgaben (Ausgaben, aber noch nicht Aufwand)

+   in der laufenden Periode erfolgswirksame Ausgaben früherer Perioden, wie z.B. Abschreibungen

+   in der laufenden Periode erfolgswirksame Ausgaben zukünftiger Perioden, wie z.B. Rückstellungen

Unternehmensrechnung

> Aufwand der Periode
> (in der Periode erfolgswirksame Ausgaben)

Überleitung zur Kostenrechnung

./.   neutraler Aufwand
     a) betriebsfremder Aufwand (z.B. Spende)
     b) außerordentlicher Aufwand (z.B. Feuerschäden)
     c) periodenfremder Aufwand (z.B. Steuer-Nachbelastung)

+   Zusatzkosten (Kosten, die sich nicht von den Ausgaben bzw. Aufwendungen ableiten, „Opportunitätskosten")
     a) kalkulatorischer Unternehmerlohn
     b) kalkulatorische Eigenkapitalzinsen
     c) kalkulatorische Eigenmiete

+   (Anderskosten ./. wegfallender Aufwand)

Kostenrechnung

> Kosten der Periode

Abb. 7

1970, Sp. 870–879; *Schulz,* 1970a, Sp. 74–79; 1970b, Sp. 79–82; *Weber,* 1972; *Männel,* S. 220ff.]:

Einzahlung: Zahlungsstrom von draußen in das Unternehmen
Einnahme: Einzahlung + Forderungszugang – Forderungsabgang
Ertrag: entsprechend dem Wert des erwirtschafteten Zugangs an Gütern und Leistungen während einer Periode periodisierte Einnahmen zum Zwecke der Erfolgsermittlung

Einzahlungen, Einnahmen und Erträge sind unternehmungsbezogene Größen. Für die Betrachtung einer Periode gilt:

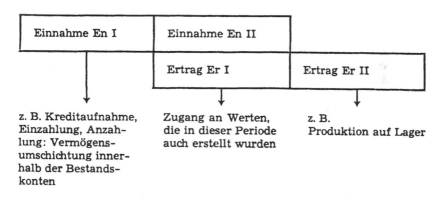

z. B. Kreditaufnahme,
Einzahlung, Anzah-
lung: Vermögens-
umschichtung inner-
halb der Bestands-
konten

Zugang an Werten,
die in dieser Periode
auch erstellt wurden

z. B.
Produktion auf Lager

Abb. 8

Der Betriebsertrag als Leistung im Sinne *Schmalenbachs* ist der Wert des Zugangs an Gütern und Leistungen (und Geld) aufgrund der betrieblichen Tätigkeit während einer Periode [*Schmalenbach,* 1963, S. 11].
Es gilt hier folgende Abgrenzung:

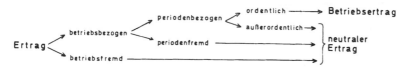

Abb. 9

In Anlehnung an die sehr differenzierte Gliederung der Aufwands- und Kostengrößen läßt sich auf der Ertragsseite folgendes Schema anwenden:

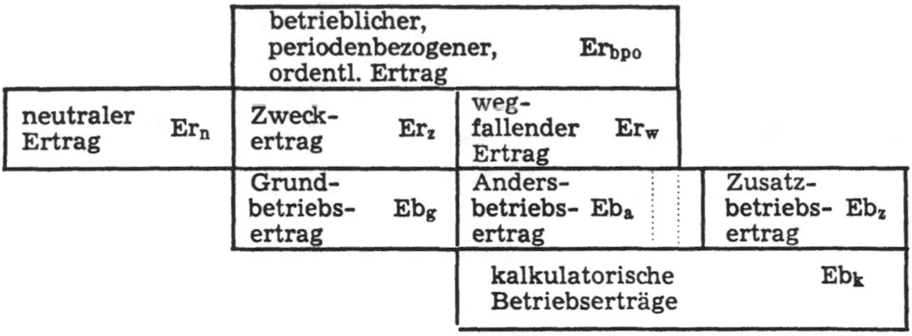

	betrieblicher, periodenbezogener, ordentl. Ertrag		Er_{bpo}	
neutraler Ertrag Er_n	Zweck- ertrag Er_z	weg- fallender Ertrag Er_w		
	Grund- betriebs- ertrag Eb_g	Anders- betriebs- ertrag Eb_a		Zusatz- betriebs- ertrag Eb_z
		kalkulatorische Betriebserträge	Eb_k	

Abb. 10

Die kalkulatorischen Betriebserträge stellen einen Wertezuwachs dar, dem im Falle der Andersbetriebserträge wegfallende Erträge in anderer Höhe oder aber im Falle der Zusatzbetriebserträge überhaupt keine Ertragsposten in der Unternehmungsrechnung gegenüberstehen. Analog den Aufwand-Kosten-Abgrenzungen basieren die Andersbetriebserträge auf einer Unterscheidung des Wertgerüstes für die betrieblichen Leistungen gegenüber den in die Unternehmungsrechnung eingehenden Erträgen.

Aufgrund der gesetzlichen Vorschriften müssen produzierte und nicht abgesetzte Halb- und Fertigerzeugnisse in der Unternehmungsrechnung mit den Herstellungskosten bewertet werden (§ 155 AktG). Da die Betriebsrechnung nur internen Zwecken dient, kann hier die Bewertung zu den augenblicklichen oder in der Zukunft wahrscheinlich zu realisierenden Marktpreisen erfolgen. Ferner lassen sich betriebliche Leistungen im Rahmen einer Dezentralisierung der Betriebslenkung und kostenstellenweisen Erfolgskontrolle im internen Rechnungswesen anders bewerten als in der Unternehmungsrechnung. Zu gleichen Zwecken lassen sich auch Zusatzbetriebserträge einführen. Diese basieren auf einer Änderung des Mengengerüstes.

Die Abgrenzung der Begriffsreihe „Einzahlungen", „Einnahmen", „Erträge" und „Betriebserträge" läßt sich abschließend nach *Männel* [1975, S. 218] mit der Abbildung 11 skizzieren.

2.3 Die produktions- und kostentheoretisch bedingte Aufteilung von Kosten (causa efficiens)

2.3.1 Analytische Kostenuntersuchungen

Das Verursachungs- oder Kausalitätsprinzip, auf die Kostenrechnung bezogen, besagt, daß das Entstehen von Kosten auf die Erstellung betrieblicher Leistungen zurückzuführen ist. Die betriebliche Leistungserstellung ist die Ur-

Liquidi-
tätsrech-
nung

Einzahlungen der Periode
(effektiver Zufluß von Geldmitteln, Bar-
mitteln und Bankguthaben)

+   Zugang an Forderungen in der Periode (Warenlieferung
auf Kredit)

./.   in der laufenden Periode eingehende Einzahlungen, die
eine Tilgung von Forderungszugängen vorausgehender
Perioden darstellen
(z.B. ein Kunde begleicht eine Rechnung aus dem Vorjahr)

Einnahmen der Periode

Überlei-
tung zur
Erfolgs-
rechnung

./.   grundsätzlich nicht erfolgswirksame Einnahmen (rein
finanzwirtschaftliche Einnahmen)
(z.B. Tilgungseinnahmen für ein früher gegebenes Dar-
lehen)

./.   leistungswirtschaftliche Einnahmen der laufenden Periode,
die erst in späteren Perioden erfolgswirksam sind
(z.B. erhaltene Vorauszahlungen)

+   in der laufenden Periode erfolgswirksame Einnahmen
früherer Perioden (z.B. verrechnete Vorauszahlungen)

+   in der laufenden Periode erfolgswirksame Leistungen, die
erst später zu Einnahmen führen (Bestandszugänge, Zu-
schreibungen)

+   in der Periode erfolgswirksame Leistungen, die überhaupt
nicht zu Einnahmen führen (aktivierte Eigenleistungen)

Unter-
nehmens-
rechnung

Ertrag der Periode
(periodenbezogener Begriff)
in der Periode erfolgswirksame Einnahmen

Überlei-
tung zur
Leistungs-
rechnung

./.   neutrale Erträge
a) betriebsfremde Erträge
b) außerordentliche Erträge (z.B. beim Verkauf alter Anlagen zu einem Preis, der über dem Restbuchwert liegt)
c) periodenfremde Erträge (z.B. nachträgliche Steuer-
rückvergütungen)

+   (Andersbetriebsertrag
./. wegfallender Ertrag)

Leistungs-
rechnung

Betriebsertrag der Periode
(Leistung)

Abb. 11

sache der Kostenentstehung. Die Kausalität läßt sich in zweifacher Weise deuten. Während die causa efficiens den Ursache-Wirkungs-Zusammenhang darstellt, steht die causa finalis für einen Mittel-Zweck- oder Zweck-Folge-Zusammenhang [*Vormbaum*, S. 13f.; *Meffert*, 1968, S. 193].

Nach der causa efficiens ruft der tatsächliche Vorgang der Leistungserstellung unmittelbar die Kosten hervor. Dieses kommt sehr klar in der traditionellen Kostentheorie zum Ausdruck, die mit dem Ertragsgesetz einen unmittelbaren Zusammenhang von Einsatz und Ertrag herstellt.

In der Literatur [*Lücke*, 1970a, S. 19] wird die Produktionsfunktion in der Regel dargestellt als:

$$x = g(r_j)$$

mit: x = Leistungsmenge

r_j = Faktorverbrauch der Faktorart j

$j = 1, 2, \ldots, \bar{j}$.

Hier ist der Faktorverbrauch die unabhängige Variable, die Produktmenge ist die abhängige Variable. Dementsprechend könnte nach *Heinen* die Produktionsfunktion fälschlicherweise in der Weise interpretiert werden, daß der Verzehr von Produktionsfaktoren die Ursache für die Leistungserstellung ist. Im Sinne des Kausalitätsprinzips muß aber die Leistungserstellung als Ursache für den Faktorverbrauch und die Kosten angesehen werden [*Heinen*, 1970a, S. 122f.].

Demnach besteht folgende funktionale Beziehung:

$$r_j = f(x) \rightarrow r_j\, q_j = f(x) \rightarrow K = f(x)$$

mit: r_j = Faktorverbrauch der Faktorart j

q_j = Wert der Faktorart j pro Mengeneinheit

x = Leistungsmenge.

Hinsichtlich der Bedeutung von Kosten im Hinblick auf betriebliche Entscheidungen soll ausgegangen werden vom Unternehmungsgleichgewicht.

Das Unternehmungsgleichgewicht als die günstigste Situation der Unternehmung mit der Zielsetzung der Gewinnmaximierung wird fast ausnahmslos mit Hilfe des *Cournot*schen Kalküls abgeleitet:

$$G(x) = U(x) - K(x)$$

mit: $\quad G(x) \quad$ = Gewinnfunktion

$\qquad U(x) \quad$ = Umsatz-, Erlösfunktion

$\qquad K(x) \quad$ = Kostenfunktion.

Zur Bestimmung der gewinnmaximalen Situation wird die Gewinnfunktion nach x differenziert und gleich Null gesetzt:

$$\frac{dG}{dx} = \frac{dU}{dx} - \frac{dK}{dx} \quad \rightarrow \quad \frac{dK}{dx} = \frac{dU}{dx}.$$

In der gewinnmaximalen Situation sind die Grenzkosten gleich dem Grenzumsatz. Die fixen Kosten haben somit keinen Einfluß auf beschäftigungsbestimmende Entscheidungen [*Meffert*, 1968, S. 142f.].

Für unternehmungs- und betriebspolitische Entscheidungen sind somit nur die Grenzkosten interessant und ausschlaggebend. Die traditionelle Produktionsfunktion vom Typ A basiert auf dem Ertragsgesetz. Die Kostenkurve weist hier einen zweifach gebogenen Verlauf auf. Die Grenzkosten sind nicht konstant; sie fallen anfangs, um dann wieder zu steigen.

Hinsichtlich der Kostenentstehung als unmittelbare Folge der Leistungserstellung sind zwei Kostengruppen zu unterscheiden: die variablen und die fixen Kosten. Die variablen Kosten verändern sich mit zunehmender Ausbringung; sie steigen anfangs degressiv, dann proportional und anschließend progressiv bis zur Kapazitätsgrenze. Die fixen Kosten hingegen bleiben über den gesamten Beschäftigungsbereich hinweg konstant.

Zur Darstellung, Diskussion und Kritik des Kostenverlaufs auf der Grundlage der Produktionsfunktion vom Typ A sei verwiesen auf *Gutenberg* [1969, S. 291ff.] und *Kilger* [1958b, S. 21–52].

Die moderne Kostentheorie erklärt auf analytischem Wege die Kosteneinflüsse aufgrund empirischer Beobachtungen über die Auswirkung einzelner Faktoreinsatzmengen auf die Kosten. Ausgegangen wird von einer auf die Verbrauchsfunktion aufbauenden Produktionsfunktion. Die Abhängigkeit der gesamten Kosten von der Ausbringung ist nur mittelbar über die Verbrauchsfunktion gegeben. Bei Konstanz aller Einflußgrößen wie Aggregatsschaltung und Faktorqualitäten, Faktorpreise, Betriebsgröße, Fertigungsprogramm etc. gelangt man zu einer linear aufsteigenden Faktoreinsatz- und so auch Kostenkurve in Abhängigkeit von der Ausbringung.

Aufgrund dieser Linearität der Kostenkurve sind die Grenzkosten gleich den variablen Stückkosten. Das Unternehmungsgleichgewicht ist also dort gegeben, wo gilt:

$$\frac{dU}{dx} = \frac{dK}{dx} \quad \rightarrow \quad \frac{dU}{dx} = k_v \ .$$

mit: k_v = variable Stückkosten

Zur Produktionsfunktion vom Typ B sei verwiesen auf *Gutenberg* [1969, S. 314ff.] und auf *Kilger* [1958b, S. 53ff.].

Meffert [1968, S. 168f.] unterscheidet zwischen rein variablen, rein fixen und semivariablen Kosten wie folgt:

1. Rein variable Kosten liegen vor,
   a) wenn Produktionsfaktormengeneinheiten durch die Erstellung nur einer Produktionseinheit gänzlich verbraucht werden, oder
   b) wenn eine Produktionsfaktormengeneinheit durch die Erstellung nur einer Produktionseinheit zwar nicht völlig verbraucht wird, der Verbrauch jedoch nur durch die Leistungserstellung verursacht wird und sich in seiner Höhe nach dem Grad der Beanspruchung des Faktors bei der Leistungserstellung richtet.
   Zu dieser Kostenkategorie zählen Kosten für Roh- und Werkstoffe sowie die Kosten für Hilfs- und Betriebsstoffe, die nur bei der Leistungserstellung selbst benötigt werden.

2. Rein fixe Kosten liegen vor,
   a) wenn nicht hinreichend teilbare Produktionsfaktoren unabhängig vom Ausmaß ihres Einsatzes bei der Leistungserstellung durch den Zeitablauf verzehrt werden, oder
   b) wenn der Verzehr hinreichend teilbarer Produktionsfaktoren nicht durch die Leistungserstellung direkt verursacht wird, sondern der Aufrechterhaltung der Betriebsbereitschaft über eine bestimmte Zeit dient.
   Zu dieser Kostenkategorie zählen Kosten für Löhne und Gehälter, wenn sie den Verzehr einer zeitgebundenen Arbeitsbereitschaft zum Ausdruck bringen, ferner Zinsen und Mietkosten.

3. Semivariable Kosten liegen vor,
   wenn hinreichend teilbare Produktionsfaktoren teils für die Aufrechterhaltung der Betriebsbereitschaft verbraucht werden und teils bei der Leistungserstellung selbst eingesetzt werden.
   Zu dieser Kostenkategorie zählen kombinierte Zeit- und Leistungslohnkosten.

Ausgehend von einer Produktionsfunktion ist diese Aufgliederung der gesamten Kosten auf theoretischer Basis unproblematisch. Um Kostenbeträge der Praxis zerlegen zu können, sind verschiedene Methoden vor allem zur Anwendung für das ‚direct costing' (Kap. 7) und für die Plankostenrechnung (Kap. 8) entwickelt worden.

2.3.2 Methoden zur Analyse empirischer Kosten

2.3.2.1 Die buchtechnische Kostenauflösung

Die buchtechnische Kostenauflösung ist ein synthetisches Verfahren, bei dem alle verbuchten Kostenbelege einer Untersuchung unterzogen werden, um die Kosten in deren fixe und variable Bestandteile zu zerlegen. Jeder Kostenartenbetrag ist daraufhin zu analysieren, ob seine Entstehung ganz oder teilweise auch dann gerechtfertigt ist, wenn die Beschäftigung der betreffenden Kostenstelle gegen Null tendiert, aber die Betriebsbereitschaft dieser Stelle unverändert aufrechterhalten wird. Die hierbei verbleibenden Kosten haben fixen Charakter [*Kilger*, 1970a, S. 378ff.].

Es wird ein Beispiel aus einer Eisengießerei betrachtet [*Kilger*, 1970a, S. 380]: Die Ausbringung beträgt 2.000 t. Der Schmelzkoksverbrauch beträgt hierbei 260 t à DM 110,–. Hierfür betragen dann die Kokskosten DM 28.600,–. Bei ganz geringer Beschäftigung liegt ein Füllkoksverbrauch von 70 t vor, somit betragen hier die fixen Kosten DM 7.700,–. Unter Zugrundelegung des linearen Kostenverlaufes lautet dann die Kostenfunktion:

$$K = 7.700 + \frac{28.600 - 7.700}{2.000} \cdot x = 7.700 + 10,45\,x\,.$$

2.3.2.2 Die mathematische Kostenauflösung

Diese Methode geht auf *Schmalenbach* [1963, S. 76ff.] zurück. Man wählt zwei Beschäftigungsstufen x_1 und x_2 und die dabei entstandenen Kosten K_1 und K_2. Die proportionalen Kosten pro Bezugsgrößeneinheit werden mit d bezeichnet. Es gilt:

$$d = \frac{K_2 - K_1}{x_2 - x_1} \quad \left\{ \frac{\text{Kostenspanne}}{\text{Beschäftigungsspanne}} \right\} \cdot$$

Multipliziert man d mit x_1 (x_2) und subtrahiert die so erhaltenen proportionalen Kosten von den Gesamtkosten K_1 (K_2), so erhält man die fixen Kosten K_f. Es gilt:

$$K_f = K_1 - d \cdot x_1\,; \quad K_f = K_2 - d \cdot x_2\,.$$

Die mathematische Kostenauflösung läßt sich graphisch wie folgt darstellen:
1. bei linearem Kostenverlauf (Typ B)

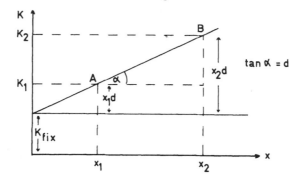

Abb. 12

Es gelte folgendes Beispiel (vgl. Kap. 2.3.2.1):

$$x_1 = 1.000 \text{ t} \qquad K_1 = 18.150,-$$
$$x_2 = 2.000 \text{ t} \qquad K_2 = 28.600,-$$
$$d = \frac{28.600 - 18.150}{2.000 - 1.000} = 10,45;$$

$$K_f = 28.600 - 2.000 \cdot 10,45 = 7.700,-$$

2. bei nicht-linearem Kostenverlauf (Typ A)

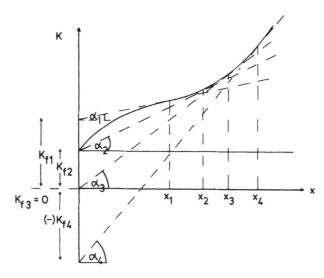

Abb. 13

Bei infinitesimaler Betrachtungsweise entspricht d den Grenzkosten K':

$$d = \frac{K_2 - K_1}{x_2 - x_1} \qquad d = \frac{\Delta K}{\Delta x} \qquad \lim_{\Delta x \to 0} \frac{\Delta K}{\Delta x} = \frac{dK}{dx} = K'$$

Nach *Schmalenbach* hingegen entspricht d den variablen Stückkosten k_v. Die mathematische Kostenauflösung funktioniert aber nur, wenn $K' = k_v$. Dieses ist nur gegeben bei linearem Kostenverlauf (Typ B) bzw. im Betriebsminimum beim s-förmigen Kostenverlauf (Typ A) bei x_3 in Abb. 13 [*von Stackelberg*, 1932, S. 118ff.].

Diese Kostenauflösung nach *Schmalenbach* führt also bei nicht-linearen Kostenverläufen gewöhnlich zu falschen Ergebnissen [*Lücke*, 1970a, S. 100].

2.3.2.3 Die Methode der Regressionsskizze

Die nach Kostenarten differenzierten Kosten werden für eine größere Zahl von Abrechnungsperioden erfaßt. Anschließend sind diese Kosten um die Einflüsse aller Kostenbestimmungsfaktoren mit Ausnahme der Beschäftigung zu bereinigen. Die Kostenkurve kann mit Hilfe von Streupunktdiagrammen (Statistical Scattergraph-Method) abgeleitet werden. Ein Streupunktdiagramm enthält auf der Abszisse die erfaßten Bezugsgrößen und auf der Ordinate die zugehörigen Kostenwerte. Durch das dann hier abgebildete Streuband einzelner Kostenpunkte wird — vorwiegend mit der Methode der kleinsten Quadrate — der Kostenverlauf ermittelt, der sowohl linear als auch nicht-linear ausfallen kann [*Kilger*, 1970a, S. 366ff.].

2.3.2.4 Mehrstufige Kostenaufspaltung

Die buchtechnische und mathematische Kostenauflösung kann verfeinert werden, indem viele Grade der Beschäftigung (Bezugsgrößen) berücksichtigt werden. Die „stufenförmig" durchgeführte Kostenauflösung ergibt verschiedene Höhen der variablen Kosten innerhalb eines Intervalls an. Diese Methode ermöglicht es, einen gegebenenfalls nicht-linearen und unstetigen Verlauf der variablen Kosten zu ermitteln.

Darstellung der stufenförmigen oder mehrstufigen Kostenauflösung:

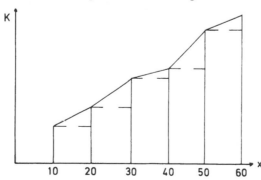

Abb. 14

2.3.3 Die Kostenaufteilung in der Plankostenrechnung

Als Maß für die Variabilität der Kosten verwendet die Plankostenrechnung den Variator. Der Variator V ist wie folgt definiert:

$$\text{Variator} = \frac{\text{variable Kosten}}{\text{Gesamtkosten}} \times 10$$

Bei $V = 10$ sind alle Kosten variabel; bei $V = 8$ sind 80 % der Gesamtkosten variabel, 20 % sind fix; bei $V = 0$ sind alle Kosten fix [*Kilger*, 1970a, S. 380–386].

Zwischen dem Variator V und der Kostenelastizität $\eta_{K,x}$ besteht eine sehr enge Verbindung [*Lücke*, 1970a, S. 242].

$$\eta_{K,x} = \frac{dK}{K} \cdot \frac{x}{dx} \qquad \text{mit:} \quad \frac{dK}{dx} = K' \; (= \text{Grenzkosten})$$

$$\frac{K}{x} = k \quad (= \text{Stückkosten})$$

$$K = \text{Gesamtkosten}$$

$$x = \text{Ausbringung}$$

$$\eta_{K,x} = \frac{dK}{dx} \cdot \frac{x}{K}$$

$$V = \frac{K_v}{K_v + K_f} \qquad \text{mit:} \quad \begin{aligned} K_v &= \text{gesamte variable Kosten} \\ K_f &= \text{gesamte fixe Kosten.} \end{aligned}$$

Bei linearen Kostenverläufen gilt:

$$V = \frac{k_v \cdot x}{K} \cdot 10 \qquad V = \frac{dK}{dx} \cdot \frac{x}{K} \cdot 10 \qquad V = \eta_{K,x} \cdot 10.$$

Der Variator entspricht der mit 10 multiplizierten Kostenelastizität.

2.3.4 Kritische Würdigung der kostentheoretischen Aussagen für die Kostenrechnung

Der causa efficiens entsprechend sollen die Kostenträger nur mit den von ihnen unmittelbar verursachten Kosten belastet werden. Diese Kosten sind die Grenzkosten, die beim linearen Kostenverlauf den variablen Stückkosten entsprechen. Innerhalb der Kostentheorie lassen sich die Beziehungen zwischen den Einflußgrößen und den Kostenhöhen eindeutig bestimmen. Die Funktion der Kostenrechnung besteht nun darin, die Beziehungen zwischen Einflußgrößen und Kostenhöhen für einen konkreten Betrieb zu beschreiben und für die betriebliche Lenkung die nötigen Informationen zu liefern. Daraus erklärt sich, warum die Kostenrechnung operationale Modelle entwickeln muß.

Die Mehrzahl der kostentheoretischen Modelle geht von Einproduktbetrieben aus; die Beschäftigung läßt sich eindeutig in einem homogenen Ausdruck bestimmen. Diese Annahme entspricht in der Regel nicht der Struktur industrieller Produktionsbetriebe. Die Kostenrechnung hat mehr praktische Methoden für die Aufstellung der Kostensituation zu entwickeln. Da aber das im Sinne der Kostentheorie hier abgehandelte Verursachungsprinzip kostenrechnerisch sich in vielfältig strukturierten Mehrproduktionsbetrieben oftmals nicht realisieren läßt, geht die Kostenrechnung primär vom Kriterium der Zurechenbarkeit von Kosten aus.

2.4 Zurechnungsbasen für Kostengrößen innerhalb einer Kostenquellenrechnung (causa finalis)

Die causa finalis untersucht mehr den Zweck, für den die Kosten entstanden sind. Zum Zweck der betrieblichen Leistungserstellung werden Produktionsfaktoren bzw. deren Werte eingesetzt. Dieses trifft auch für die für die Aufrechterhaltung der Betriebsbereitschaft notwendigen Faktoren zu, also auch für die fixen Kosten. Die mehr unter den praktischen Gesichtspunkten geführte Kostenrechnung nach dem Prinzip der causa finalis (als Zweck-Folge-Zusammenhang) unterteilt die Kosten nicht nach dem Kriterium der unmittelbaren Verursachung, sondern nach dem Kriterium der Zurechenbarkeit. Damit wird hier in der Kostenrechnung unterschieden zwischen Einzelkosten und Gemeinkosten in bezug auf die betriebliche Leistungseinheit, das Erzeugnis [*Vormbaum*, S. 15f.].

Direkt zugerechnete Kosten bezeichnet man daher als Einzelkosten, indirekt zugerechnete Kosten als Gemeinkosten. Dabei sind diese Begriffe jeweils nur im Hinblick auf eine bestimmte Bezugsgröße als Zurechnungsbasis definiert.

Von Kortzfleisch entwickelte eine Kostenquellenrechnung, bei der die Kosten direkt einer Kostenquelle zugeordnet werden. Danach stellen betriebliche Leistungen Kostenquellen dar [*von Kortzfleisch*, 1964, S. 318ff.].

Zurechnungsbasen für die Kosten können sein: das einzelne Stück, der einzelne Auftrag, das einzelne Auftragsprogramm, die einzelnen Sorten, die einzelnen Sortengruppen oder das Gesamtsortiment. Da in der traditionellen Vollkostenrechnung aber nur eine Ermittlung der Erzeugnisstückkosten als wertmäßiger Ausdruck des leistungsbezogenen Gütereinsatzes im Produktionsprozeß interessiert, werden hier die Kosten aufgeteilt in die Erzeugniseinzelkosten und in die Erzeugnisgemeinkosten.

Erzeugniseinzelkosten   = Werte der der Erzeugnismengeneinheit direkt zu-
                             rechenbaren Produktionsfaktoren wie Werkstoffe
Erzeugnisgemeinkosten   = Werte der der Erzeugnismengeneinheit nicht direkt
                             zurechenbaren Produktionsfaktoren wie Betriebs-
                             mittel, Betriebsstoffe

Letztere teilen sich auf in ,echte' und ,unechte' Erzeugnisgemeinkosten [*Riebel*, 1959, S. 216]:

echte Erzeugnisgemeinkosten   = Kosten, die sich wesensmäßig auch nicht
                                 unter größtem Rechnungsaufwand als Er-
                                 zeugniseinzelkosten ausweisen lassen.
unechte Erzeugnisgemeinkosten = Kosten, die sich wesensmäßig zwar als
                                 Erzeugniseinzelkosten erfassen lassen,
                                 denen aber im Hinblick auf die angestreb-
                                 ten Rechnungsziele keine hinreichende
                                 Relevanz zukommt; z.B. Kosten für Hilfs-
                                 stoffe.

Dabei gilt, daß alle Erzeugniseinzelkosten variable Kosten in der produktions- und kostentheoretischen Betrachtungsweise darstellen. Die variablen Kosten sind um die variablen Erzeugnisgemeinkosten größer als die Erzeugniseinzelkosten. Sämtliche fixe Kosten sind Erzeugnisgemeinkosten.

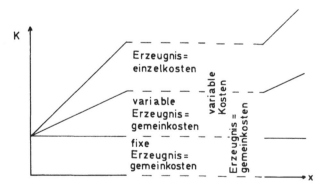

Abb. 15

Nach *Moews* können die Kostenträgereinzelkosten (Erzeugniseinzelkosten) sowohl fixe als auch variable Kosten sein [*Moews*, S. 24]. Dieses kann aller-dings nur dann vorliegen, wenn ein Betrieb in der Abrechnungsperiode nur eine Produktmengeneinheit erstellt (Monoproduktion und Einzelfertigung).

Da in der traditionellen Kostenrechnung die primäre Aufgabe der Kostenrechnung in der Ermittlung der Erzeugnisstückselbstkosten liegt, müssen die
Erzeugnisse neben ihren Einzelkosten auch mit ihren anteiligen Gemeinkosten
belastet werden. Diese Verteilung erfolgt im Rahmen der Kostenstellenrechnung.

3. Die Konzeption einer Kostenrechnung

3.1 Die Kostenrechnung als Ist- und Plankostenrechnung

Die Kosten- und Leistungsrechnung läßt sich nach vielfältigen Kriterien
systematisieren [*Kosiol*, 1972, S. 138ff.]. Für die Konzeption der Kosten- und
Leistungsrechnung sind zwei Gesichtspunkte ausschlaggebend: einerseits die
Ziele und andererseits die Rechnungsgrößen der Kosten- und Leistungsrech-
nung. Dementsprechend kann man unterschiedliche Systeme der Kosten- und
Leistungsrechnung unterscheiden. Wesentliche Kriterien für die Einteilung von
Kosten- und Leistungsrechnungssystemen sind einerseits — im Hinblick auf
die unterschiedlichen Ziele der Rechnung — der Zeitbezug der Erfassung von
Kosten und Leistungen, andererseits — im Hinblick auf die unterschiedlichen
Rechengrößen der Kostenrechnung — die Art der Zurechnung von Kosten und
Leistungen auf die Kalkulationsobjekte [*Coenenberg*, S. 5].

Nach den Zielen läßt sich die Kosten- und Leistungsrechnung in Dokumentationsrechnungen, Planungsrechnungen und Kontrollrechnungen einteilen
[*Huch*, 1975b].

Die Dokumentationsfunktion erfordert die systematische Erfassung der
Kosten und Leistungen eines abgeschlossenen Zeitabschnittes und deren Zuordnung auf die wertmäßig zu dokumentierenden Kalkulationsobjekte.
Dokumentationsrechnungen, z.B. die Kalkulation unfertiger und fertiger Bestände für Zwecke der handelsrechtlichen und steuerlichen Bilanzierung, sind
also stets Istkostenrechnungen.

Die Planungs- und Kontrollaufgaben erfordern zunächst den Ausbau der
Istkostenrechnung zu einer auch Plankosten und Planleistungen umfassenden
Plankostenrechnung. Als Planungsrechnung dient die Plankostenrechnung so-
wohl der Entscheidungsfindung, als auch dem Entscheidungsvollzug. Als
Prognoserechnung hat die Plankostenrechnung die Aufgabe, die künftigen Ziel-
wirkungen verfügbarer Handlungsalternativen zu erfassen und zu analysieren.
Als Entscheidungsrechnung soll auch die Plankostenrechnung zu einer ziel-
orientierten Bewertung von Handlungsalternativen — wie z.B. im Rahmen der
Festlegung eines optimalen Produktionsprogramms — führen. Zweck der
Plankostenrechnung als Lenkungsrechnung ist die Erarbeitung motivkräfti-
ger Zielvorgaben für die die Entscheidungen vollziehenden Organe innerhalb
des Betriebes [*Coenenberg*, S. 2].

Die Planungsrechnung wird nur dann zu einem wichtigen Führungsinstrument, wenn sie durch eine entsprechende Kontrollrechnung ergänzt wird [*Huch*, 1976a; 1976b]. Kontrollen dienen der Überwachung der unternehmerischen Zielerreichung. Zielabweichungen können in der Planung selbst oder in der Ausführung begründet sein. Eine wesentliche Aufgabe der Kontrollrechnungen besteht in der Aufdeckung und Analyse von Plan-Ist-Abweichungen, die entweder planungsbedingter oder ausführungsbedingter Ursache sind [*Huch*, 1975a, S. 190ff.]. Im Rahmen der Kosten- und Leistungsrechnung bedeutet dieses, daß die Plankostenrechnung durch eine entsprechende Kostenkontrollrechnung ergänzt werden muß, mit der Plan-Ist-Kostenabweichungen erkannt und analysiert werden sollen (vgl. Kap. 8).

3.2 Die Kostenrechnung als Voll- und Teilkostenrechnung

Nach der Art der Rechnungsgrößen und der Art der Zurechnung von Kosten auf die Leistungen wird generell zwischen der Kostenrechnung auf Vollkostenbasis (Vollkostenrechnung) und der Kostenrechnung auf Teilkostenbasis (Teilkostenrechnung) unterschieden. Diese Systeme unterscheiden sich in der Art der Verrechnung der angefallenen Kosten. Diese sind bedingt durch den Umfang und die Art der Aufgaben, die die Kostenrechnung zu erfüllen hat. Während die Vollkostenrechnung nach dem Prinzip der causa finalis sämtliche Kosten auf die jeweiligen Leistungseinheiten verteilen will, verzichtet die Teilkostenrechnung nach dem Prinzip der causa efficiens auf die Verteilung nicht direkt verursachter Kostengrößen.

Die Vollkostenrechnung unterteilt in der Kostenartenrechnung die Kosten in Einzel- und Gemeinkosten. Die Einzelkosten werden den Erzeugnissen unmittelbar innerhalb der Kostenträgerrechnung belastet. Die Gemeinkosten werden innerhalb der Kostenstellenrechnung als Stellenkosten erfaßt und entsprechend der Stelleninanspruchnahme durch die Erzeugnisse auf diese verteilt. Somit sind sämtliche Kostenartenbeträge auf die Erzeugnisse umgelegt.

Diese Vollkostenrechnung ist die traditionelle Form der Kostenrechnung. Ihr Aufgabengebiet wurde bisher als nahezu universal angesehen. Es umfaßt die ausgeprägte Kostenträgerrechnung zur Kostenermittlung für die Preisbildung und zur erzeugnisbezogenen Erfolgsermittlung. Gleichzeitig soll die Vollkostenrechnung auch im Rahmen einer Kostenstellenrechnung die kostenmäßige Betrachtung auf die einzelnen Betriebseinheiten abstellen. Im Zuge der Weiterentwicklung der Betriebswirtschaftslehre tauchten immer mehr Probleme und spezielle Fragestellungen auf, die einer Lösung unter Heranziehung der Kostenrechnung bedurften. Unter Bezugnahme auf produktions- und kostentheoretische Erkenntnisse wurde die Vollkostenrechnung mehr und mehr angezweifelt. Auf den Gebieten der speziellen Betriebswirtschaftslehren bei Fragestellungen zur Produktionsprogrammplanung, Investitionsplanung, Finanzplanung usw. wurden speziell zugeschnittene Teilkostenrechnungen entwickelt, um den Informationsgehalt der Kostenrechnung für die betriebliche Entscheidungsfindung zu erhöhen (vgl. Kap. 7).

Die produktions- und kostentheoretisch orientierte Teilkostenrechnung verrechnet nur die variablen Kosten dem Verursachungsprinzip entsprechend auf die Erzeugnisse, während die fixen Kosten dem gesamten Betrieb ‚en bloc‘ angelastet werden. Dazu erfolgt in der Kostenartenrechnung wiederum eine Aufteilung in Einzel- und Gemeinkosten. In der Kostenstellenrechnung erfolgt nur eine Verrechnung der variablen Gemeinkosten. Die Belastung der Erzeugnisse geschieht dann mit den Einzelkosten und den variablen Gemeinkosten.

Die rechnungstechnisch orientierte Teilkostenrechnung dürfte in strenger Form nur die Erzeugniseinzelkosten den Erzeugnissen anlasten. Die Erzeugnisgemeinkosten würden ‚en bloc‘ dem gesamten Betrieb angelastet.

Bei einer liquiditätsorientierten Teilkostenrechnung werden nur die Kosten den Erzeugnissen belastet, die zu Auszahlungen in der gleichen Periode oder ganz allgemein zu Ausgaben führen. Die Bestrebungen gehen dahin, über den auf Kostenbasis gebildeten Marktpreis wenigstens die Auszahlungen (Ausgaben) zu decken.

Die Teilkosten können gewonnen werden, indem die Vollkosten der Kostenartenrechnung nach bestimmten Kriterien aufgesplittet werden. Die Teilkosten können gebildet werden nach dem Kriterium der direkten Verursachung, der direkten Zurechenbarkeit und nach dem Kriterium der Liquiditätswirksamkeit der Kosten.

Wird die liquiditätsorientierte Teilkostenrechnung außerhalb der Betrachtung gelassen, so werden in der Literatur hauptsächlich drei Prinzipien angeführt, nach denen sich eine Zuordnung und Verrechnung der Kosten primär in bezug auf das Erzeugnis durchführen läßt [*Vormbaum*, S. 13ff.].

Diese Prinzipien sind das Verursachungs- oder Kausalitätsprinzip, das Prinzip der Kostentragfähigkeit und das Durchschnittsprinzip.

3.3 Die Prinzipien einer Kostenträgerrechnung

3.3.1 Das Verursachungs- oder Kausalitätspinzip

Das Kostenverursachungsprinzip stellt die oberste Regel für das Verrechnen von Kosten dar. *Heinen* bezeichnet das Verursachungsprinzip als das ‚Fundamentalprinzip‘ der Kostenrechnung [*Heinen*, 1958, S. 5].

Das Verursachungs- oder Kausalitätsprinzip wird nicht übereinstimmend definiert. Diesem Prinzip entspricht die Forderung, daß die Kostenrechnung „den durch den Erzeugungsprozeß verursachten und auf ihn einwirkenden Werteverzehr sachgemäß zu berechnen“ hat [*Kosiol*, 1953, S. 196]. Nach *Heinen* besagt das Kostenverursachungsprinzip, „daß jedem Kostenträger die Kostenteile zugerechnet werden, die er verursacht hat“ [*Heinen*, 1958, S. 2].

Unter Bezugnahme auf die Ausführungen in Abschnitt 2.3 bedeutet das Verursachungs- oder Kausalitätsprinzip innerhalb der Kostenträgerrechnung, daß die Kostenträger (Erzeugnisse) nur mit den von ihnen direkt verursachten Kosten belastet werden. Das sind die produktions- und kostentheoretisch ermittelten variablen Kosten. Dieses Prinzip ist realisiert in der Grenzkostenrechnung, im ‚direct costing‘ oder in der Deckungsbeitragsrechnung (vgl. Kap. 7).

3.3.2 Das Prinzip der Kostentragfähigkeit

Die Belastung der Erzeugnisse mit fixen Kosten erfolgt auf der Grundlage des Stückbruttogewinnes als Differenz zwischen dem erwarteten Absatzpreis und den variablen Stückkosten. Je größer (kleiner) diese Differenz ist, um so höher (geringer) ist die Belastung mit anteiligen fixen Kosten [*Koch*, 1966, S. 69; *Vormbaum*, S. 16f.]. Diese Möglichkeit der Verrechnung von fixen Kosten wird von den Vertretern des ‚direct costing‘ befürwortet [*Agthe*, 1959b, S. 742ff.], um von der Teilkostenrechnung auf eine Vollkostenrechnung übergehen zu können.

Diese so ermittelten Stückkostenbeträge sind ohne Aussagekraft, da durch die Einbeziehung betriebsexterner Daten des Absatzmarktes mit der Berücksichtigung von Marktpreisen an sich fremde Elemente in die Kostenrechnung einbezogen werden. Hier würden dann die Kosten nicht mehr auf der Grundlage rein fertigungsbedingter Daten verrechnet.

Eine weitere Möglichkeit der Verteilung von fixen Kosten nach dem Prinzip der Kostentragfähigkeit bietet sich auf der Grundlage der direkt zugerechneten variablen Kosten an (vgl. Kap. 7.6). Die Belastbarkeit der Erzeugnisse mit fixen Kosten wird durch die direkt verursachten variablen Kosten angezeigt. Die Unvollkommenheit dieses Vorgehens läßt sich am folgenden Beispiel erklären: Je automatischer ein Produkt gefertigt wird, umso kleiner sind dessen variable Kosten (Lohnkosten); damit werden auch weniger fixe Kosten dem Produkt angelastet, obwohl der Fixkostenanteil steigen müßte.

3.3.3 Das Durchschnittsprinzip

Eine Kostenträgerrechnung dem Verursachungs- oder Kausalitätsprinzip als causa efficiens entsprechend ist nicht möglich als Vollkostenrechnung, da in diesem Fall nur die variablen Kosten verrechnet werden. Eine Vollkostenrechnung setzt aber die vollständige direkte oder indirekte Verteilung aller Kosten auf die Kostenträger voraus. Nach *Mellerowicz* erfolgt die Kostenverteilung nach dem Verursachungsprinzip, wenn die Kosten mit größtmöglicher Genauigkeit den Gütern zugerechnet werden, die sie verursacht haben. „Dabei kommt es vor allem darauf an, daß die Gemeinkosten richtig verteilt werden, daß nicht Güter mit Kosten belastet werden, die sie nicht verursacht haben, während andere nicht ihren vollen Kostenanteil tragen" [*Mellerowicz*, 1968,

S. 18f.]. Damit ist gezeigt, daß das Kostenverursachungsprinzip auch dann noch gewahrt ist, wenn die Kostenverrechnung nur möglichst genau erfolgt.

Eine Kostenrechnung ist aber dann noch richtig, „wenn sich in ihrem Zahlenwerk die Höhe und die Struktur der Kosten entsprechend den tatsächlichen Beziehungen zwischen Ursache und Wirkung hinreichend genau niederschlagen. Die Richtigkeit der Kostenrechnung kann nicht an absoluten Maßstäben gemesen werden. Sie ist relativ, und zwar vor allen Dingen von den Zwekken der Kostenrechnung abhängig" [*Riebel,* 1959, S. 41].

Das Kausalitätsprinzip der causa finalis entsprechend strebt eine Verteilung aller Kosten auf die Erzeugnisse an. Sämtliche Faktoreinsätze dienen dem Zweck der Erzeugung des Endproduktes. Eine rechnungstechnisch ausgerichtete Kostenaufteilung in Einzel- und Gemeinkosten ist demnach auch dann noch ursachgemäß, wenn „alle Rechenoperationen in Richtung auf den Kostenträger – wie Erfassung, Verteilung und Zurechnung der Kosten – den Entstehungsursachen Rechnung tragen sollen" [*Heinen,* 1958, S. 2].

Fragt das strenge Kausalitätsprinzip nach dem Kostenanfall, den die Herstellung einer Erzeugniseinheit verursacht hat, so fragt das Durchschnittsprinzip nach den Kosten, die auf eine Leistungseinheit entfallen [*Koch,* 1953, S. 318f.]. Das strenge Kausalitätsprinzip wird für die Ermittlung der totalen Stückkosten abgewandelt zum Leistungsentsprechungsprinzip [*Koch,* 1965b, S. 331ff.; 1966, S. 76 u. S. 102ff.].

Dieses Durchschnittsprinzip gilt als Ersatz für das strenge Kausalitätsprinzip. Für die Fälle, in denen mit Vollkosten gerechnet werden muß, ist dieses Durchschnittsprinzip wissenschaftlich zu vertreten, wenn innerhalb der Kostenarten-, Kostenstellen- und Kostenträgerrechnung die Verrechnung nach dem strengen Kausalitätsprinzip jeweils auf verschiedene Bezugsgrößen erfolgt.

4. Die Kostenartenrechnung

4.1 Grundlagen zur Kostenartenrechnung

Kosten sind der wertmäßige Verzehr von Einsatzgütern zur Erstellung und Verwertung betrieblicher Leistungen und zur Aufrechterhaltung der Betriebsbereitschaft. In der Kostenartenrechnung werden die Kosten des Betriebes in Geldeinheiten pro Periode erfaßt. Wie die gesamte Kostenrechnung dient die Kostenartenrechnung auch der Gewinnung von Informationen als Grundlage betrieblicher Dispositionen. Die Kostenartenrechnung stellt also keinen Selbstzweck dar. Ihre Informationen sind aber für betriebliche Entscheidungen wenig aufschlußreich. Aus dem Anteil einzelner Kostenarten an den Gesamtkosten läßt sich etwas über die Bedeutung einzelner Kostenarten aussagen. Hier lassen sich Kennzahlen über die Materialintensität, Kapitalintensität, Per-

sonalkostenintensität etc. ermitteln. Im Endeffekt vermag die Kostenartenrechnung keine für betriebliche Entscheidungen ‚fertigen' Informationen wie
die Kostenstellen- oder Kostenträgerrechnung zu liefern. Die Kostenartenrechnung stellt die erste Stufe der Kostenrechnung dar. Ihr folgt die Kostenstellenrechnung, dieser die Kostenträgerrechnung [*Schönfeld*, 1970a, S. 25].

Die Kostenartenrechnung wird auch als Abgrenzungsrechnung bezeichnet.
Hier erfolgt nämlich eine Abgrenzung der Kosten gegenüber den Aufwendungen der gesamten Unternehmung. Bei der Ermittlung der Kosten kann von den
Aufwendungen ausgegangen werden. Nacheinander können dann im Rahmen
einer Negativauswahl die betriebsfremden, die periodenfremden und dann die
außerordentlichen Posten ausgesondert werden. Von den übrigen Aufwendungen sind die wegfallenden (kostenverschiedenen) Aufwendungen umzube-
werten zu den Anderskosten. Ferner sind die Zusatzkosten zu berücksichtigen
(vgl. Abschnitt 2.2).

Bei der Ermittlung der gesamten Kosten eines Betriebes sind diese nach bestimmten Kriterien zu untergliedern, um der Betriebsleitung Hinweise zu geben, welche Arten von Kosten angefallen sind. So kann die Möglichkeit einer
Kostenbeeinflussung am Ursprungsort der Kostenentstehung geschaffen werden.

4.2 Gesichtspunkte für die Gliederung der Kostenarten

Die Kosten ergeben sich aus den Werten der bei der Leistungserstellung und
Leistungsverwertung verbrauchten Sachgütern und Dienstleistungen. In der
Kostenartenrechnung werden diese Kosten artenweise erfaßt. Nach *Schönfeld*
lassen sich die Kostenarten nach ihrer Entstehung, ihrer Verwendung, ihrer
Abhängigkeit vom Beschäftigungsgrad oder nach verrechnungstechnischen Ge-
sichtspunkten gliedern [*Schönfeld*, 1970a, S. 25].

Die Kostengliederung nach dem Kriterium ihrer Entstehung würde die Kosten entweder den Kostenstellen zuordnen, in denen diese Kosten entstehen,
oder aber den Produktionsfaktoren zuordnen, durch deren Verbrauch sie entstehen. Der Ausweis der Kosten pro Kostenstelle ist aber als Aufgabe der Kostenstellenrechnung zu früh in der Kostenartenrechnung. Die Gliederung der
Kosten nach dem Kriterium ihrer Abhängigkeit vom Beschäftigungsgrad unterteilt die Kosten in ihre fixen und variablen Bestandteile. Diese Unterscheidung
hier ist zu grob und könnte höchstens als weitere Aufteilung der Kosten bei
einer nach dem strengen Verursachungsprinzip aufgebauten Kostenrechnung
(Kostenträgerrechnung) herangezogen werden. Die Gliederung der Kosten nach
verrechnungstechnischen Gesichtspunkten in Einzel- und Gemeinkosten erfolgt
ebenfalls nur im Hinblick auf die Kostenträgerrechnung nach dem Vollkostenprinzip. Diese zuletzt genannten Kriterien können allerdings herangezogen werden für weitere Unterteilungen.

Die Kostenartenrechnung ist am aussagefähigsten, wenn die Kosten den Produktionsfaktoren zugeordnet werden. Der wertmäßige Einsatz und Verzehr der einzelnen Produktionsfaktoren und deren Anteil an den Gesamtkosten kommt so am ehesten zum Ausdruck. Beim Übergang zur Kostenstellenrechnung wird dann aber bei der Vollkostenrechnung weiter unterteilt in Erzeugniseinzel- und Erzeugnisgemeinkosten und beim „direct costing" weiterhin noch in variable und fixe Kosten. Es gilt:

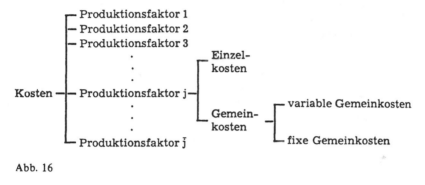

Abb. 16

Bezeichnen wir den Faktorverbrauch der Art j mit r_j und dessen Faktorpreis mit q_j, dann gilt für die Kosten K:

$$K = r_1 q_1 + r_2 q_2 + r_3 q_3 + \ldots + r_{\bar{j}} q_{\bar{j}}; \quad K = \sum_{j=1}^{\bar{j}} r_j q_j$$

oder:

$$K = (r_1, r_2, r_3, \ldots, r_{\bar{j}}) \begin{pmatrix} q_1 \\ q_2 \\ q_3 \\ \cdot \\ \cdot \\ \cdot \\ q_{\bar{j}} \end{pmatrix}$$

(Mengengerüst)   (Preisgerüst)

Eine Kostenartengliederung wäre möglich analog der volkswirtschaftlichen Gliederung der die Kosten hervorrufenden Produktionsfaktoren. Die Volkswirtschaftslehre unterscheidet hier zwischen Boden, Kapital und Arbeit. Diese Dreiteilung der Produktionsfaktoren genügt aber nicht für die Kostenrechnung.

*Gutenberg*s Systematisierung der Produktionsfaktoren (Elementarfaktoren: Menschliche Arbeitsleistung, Betriebsmittel, Werkstoffe; dispositiver Faktor: Geschäfts- und Betriebsleitung, Planung, Organisation) [*Gutenberg*, 1969, S. 2–8] ist für eine Untergliederung der Kostenarten ebenfalls aus Gründen der Praktikabilität nicht brauchbar. Der dispositive Faktor beispielsweise, der die Elementarfaktoren zu einem Produktionsprozeß kombiniert, findet in der Kostenrechnung kein Gegenstück; d.h. es gibt keine Kostenart, der der dispositive Faktor zugerechnet werden kann.

Mellerowicz unterscheidet nach der Entstehung fünf natürliche Kostenartengruppen [*Mellerowicz*, 1963, S. 42ff.]:

a) Arbeitskosten: Löhne, Gehälter, soziale Abgaben, soziale Aufwendungen, Lohnnebenkosten, Unternehmerlohn

b) Materialkosten: Kosten für Beschaffung, Lagerung und Bereitstellung von Werk-, Roh-, Hilfs- und Betriebsstoffen

c) Kapitalkosten: Zinsen, Abschreibungen, Kapitalwagnisse

d) Fremdleistungskosten: Kosten für Reparaturen, Transportleistungen Dritter etc.

e) Kosten der menschlichen Gesellschaft: Steuern, Gebühren, Beiträge

Aus rechnungstechnischen Überlegungen wird zwischen ursprünglichen oder reinen Kostenarten und gemischten oder zusammengesetzten Kostenarten unterschieden. Die ursprünglichen Kosten treten nach *Schmalenbach* [1963, S. 14] nur „zu Beginn der Kostenrechnung" auf. Sie „umfassen den Verbrauch an solchen Sachgütern, die das Unternehmen von fremden Unternehmen bezieht, oder von Arbeits- und Dienstleistungen, für die Dritte in Anspruch genommen werden. Unter zusammengesetzten Kostenarten versteht man solche Kostengüter, die das Unternehmen selbst erstellt ... Die zusammengesetzten Kosten setzen sich aus ursprünglichen Kosten zusammen" [*Gutenberg*, 1958, S. 134].

Die Kostenartenrechnung beschränkt sich nur auf die reinen Kostenarten. Die gemischten Kosten oder auch ,Funktionskosten' werden nur in der Kostenstellenrechnung verrechnet, wenngleich in der Praxis bei einer starken Untergliederung der Kostenartenrechnung auch eine Unterteilung der Kostenarten unter funktionalen und bereichsmäßigen Gesichtspunkten möglich ist.

Folgende Aufteilung der (reinen) Kostenarten hat sich in der Kostenrechnung als nützlich erwiesen:

1. Werkstoffkosten → Werkstoffeinsatz
2. Arbeitskosten → Einsatz menschlicher Arbeitskraft
3. Betriebsmittelkosten (Abschreibungen) → Betriebsmitteleinsatz
4. Kapitalkosten (Zinsen) → Kapitalnutzung

5. Kosten für Fremdleistungen → Nutzung von Dienstleistungen Dritter
6. Abgaben an die öffentliche Hand (Steuern, Gebühren, Beiträge) → Leistungen der öffentlichen Hand
7. Wagniskosten → Übernahme von Risiken

Neben dieser Aufteilung in reine Kostenarten erfolgt bei der traditionellei, Vollkostenrechnung eine weitere Untergliederung nach Erzeugniseinzel- und Erzeugnisgemeinkosten nach dem Kriterium der Zurechenbarkeit von Kosten.

4.3 Die reinen Kostenarten

4.3.1 Werkstoffkosten

Der Faktor ‚Werkstoff' (Material, Rohstoff) wird wie folgt unterteilt [*Schönfeld*, 1970a, S. 36f.]:

Werkstoff
{
Das Fertigungseinzelmaterial (Rohstoffe, fertig bezogene Teile) stellt die Grundsubstanz des betrieblichen Erzeugnisses dar und ist diesem daher direkt zurechenbar: Erzeugniseinzelkosten.

Die Hilfsstoffe (Zusatzmaterial, Fertigungshilfsmaterial) gehen unmittelbar in das Erzeugnis stofflich ein, könnten so auch direkt zugerechnet werden, doch wären die hierfür notwendigen Rechenaufwendungen in bezug auf den Nutzen zu hoch; diese Hilfsstoffe verursachen so unechte Erzeugnisgemeinkosten.

Die Betriebsstoffe gehen nicht in das Produkt ein. Diese werden bei der Aggregatsinanspruchnahme von den Maschinen verbraucht und werden so über die Maschinenkosten verrechnet.
}

Gutenberg [1969, S. 4f.] faßt unter dem Begriff ‚Werkstoff' nur das Fertigungseinzelmaterial und die Hilfsstoffe zusammen. Das sind also nur die Materialien, die sich dem Erzeugnis direkt zurechnen lassen, da diese Materialien direkt in das Erzeugnis eingehen.

Für die Aufstellung des Mengengerüstes für die Ermittlung der Werkstoffkosten bieten sich drei Berechnungsmöglichkeiten an, um den Werkstoffverbrauch unter Berücksichtigung von Lagerbewegungen zu ermitteln [*Kosiol*, 1964, S. 136f.; *Wöhe*, 1968, S. 649f.].

1. Mit der Befundrechnung wird der Verbrauch nachträglich am Ende der Periode ermittelt:

Ist Abgang	=	Ist-Anfangsbestand lt. Inventur	+	Ist-Zugang lt. Beleg	−	Ist-Endbestand lt. Inventur

Der tatsächliche Lagerabgang kann um Diebstähle, Schwund etc. höher sein als der Verbrauch für die Produktion.

2. Bei der Skontrationsrechnung werden für jede Werkstoffart sämtliche Lagerbewegungen belegmäßig festgehalten. Die Belege dienen zur Grundlage der Ermittlung des Verbrauches.

$$\begin{matrix} \text{Soll} \\ \text{Endbestand} \end{matrix} = \begin{matrix} \text{Ist-Anfangsbestand} \\ \text{lt. Inventur} \end{matrix} + \begin{matrix} \text{Ist-Zugang} \\ \text{lt. Beleg} \end{matrix} - \begin{matrix} \text{Ist-Verbrauch} \\ \text{lt. Beleg} \end{matrix}$$

Da der belegmäßig ermittelte tatsächliche Verbrauch um Diebstähle und Schwund geringer ist als der tatsächliche Lagerabgang, ist der belegmäßig ermittelte Endbestand als Sollgröße nicht immer gleich dem inventurmäßig festgestellten Bestand.

3. Die Rückrechnung ermittelt den Verbrauch anhand der gefertigten Erzeugnisse und ihrer Zusammensetzung. Es wird festgestellt, welches Material in welchen Mengen im Produkt enthalten ist. Dabei können Abfälle auftreten, die bei dieser retrograden Methode extra zu berücksichtigen sind. Schwund und Diebstähle bleiben außerhalb der Erfassung.

Für die Ermittlung der Werkstoffkosten darf nur der betriebsbezogene, periodenbezogene, ordentliche Werkstoffverbrauch für die Aufstellung des Mengengerüstes zugrunde gelegt werden. In dem Ist-Abgang an Werkstoffen ist aber auch der betriebsbezogene, periodenbezogene, aber außerordentliche Werkstoffverbrauch durch Diebstahl, Schwund etc. enthalten. Dieser darf nicht als Werkstoffkosten in die Kostenrechnung eingehen. Der außerordentliche Werkstoffverbrauch schlägt sich nur als neutraler Aufwand erfolgswirksam in der Aufwandsrechnung nieder.

Der der Kostenrechnung zugrunde zu legende Faktorverbrauch entspricht dem belegmäßig festzuhaltenden Ist-Verbrauch bei der Skontrationsrechnung bzw. den Mengen der Rückrechnung. Damit werden also doch genauere Zahlenaufschreibungen notwendig, die bei der Befundrechnung scheinbar überflüssig geblieben wären. Die Befundrechnung läßt sich anwenden für die Aufwandsrechnung, die Skontration und die Rückrechnung hingegen für die Kostenrechnung.

Der außerordentliche Werkstoffverbrauch läßt sich kostenmäßig erfassen über Risikokosten (vgl. Kap. 4.3.7). Theoretisch wäre eine Berücksichtigung auch möglich über eine Erhöhung des Wertgerüstes. In diesem Fall wären die Werkstoffkosten Anderskosten. Der betriebsbezogene, periodenbezogene, ordentliche Faktorverbrauch würde in der Kostenrechnung anders (höher) bewertet als in der Aufwandsrechnung.

Für das Wertgerüst sind die im Kap. 2.1.1 aufgeführten Werte heranzuziehen. Zu Zwecken von Betriebs- und Periodenvergleichen wird hier häufig mit über mehrere Perioden unverändert gehaltenen festen Verrechnungspreisen gerechnet. Veränderungen der Werkstoffkosten sind dann bei Konstanz des Wertgerüstes allein zurückzuführen auf Mengenveränderungen. Innerhalb der Plankostenrechnung haben diese festen Verrechnungspreise eine bedeutende Rolle übernommen [*Kilger*, 1970a, S. 30–32 u. S. 169–172].

Zum rechnungstechnischen Ablauf wird hier folgendes empfohlen: Die Werkstoffe der Art j werden zum Zeitpunkt t in den Mengen A_{jt} zu den jeweiligen Einkaufspreisen q_{jt}^I beschafft und auf Lager innerhalb der Bestandskonten genommen. Der Verrechnungspreis beträgt q_j^P. Hiermit wird der entsprechende Werkstoffverbrauch in der Periode in den Mengen W_j bewertet. Dieser Verbrauch wird durch die Skontration oder Rückrechnung ermittelt. Die Wertdifferenz des Verbrauches — bedingt durch die unterschiedliche Bewertung in den Bestandskonten einerseits und in den Erfolgskonten in der Kostenartenrechnung andererseits — wird über neutrale Erfolgskonten erfolgswirksam ausgeglichen. Die Größe W_{jt} gibt den Faktorverbrauch an, der verrechnungsmäßig den Beschaffungsmengen A_{jt} entspricht. Für t gilt jeweils 1, 2, . . . Der außerordentliche Abgang (Diebstahl, Schwund) ergibt sich als Differenz zwischen dem in der Befundrechnung ermittelten Ist-Abgang A_j und dem ordentlichen Verbrauch W_j. Dieser Abgang wird bewertet mit den tatsächlichen Preisen q_{jt}^I. Wird der Ist-Endbestand mit Durchschnittspreisen $\varnothing\, q_j^I$ bewertet, so ergibt sich der Wert des außerordentlichen Abganges als Saldo. Es gilt folgendes Verrechnungsschema:

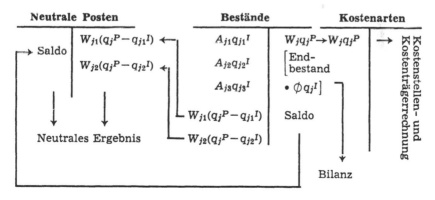

Abb. 17

Weitere Methoden von Verrechnungsmöglichkeiten werden angeführt bei *Kilger* [1970a, S. 197–212].

Die Werkstoffkosten M einer Periode betragen dann:

$$M = \sum_{j=1}^{\bar{j}} W_j \cdot q_j$$

mit: W_j = Werkstoffverbrauch der Art j pro Periode
    q_j = Wert der Werkstoffart j pro Mengeneinheit
Die Größe M entspricht den in der Kostenartenrechnung erfaßten Beträgen.

4.3.2 Arbeitskosten

Arbeitskosten sind zum größten Teil die Beträge, die für die Nutzung des Produktionsfaktors ‚Arbeit' dem Betrieb an Ausgaben entstehen. Hierzu zählen sowohl die unmittelbar an den Arbeitnehmer zu zahlenden Bruttolöhne bzw. -gehälter als auch die vom Unternehmen zu tragenden Soziallasten.

Die Art der Be- und Verrechnung der Arbeitsvergütung erfolgt nach der Arbeitszeit oder nach der Arbeitsleistung pro Periode. Die älteste Vergütungsform ist der Zeitlohn. Das Mengengerüst stellen hier die im Betrieb anwesenden (produktiven oder unproduktiven) Stunden (Tage, Wochen, Monate — also Zeiteinheiten) AZE_j der Arbeitsart j dar. Das Wertgerüst ist gleich dem Preis q_j für die jeweilige Arbeitsart j als Stundenlohn (Tage-, Wochen-, Monatslohn). Die gesamten Arbeitskosten einer Periode betragen L_z. Es gilt:

$$L_z = \sum_{j=1}^{\bar{j}} AZE_j \cdot q_j$$

Der Kostensatz q_j setzt sich zusammen aus dem tariflich festgelegten Stunden- oder Monatslohn h_j zuzüglich der vom Arbeitgeber zu tragenden Sozialabgaben von β % auf h_j.

$$q_j = (1 + \beta/100)\, h_j.$$

Die Arbeitskosten bei Zeitentlohnung sind immer Gemeinkosten. Beim Zeitlohn liegt die Problematik in der Verteilung der Arbeitskosten auf die einzelne Produktmengeneinheit. Diese Schwierigkeit ist beim Leistungslohn (Stückzeitakkord- und Geldakkordlohn) nicht gegeben.

Bei dem Stückzeitakkord werden t_{ji} Minuten als Vorgabe der erforderlichen Arbeitszeiten der Art j für die Produktion einer Mengeneinheit des Gutes i ermittelt. Die Arbeitsminute der Art j wird bewertet mit dem Minutenfaktor oder Geldsatz pro Minute mq_j. Die produzierten Güter pro Periode werden mit x_i gekennzeichnet. Die Arbeitskraft wird entlohnt aufgrund der Zahl der (bearbeiteten) produzierten Stücke (als Mengengerüst), wobei diese für die Ermittlung des Arbeitsentgeltes multipliziert werden mit der mit dem Minutenfaktor bewerteten Vorgabezeit (als Wertgerüst). Die Arbeitskosten bei Akkordentlohnung als Stückakkord pro Periode der Arbeitsart j betragen L_{SAj} bzw. die entsprechenden Arbeitskosten des gesamten Betriebes pro Periode betragen L_{SA}. Es gilt:

$$L_{SAj} = \sum_{i=1}^{\bar{i}} x_i \cdot t_{ji} \cdot mq_j$$

$$L_{SA} = \sum_{i=1}^{\bar{i}} \sum_{j=1}^{\bar{j}} x_j \cdot t_{ji} \cdot mq_j .$$

Der Minutenfaktor mq_j wird wie folgt gebildet. Der tarifliche Stundenlohn h_j wird um die vom Unternehmen einzuräumenden Akkordzuschläge in Höhe von α % zu h_j^* vergrößert. Die Arbeitskosten für das Unternehmen erhöhen sich ferner um β % von h_j^* wegen der vom Arbeitgeber zu tragenden Soziallasten.

$$h_j^* = (1 + \alpha/100) \, h_j$$

$$mq_j = (1 + \beta/100) \, [(1 + \alpha/100) \, h_j] : 60 .$$

Beim Geldakkord wird für eine Arbeitsleistung i ein bestimmter Geldsatz g_{ji} festgelegt; dabei ist:

$$g_{ji} = t_{ji} \cdot mq_j.$$

Die Arbeitskosten bei Akkordentlohnung als Geldakkord pro Periode der Arbeitsart j sind L_{GAj} bzw. die entsprechenden Arbeitskosten des gesamten Betriebes pro Periode betragen L_{GA}. Es gilt:

$$L_{GAj} = \sum_{i=1}^{\bar{i}} x_i \cdot g_{ji}$$

$$L_{GA} = \sum_{i=1}^{\bar{i}} \sum_{j=1}^{\bar{j}} x_i \cdot g_{ji} .$$

Zu den Verfahren der Arbeitszeitermittlung und der Bewertung sei auf *Böhrs* verwiesen.

Die Zurechnung der Akkordlöhne auf die Erzeugnismengeneinheiten ist problemlos, da es sich hierbei um die dem Kostenträger (Erzeugnis) direkt zurechenbaren Einzelkosten handelt. Die Akkordentlohnung ist aber nur bei den Fertigungslöhnen möglich; Hilfslöhne für Fertigungshilfsarbeiten, die nicht unmittelbar an der Produktion des Erzeugnisses beteiligt sind, können nicht als Erzeugniseinzelkosten erfaßt werden. Gleiches gilt für die Gehälter. Urlaubslöhne, Krankheitslöhne und Lohnnebenkosten (für das Lohnbüro, die Personalabteilung und den gesamten sozialen Bereich) lassen sich ebenfalls nicht als Einzelkosten dem Erzeugnis direkt zuordnen [*Schönfeld, 1970a, S. 31f.*].

Zu den gesetzlichen Sozialabgaben zählen die Arbeiterrentenversicherung, die Angestelltenversicherung, die Arbeitslosenversicherung, die Krankenversicherung und die gesetzliche Unfallversicherung.

Arbeitskosten besonderer Art stellt der kalkulatorische Unternehmerlohn dar, der nur bei als Einzelunternehmungen und als Personengesellschaften geführten Betrieben zum Ansatz kommt. Bei Kapitalgesellschaften dagegen beziehen die tätigen Gesellschafter feste Einkünfte (aus nichtselbständiger Arbeit), die sich als Ausgaben, Aufwendungen und Kosten niederschlagen. Die Höhe des anzusetzenden kalkulatorischen Unternehmerlohnes berechnet sich nach dem durchschnittlichen Gehalt eines vergleichbaren Angestellten mit vergleichbarer Tätigkeit und Verantwortung in einem Betrieb gleicher Branche, Produktion und Größe. Auf diese Weise werden die Kostensituationen beider Betriebe vergleichbar gemacht. Nach LSÖ ist die Höhe des kalkulatorischen Unternehmerlohnes abhängig vom Umsatz und von der Zahl der Beschäftigten. In den LSÖ findet sich folgende Aufschlüsselung (überholte Zahlenwerte):

Belegschaft	Umsatz DM	anteiliger Unternehmerlohn pro Jahr DM
50	100 000	3 400
100	1 000 000	8 700
500	5 000 000	12 100
1 000	10 000 000	13 500

Tab. 1

Im Unternehmen mit 100 Beschäftigten und 5 Mill. DM Umsatz wird für den einzigen Gesellschafter ein kalkulatorischer Unternehmerlohn von DM 20 800,– angesetzt – und zwar DM 8 700,– aufgrund der Beschäftigtenzahl plus DM 12 100,– aufgrund der Umsatzhöhe.

In der Seifenindustrie wurde der kalkulatorische Unternehmerlohn nach der sog. ‚Seifenformel' ermittelt:

$$\text{Kalk. Unternehmerlohn pro Jahr} = 18\sqrt{\text{Umsatz}}$$

Die LSP orientieren sich an vergleichbaren Gehältern in der Führungsebene vergleichbarer Betriebe.

4.3.3 Betriebsmittelkosten (Abschreibungen)

Das Betriebsmittel gehört zu den Elementarfaktoren *Gutenbergs*. Im Gegensatz zum Produktionsfaktor ‚Werkstoff', der in einer Periode restlos verbraucht wird, bleiben die Betriebsmittel während ihrer gesamten Nutzungsdauer in ihrem Bestand erhalten. Das Betriebsmittel wird gebraucht. Durch die Inbetriebnahme und laufende Inanspruchnahme des Betriebsmittels, d.h. durch dessen Nutzung, verliert das Betriebsmittel an Gebrauchswert. Zu einem großen Teil liegt das darin begründet, daß das Betriebsmittel während der Nutzung verschleißt. Rein äußerlich aber bleibt das Betriebsmittel erhalten.

Andererseits liegt aber auch bei den Betriebsmitteln ein Verbrauch vor — wenn auch kein substantieller Verbrauch. Hier gilt dann das Betriebsmittel als „Träger eines möglichen Leistungsvermögens, das sich durch die Abgabe einzelner Leistungen gewissermaßen im Zeitablauf verbraucht" [*Bruhn*, S. 72]. Das Leistungsvermögen eines Betriebsmittels zu Beginn der Inbetriebnahme wird als Totalkapazität bezeichnet. Diese wird in Potentialeinheiten gemessen. Bei Nutzung des Betriebsmittels bei der Fertigung von Erzeugnissen werden nun diese Potentialeinheiten verbraucht. Das Aggregat kann dann so lange genutzt werden, solange noch Potentialeinheiten verbraucht werden können bzw. solange das Aggregat noch nicht gänzlich verschlissen ist.

Aufgrund produktions- und kostentheoretischer Erkenntnisse ist man auch in der Kostenrechnung bemüht, die Ausgaben für die Anschaffung (Erstellung) und Einrichtung von Aggregaten über die gesamte Nutzungsdauer hinweg möglichst verursachungsgerecht zu verteilen. Die Abschreibungen pro Periode stellen dabei das in die Kostenrechnung eingehende wertmäßige Äquivalent der auf die jeweilige Periode verteilten Ausgaben dar. Die Abschreibungen entsprechen bei einer verursachungsgerechten Bemessung dem Wert der Nutzungsabgabe.

Die Abschreibung nach der Leistung und Inanspruchnahme basiert auf dieser theoretischen Konzeption der Potentialeinheiten. Die über die gesamte Nutzungsdauer zu verteilenden Ausgaben werden durch die in Potentialeinheiten gemessene Totalkapazität (Nutzungspotential) GNP des Aggregates geteilt. Die zu verteilenden Ausgaben sind bei nomineller Kapitalerhaltung gleich den Anschaffungswerten AW abzüglich einem am Ende der Nutzung verbleibenden Restwert RW. Bei substantieller Kapitalerhaltung müßte von den Wiederbeschaffungswerten ausgegangen werden. Der Quotient A_{PE} dieser Division stellt den Abschreibungsbetrag pro Potentialeinheit PE dar. Wird dieser multipliziert mit dem Verzehr an Potentialeinheiten PE_t jeweils der Periode t, so erhält man mit A_t den Abschreibungsbetrag pro Periode entsprechend der in der Periode abgegebenen Leistung PE_t.

$$A_{PE} = \frac{AW - RW}{GNP}$$

$$A_t = A_{PE} \cdot PE_t .$$

Die Abschreibungen verlieren hier den Charakter von fixen Kosten. Die Abschreibungen sind nur abhängig von dem Verbrauch an Potentialeinheiten in einer Periode. Dieser Verbrauch ist abhängig von der Inanspruchnahme des Aggregates, also von der Beschäftigung. Nach diesem Verfahren berechnete Abschreibungen sind variabel in bezug auf die Beschäftigung.

In der Praxis ergeben sich vielfach Schwierigkeiten bei der Quantifizierung dieser Potentialeinheiten. In erster Linie bieten sich hier die jeweiligen Verrichtungsgänge dieser Aggregate an (z.B. Anzahl von Bohrungen pro Bohrmaschine); ferner ließen sich die Potentialeinheiten in Fertigungszeiten messen. Wenn es gelingt, der Fertigung einer Erzeugnismengeneinheit über die Verrichtungsgänge oder Fertigungszeiten bestimmte Potentialeinheitsmengen zuzuordnen, dann lassen sich die Abschreibungen hier als Einzelkosten erfassen. Der Potentialeinheitenverbrauch der Produktmengeneinheit der Art i beträgt pe_i; die Abschreibungseinzelkosten pro Mengeneinheit der Erzeugnisart i betragen dann a_i. Es gilt:

$$a_i = pe_i \cdot A_{PE} .$$

Bei dieser Abschreibungsmethode wird aber nur der Werteverzehr durch die Inanspruchnahme, d.h. durch Gebrauchsverschleiß berücksichtigt. Insgesamt sind aber folgende Ursachen für den Werteverzehr möglich:
1. Gebrauchsverschleiß: Die Wertminderung erfolgt durch Nutzung.
2. Naturverschleiß: Dieser natürliche oder ruhende Verschleiß durch Verrosten, Verwittern etc. vermindert den Wert des Gegenstandes.
3. Vorzeitiges technisches Veraltern: Ein Aggregat verliert an Wert, wenn infolge technischen Fortschritts eine neue, leistungsfähigere und kostengünstigere Anlage entwickelt worden ist.
4. Bedarfsverschiebung: Infolge Bedarfsverschiebungen auf dem Absatzmarkt kann das Aggregat nicht mehr voll genutzt werden; somit sinkt der Gebrauchswert.
5. Entwertung infolge von Zeit- oder Rechtsablauf: Immaterielle Anlagegüter (Patente, Lizenzen, Konzessionen, Urheberrechte etc.) verlieren an Wert, wenn die Frist des Rechtsschutzes oder der Verwendungsmöglichkeit abgelaufen ist.

Alle hier aufgeführten Einflußgrößen vermindern die Nutzungsmöglichkeit des Betriebsmittels. Im Falle 1. erfolgt diese Verminderung durch Gebrauch, in den Fällen 2., 3., 4. und 5. vermindern betriebsexterne Einflußfaktoren das verbleibende Nutzungspotential des Aggregates. Diese lassen sich nur schwer quantifizieren. Sofern diese Wertminderungen beispielsweise wie im Fall 3. und 4. unregelmäßig anfallen, also außerordentlichen Charakter besitzen, erfolgt deren Erfassung nicht als Kosten, sondern als neutraler Aufwand. Die kostenrechnerische Berücksichtigung erfolgt dabei über Anlagenwagnisse (vgl. Abschnitt 4.3.7).

In der betrieblichen Kostenrechnung sind bei der Festsetzung und Ermittlung der Abschreibungen alle diese Komponenten zu berücksichtigen. Da sich die Wertminderung dieser einzelnen Einflüsse nur selten genau erfassen lassen, wird von einer verursachungsgerechten Abschreibungsbemessung zugunsten einer rechnungstechnisch einfachen durchschnittlichen Berechnung übergegangen. Hier gibt es vor allem folgende Methoden, die skizzenhaft genannt seien [*Wöhe*, 1968, S. 564–572]:

1. Die Abschreibung in gleichbleibenden Jahresbeträgen (konstante Abschreibung)

$$\text{Abschreibung} = \frac{\text{Anschaffungswert (AW)} - \text{Restwert (RW)}}{\text{Jahre der Nutzung}}$$

2. Die Abschreibung in fallenden Jahresbeträgen (degressive Abschreibung)
   a) Die arithmetisch-degressive Methode
   Die Jahreszeiten der Nutzungsperioden betragen $(1, 2, \ldots, t, \ldots, n)$

$$\substack{\text{Abschreibungsbetrag}\\ \text{für die Periode } t}\ (A_t) = \substack{\text{Degressions-}\\ \text{betrag}} \times \substack{\text{Jahresziffern}\\ \text{in fallender}\\ \text{Reihe } (n - t + 1)}$$

$$\text{Degressionsbetrag} = \frac{AW - RW}{\text{Summe der Jahresziffern } (1 + 2 + \ldots + t + \ldots + n)}$$

b) Die geometrisch-degressive Methode
   Abschreibungsbetrag als Prozentsatz vom bei direkter Abschreibung sich ergebenden Restbuchwert

$$\substack{\text{Abschreibung für}\\ \text{die Periode } t} = \text{Buchwert am Ende der Vorperiode } (t - 1) \times \frac{p}{100}$$

$$p = 100 \left(1 - \sqrt[n]{\frac{RW}{AW}}\right).$$

3. Die Abschreibung in steigenden Jahresbeträgen (progressive Abschreibung) stellt die Umkehrung der degressiven Abschreibung dar. Die Ermittlung der Beträge erfolgt in gleicher Weise, nur werden sie in umgekehrter Reihenfolge berechnet.

Bei diesen Methoden werden die Abschreibungen als fixe Kosten erfaßt. Sie sind Gemeinkosten, die sich dem Produkt nicht direkt zuordnen lassen. Als fixe Kosten sind die Abschreibungen abhängig von der Zeit. Das kommt bei diesen Durchschnittsmethoden recht gut zum Ausdruck.

In der Praxis wird sehr oft die Abschreibung in fallenden Jahresbeträgen herangezogen, um die gesamten Aggregatskosten als Summe der jeweiligen Abschreibungen und Reparaturkosten über die Zeit der gesamten Nutzung hinweg konstant zu halten. Mit zunehmender Nutzung steigen die Reparaturkosten pro Periode. Bei gleichbleibenden gesamten Aggregatskosten werden diese durch eine Verringerung der Abschreibungen kompensiert.

Will man recht genau den Gebrauchsverschleiß erfassen, gleichzeitig aber auch die Wertminderung durch die anderen von der Beschäftigung unabhängigen Einflüsse berücksichtigen, so ist ein Teil der Betriebsmittelausgaben nach der Leistung, ein anderer Teil mit Hilfe der durchschnittlichen Methoden abzuschreiben. Der Abschreibungsbetrag A_t kann dann wie folgt ermittelt werden. Dabei wird der insgesamt abzuschreibende Anschaffungswert in zwei Teile aufgespalten, die jeweils nach verschiedenen Methoden abzuschreiben sind. Für diese gebrochene Abschreibung gilt:

$$AW - RW = W_1 + W_2 \,.$$

Der Wert W_1 ist mit A_{1t} linear abzuschreiben; W_2 ist leistungsgerecht mit A_{2t} abzuschreiben.

$$A_{1t} = \frac{W_1}{n} \qquad\qquad A_{2PE} = \frac{W_2}{GNP}$$

$$A_{2t} = A_{2PE} \cdot PE_t$$

$$A_t = \frac{W_1}{n} + A_{2PE} \cdot PE_t \,.$$

Der Restwert ist entweder bei der linearen oder bei der leistungsgerechten Abschreibungsmethode zu berücksichtigen.

Die fixen Abschreibungsbeträge pro Periode werden zumeist zum Zeitpunkt der Inbetriebnahme des Aggregates für die folgenden Perioden festgelegt. Die

Abschreibungsbeträge basieren dabei auf der erwarteten und somit geplanten Nutzungsdauer n_p und dem Anschaffungswert AW (bzw. Wiederbeschaffungswert bei substantieller Kapitalerhaltung). Die geplante Nutzungsdauer braucht dabei der tatsächlichen Nutzungsdauer n_t nicht zu entsprechen. Unter Zugrundelegung der linearen Abschreibung weist *Lücke* [1959, S. 61–66] auf folgende Fälle hin:

Im Laufe der Nutzung der Aggregate wird im Zeitpunkt t erkannt, daß die den Abschreibungen zugrundegelegte Nutzungsdauer falsch geschätzt ist.

a) Die tatsächliche Nutzungsdauer n_t ist größer als die geplante n_p.

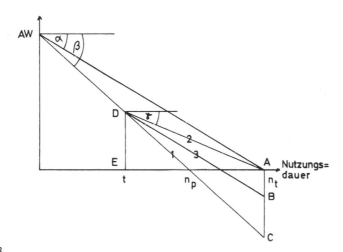

Abb. 18

Es ergeben sich drei Möglichkeiten:

1. Es wird mit dem falschen Betrag *tan β* ($= AW : n_p$) weiter abgeschrieben. Am Ende der tatsächlichen Nutzungsdauer ist ein Betrag von AC zu viel abgeschrieben.
2. Der in t vorhandene Buchwert DE wird auf die Restnutzungsdauer ($n_t - t$) verteilt. Es wird dann allerdings wiederum mit einem ‚falschen‘ Wert *tan γ* ($= DE : (n_t - t)$) weiter abgeschrieben.
3. Vom Zeitpunkt t an wird mit dem richtigen Abschreibungsbetrag *tan α* ($= AW : n_t$) vom Buchwert DE abgeschrieben. Mit dieser für die Kostenrechnung richtigen Methode wird allerdings insgesamt ein Betrag von AB zu viel abgeschrieben.

b) Die tatsächliche Nutzungsdauer n_t ist kleiner als die geplante n_p.

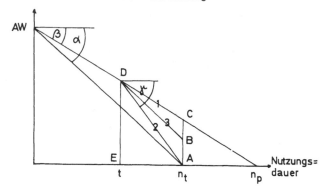

Abb. 19

Es ergeben sich drei Möglichkeiten:

1. Es wird mit dem falschen Betrag tan β weiter abgeschrieben. Am Ende der tatsächlichen Nutzungsdauer ist AC zu wenig abgeschrieben.
2. Der Buchwert mit DE wird auf die Restnutzungsdauer $(n_t - t)$ verteilt. Es wird dann allerdings wiederum mit einem ‚falschen' Wert tan γ weiter abgeschrieben.
3. Vom Zeitpunkt t an wird mit dem richtigen Abschreibungsbetrag tan α vom Buchwert DE abgeschrieben. Mit dieser für die Kostenrechnung richtigen Methode wird allerdings insgesamt ein Betrag von AB zu wenig abgeschrieben.

Die somit nicht bei den jährlichen Abschreibungen erfaßten Werte, die zu wenig abgeschrieben werden, haben in der Periode ihres Erkennens (Auftretens) periodenfremden und außerordentlichen Charakter. Sie stellen damit also keine Kosten dar. Als neutrale Aufwendungen werden sie in den Abgrenzungs-. konten erfaßt. Die Einbußen aufgrund dieser Fehlschätzungen können kostenrechnerisch über ‚Wagnisse' kalkulatorisch erfaßt werden (vgl. Abschnitt 4.3.7).

Zuviel abgeschriebene Werte sind als außerordentliche Posten über die neutralen Abgrenzungskonten erfolgswirksam auszugleichen.

Ähnliche Probleme können auftreten, wenn die Anschaffungsausgaben für Aggregate durch dem Betrieb nachträglich gewährte Zuschüsse gemindert werden. Erfolgen diese Zuschüsse bereits zu Beginn der Inbetriebnahme, so kann bereits von den korrigierten Anschaffungsausgaben abgeschrieben werden. Erfolgen die Zuschüsse erst während der Nutzungszeit, so sind nachträglich Korrekturen erforderlich. *Von Zwehl* [1970, S. 4–13] hat diese Problematik in Hinsicht auf den Jahresabschluß einer näheren Betrachtung unterzogen.

Die Abschreibungen haben grundsätzlich zwei Funktionen, nämlich eine Verteilungs- und eine Finanzierungsfunktion. Die Ausgaben für die einmalige Anschaffung müssen über die Jahre der Nutzung verteilt werden und den Fertigungskosten der Erzeugnisse angelastet werden. Ferner muß dafür Sorge getragen werden, daß durch Einbeziehung der Abschreibungsbeträge in die Kostenrechnung und Kalkulation über den Marktpreis die Abschreibungsgegenwerte dem Unternehmen mit dem Erlös als liquide Mittel wieder zufließen. Die kumulierten Abschreibungsgegenwerte müßten dem Unternehmen nach Ausscheiden des bisherigen Aggregates die Beschaffung und Finanzierung einer Ersatzmaschine erlauben. Insoweit müssen die Abschreibungen unter dem Gesichtspunkt leistungsäquivalenter und entwicklungsadäquater Kapitalerhaltung ermittelt werden. Eine Substanzerhaltung kann nur gewahrt werden, wenn die Abschreibungsbeträge vom Wiederbeschaffungswert zum Ersatzzeitpunkt berechnet werden. In der Praxis behilft man sich hier mit dem jeweiligen Tageswert — oder man zieht auch nur die ursprünglichen Anschaffungskosten heran, wie es vom Gesetzgeber für die Handels- und Steuerbilanz vorgeschrieben ist (§ 153 AktG, §§ 6 f. EStG).

Aufgrund der für die Handels- und Steuerbilanz vorgeschriebenen nominellen Kapitalerhaltung werden in der Unternehmungsrechnung die bilanziellen Abschreibungen auf der Grundlage der tatsächlichen Anschaffungsausgaben ermittelt.

Die Kostenrechnung bezweckt die substantielle Kapitalerhaltung und muß daher die kalkulatorischen Abschreibungen auf der Grundlage der Wiederbeschaffungswerte berechnen. Durch das unterschiedliche Wertgerüst stellen sich die kalkulatorischen Abschreibungen als Anderskosten dar.

4.3.4 Kapitalkosten (Zinsen)

Das Nominalgut ‚Geldkapital‘ stellt in der betriebswirtschaftlichen Produktionstheorie nach *Gutenberg* [1969] im Gegensatz zu den Werkstoffen, der menschlichen Arbeit und den Betriebsmitteln keinen selbständigen Produktionsfaktor dar [*Schneider, D.,* 1966, S. 358; 1970, S. 505]. So schließt *Lassmann* [S. 21] das Geld als Produktionsfaktor ausdrücklich aus. Das Geldkapital ist vielmehr eine Finanzierungsgröße, die gegeben sein muß, um die mit dem Realgüterstrom verbundenen Auszahlungen zu decken. Damit aber wird das Geldkapital als Mittel zur Güterbeschaffung deutlich, wodurch zugleich dessen Charakter zumindest als mittelbarer Produktionsfaktor begründet werden kann [*Wedell,* S. 221]. So setzen auch *Chmielewicz* [S. 85ff.] und *Kosiol* [1964, S. 112] das Geld den Wirtschaftsgütern gleich, die für die Leistungserbringung geeignet sind. Nach *Farny* [S. 101] weist das Geld — hier in Versicherungsbetrieben — die Wesensmerkmale eines unmittelbaren Produktionsfaktors im Sinne des Elementarfaktors nach *Gutenberg* [1969] auf; dieses trifft auch zu bei Bankbetrieben, ist generell jedoch ein für Dienstleistungsbetriebe spezifischer Tatbestand. Da das Geldkapital generell aber keinem Verbrauch unterworfen ist, betrachtet *Deppe* [S. 368f.] das Geld als Nutzungsfaktor — ähnlich der menschlichen Arbeit und dem Betriebsmittel.

Die Zurverfügungstellung, die Nutzung oder der Einsatz des Kapitals im Betrieb verlangt den kostenrechnerischen Ansatz von Zinsen. Dabei soll es für die Kostenrechnung einerlei sein, ob es sich bei dem Kapital um Fremdkapital mit Zinsaufwendungen, um Eigenkapital oder um eine Kombination von beiden handelt. In der Praxis sollen die Zinsen auf der Basis des gesamten eingesetzten Kapitals berechnet werden, um unternehmensindividuelle Finanzierungsstrukturen für die Kostenrechnung zu neutralisieren.

Die Vertreter des pagatorischen Kostenbegriffes lehnen die kalkulatorischen Zinsen auf das Eigenkapital ab, da diese nie eine Zahlung auslösen. Nach dem pagatorischen Kostenbegriff sind die Kosten eine bestimmte Auszahlungskategorie. Die zweckbedingten und prämissenbedingten Hypothesen erlauben jedoch einen Ansatz von kalkulatorischen Kosten für die Kostenrechnung [*Koch*, 1966, S. 33ff.]. *Schneider* lehnt den Ansatz von Zinsen schlechthin als Kosten aufgrund seiner Kostendefinition ebenfalls ab. Werden aber dabei die Zinsen dennoch in der Praxis als Kosten behandelt, so sind diese als eine Normgröße für einen Vorabgewinn, als eine Mindestverzinsung, anzusehen. *Schneider* bezeichnet daher die Zinsen als Quasi-Kosten oder als Als-ob-Kosten (*Schneider, E.,* 1963, S. 34f.]. Die Vertreter des wertmäßigen Kostenbegriffs betrachten die Zinsen als Kosten — die Eigenkapitalzinsen als Zusatzkosten deswegen, weil durch Bindung des Eigenkapitals im eigenen Unternehmen eine mögliche zinsbringende anderweitige Anlage nicht mehr gegeben ist. Dieser damit entstandene Werteverzehr muß kalkulatorisch im Sinne von Opportunitätskosten erfaßt werden (vgl. Kap. 7.7).

Grundlage für die Ermittlung der Zinsen bildet das betriebsnotwendige Kapital.

$$\text{Zinsen} = \text{Zinssatz} \times \text{betriebsnotwendiges Kapital}$$

Das betriebsnotwendige Kapital ist das Äquivalent zum betriebsnotwendigen Vermögen. Dieses umfaßt sämtliche für die betriebliche Leistungserstellung notwendigen Vermögensteile. Bei der Erfassung der Vermögenspositionen und deren Bewertung ist nicht von der Handels- und Steuerbilanz auszugehen. Hier sind beispielsweise geringwertige Wirtschaftsgüter nicht aufgeführt. Ferner entspricht hier die Bewertung nicht dem tatsächlich eingesetzten Kapital. Für die Ermittlung des betriebsnotwendigen Kapitals ist bei der Bewertung der Vermögensposten auszugehen von Tageswerten oder Wiederbeschaffungswerten, die um die Abschreibungen und somit Kapitalrückflüsse über die Kosten und Erlöse zu vermindern sind. Von allen Vermögensposten ist das Abzugs-kapital abzuziehen. Hierzu zählen die Beträge, die dem Betrieb zinsfrei zur Verfügung stehen; das sind meistens Käuferanzahlungen und zinsfreie Verbind-lichkeiten aus Lieferungen und Leistungen [*Lehmann*, S. 5]. Nach *Mellerowicz* [1963, S. 183f.] bildet sich das betriebsnotwendige Kapital wie folgt:

betriebsnotwendiges Kapital = Aktiva

+ aufgelöste stille Reserven

− betriebsfremde Kapitalien

− zinslose Kapitalanteile des Passivkapitals.

Wöhe [1968, S. 656] gibt folgendes Beispiel für die Ermittlung des betriebs-notwendigen Kapitals:

I. Anlagevermögen

betriebsnotwendig: (Kalkulatorische Restwerte)

a) Grundstücke und Gebäude	200 000	
b) Maschinen	500 000	
c) Werkzeuge, Büroausstattung	100 000	800 000
betriebsnotwendiges Anlagevermögen		800 000

II. Umlaufvermögen

betriebsnotwendig: (Kalkulatorische Mittelwerte)

a) Vorräte	300 000	
b) Forderungen	150 000	
c) Zahlungsmittel	100 000	550 000
betriebsnotwendiges Umlaufvermögen		550 000
betriebsnotwendiges Vermögen (I + II)		1 350 000
Abzugskapital: Anzahlungen		150 000
betriebsnotwendiges Kapital		1 200 000

Tab. 2

Die kalkulatorischen Zinsen für den Zeitraum T ermittelt zum Zeitpunkt t betragen Z_{Tt}. Nach *Lücke* [1965, S. 9] lassen sich diese nach folgender allge-meingültiger Formel bestimmen:

$$Z_{Tt} = i_T \left[\sum_{k=1}^{\bar{k}} V_{tk} - \sum_{l=1}^{\bar{l}} A_{tl} \right]$$

mit: i = kalkulatorischer Zinssatz

T = Verzinsungsdauer (täglich, wöchentlich, monatlich, jährlich)

V_t = betriebsnotwendiges Vermögen zum Zeitpunkt t

A_t = Abzugskapital zum Zeitpunkt t

k, l = Art der verschiedenen Vermögensteile und Kapitalteile

Lücke [1965, S. 10] lehnt die Berücksichtigung von Abzugskapitalposten aus dem Grunde ab, weil durch deren Ansatz Finanzierungseinflüsse in die Kostenrechnung getragen werden, welche gerade durch die Berücksichtigung von den kalkulatorischen Zinsen außerhalb des internen betrieblichen Rechnungswesens bleiben sollen. Unternehmerische Finanzierungsstrukturen dürfen auf die qualitative Ausgestaltung der Kostenrechnung keinen Einfluß ausüben.

Diese vom betriebsnotwendigen Kapital ausgehende Methode der Zinsberechnung ist als eine statische Methode aufzufassen. Die für einen Zeitraum zu berechnenden Zinsen werden ermittelt unter Heranziehung einer Zeitpunktgröße. Dieses ist aber nur dann gerechtfertigt, wenn diese Zeitpunktgröße auch für den gesamten Zeitraum gilt, d.h. also wenn sich das betriebsnotwendige Kapital innerhalb der Periode nicht verändert hat. Sollte dieses aber der Fall sein, so ist für das betriebsnotwendige Kapital ein Mittelwert anzusetzen.

Die gesamte Periode T ist in mehrere gleich große Teilperioden $T'_1, T'_2, \ldots$ aufzugliedern, welche durch die Zeitpunkte $t'_1, \ldots, t'_n$ voneinander abgegrenzt werden. Der Mittelwert des betriebsnotwendigen Kapitals $\emptyset C_T$ beträgt:

$$\emptyset C_T = \frac{\sum\limits_{t'=t'_1}^{t'_n} \left(\sum\limits_{k=1}^{\bar{k}} V_{t'k} - \sum\limits_{l=1}^{\bar{l}} A_{t't} \right)}{\text{Anzahl der Teilperioden in } T} \, .$$

Für die Zeitraum- und Zeitpunktaufteilungen in der Periode T gilt:

Abb. 20

Die Berechnung der Zinsen erfolgt durch Multiplikation des durchschnittlichen betriebsnotwendigen Kapitals mit dem kalkulatorischen Zinssatz. Es gilt:

$$Z_T = i_T \cdot \emptyset C_T \, .$$

Die kalkulatorischen Zinsen können auch mit der Zinsenverlustmethode nach *Hellauer* [S.87] berechnet werden. *Lücke* [1965, S. 10–13] führt diese bei *Hellauer* angedeutete Methode weiter aus. Die Zinsenberechnung geht in der Zinsenverlustmethode von Zahlungsströmen aus. Bei Abfluß von Geld in Form von Auszahlungen können diese Geldbeträge nicht anderweitig ,zinsbringend' angelegt werden. Daher wird hier von einem Zinsverlust gesprochen. Dieser Zinsverlust muß kostenrechnerisch erfaßt und über den Umsatz wieder hereingeholt werden. Die Zinsberechnung findet ihr Ende, wenn das Geld dem Betrieb wieder zugeflossen ist. Hier kommt sehr stark der Opportunitätskosten-Charakter der Zinsen heraus. Ein Beispiel von *Lücke* soll diese Methode erläutern:

Für einen bestimmten Geldbetrag wird eine Drehbank gekauft. Das Geld wird festgelegt und kann nun nicht mehr nutzbringend verwandt werden. Das heißt, es tritt ein Zinsverlust auf. Dieser Zinsverlust soll nun durch die Produktion eines Gutes und des dafür erzielten Preises zurückerstattet werden. Bei diesem Verfahren betrachtet man die Auszahlungs- und Einzahlungsbeträge, vergleicht diese und berechnet die Zinsen für auftretende Differenzen.

Ende der Periode	Auszahlung	Einzahlung	Zinsen $i = 0,01$
1	300	500	–
2	3 500	503	– 2,00
3	700	–	+27,97
4	400	1 821	+34,97
5	–	1 815	+20,76
6	–	(1 000)	+ 2,61
Summe	4 900	5 639	84,31

Tab. 3

Die Zinsberechnung soll kurz erläutert werden:

$$0,01 (+ 300 - 500) = - 2$$

$$0,01 (- 200 + 3500 - 503) = + 27,97$$

$$0,01 (+ 2797 + 700) = + 34,97$$

$$0,01 (+ 3497 + 400 - 1821) = + 20,76$$

$$0,01 (+ 2076 - 1815) = + 2,61 .$$

Da die Zinsen für die Zahlungsströme in einer Periode erst für die nachfolgende Periode ermittelt werden, wird in dem hier angeführten Beispiel die erste Periode nicht mit Zinsen belastet; weiterhin entfällt eine Zinsberechnung für die Zahlungsströme der sechsten Periode.

Die Berechnung soll nun in einer anderen Weise durchgeführt werden. Würde man den Betrag von DM 4 900,– bei einem Kreditinstitut anlegen, so erhielte man einen Zinsertrag von DM 245,–:

$$0,01 \ (4\ 900 \cdot 5) = 245$$

Würde man von einer solchen statischen Betrachtung ausgehen, so wären für diese Totalperiode kalkulatorische Zinsen von DM 245,– anzusetzen. Aufgrund der über die Ausgaben zeitlich verschobenen betrieblichen Bindung des Kapitals kann der Betrieb in den jeweiligen Perioden über nichtgebundene Kapitalbeträge frei verfügen und diese zinsbringend anlegen. Diese Möglichkeiten sind wie folgt gegeben:

1. Periode: $(4\ 900 - \quad 300) = 4\ 600$
2. Periode: $(4\ 600 - 3\ 500) = 1\ 100$
3. Periode: $(1\ 100 - \quad 700) = \quad 400$
4. Periode: $(\quad 400 - \quad 400) = \ - \ .$

Würde man diese freigestellten Beträge jeweils anderweitig zum gegebenen Zinssatz anlegen, so wäre ein Ertrag möglich in Höhe von DM 61,–:

$$0,01 \ (4900-300) + 0,01 \ (4600-3500) + 0,01 \ (1100-700)$$
$$+ \ 0,01 \ (\ 400-400) = 61$$

Die in den einzelnen Perioden erfolgenden Einzahlungen können, da sie hier betrieblich nicht gebunden sind, auch anderweitig zinsbringend angelegt werden. Es würde sich hier ein Ertrag ergeben in Höhe von DM 99,69:

$$0,01 \cdot 500 + 0,01 \ (500 + 503) + 0,01 \ (1003) + 0,01 \ (1003 + 1821)$$
$$+ \ 0,01 \ (2824 \ + 1815) = 99,69$$

Der anfangs auf der Grundlage des für die gesamte Investition benötigten Kapitals bei statischer Betrachtung ermittelte Zinswert von DM 245,– ist um die bei einer dynamischen Betrachtung offengelegten möglichen Zinserträge zu korrigieren. Demnach sind kalkulatorische Zinsen von insgesamt DM 84,31 anzusetzen, d.h.

$$245,- - (61,- + 99,69) = 84,31$$

Der Rechengang soll nun in allgemeiner Form dargestellt werden. Die Zinsen Z_T für die gesamte Periode T sind abhängig von dem Zinssatz i, den Auszahlungen Az_t in der Teilperiode kumuliert bis zum Zeitpunkt t und von den entsprechenden Einzahlungen Ez_t. Für t gilt $t = 1, 2, \ldots, \bar{t}$. Es gilt:

$$Z_T = i\,(Az_1 - Ez_1) + i\,(Az_1 + Az_2 - Ez_1 - Ez_2) + \ldots$$
$$+ i\,(Az_1 + \ldots + Az_{\bar{t}} - Ez_1 - \ldots - Ez_{\bar{t}})$$

$$Z_T = i\,[\bar{t}\,(Az_1 - Ez_1) + (\bar{t}-1)\,(Az_2 - Ez_2) + (\bar{t}-2)\,(Az_3 - Ez_3)$$
$$+ \ldots + (\bar{t} - \bar{t} + 1)\,(Az_{\bar{t}} - Ez_{\bar{t}})]\,.$$

Durch weitere Umformung ergibt sich:

$$Z_T = i \sum_{t=1}^{\bar{t}} (\bar{t} - t + 1)\,(Az_t - Ez_t).$$

Für das angeführte Beispiel gilt $\bar{t} = 5$. Werden die entsprechenden Zahlenwerte in die Formel eingesetzt, so ergibt sich:

$$Z_T = 84,31.$$

Lücke [1965, S. 13–16] bringt einen aufschlußreichen Vergleich der Ergebnisse beider Methoden.

4.3.5 Kosten für Fremdleistungen

Kosten für Fremdleistungen entstehen für die Nutzung von Dienstleistungen externer Dienstleistungsbetriebe. Diese Kosten für Fremddienste können entstehen für Strom, Gas, Transporte, Miete, Pacht, Lizenzen, Verbandsmitgliedschaften, Prozesse, Reparaturen usw. Teilweise schlagen sich diese Fremddienste auch in Sachleistungen nieder; gedacht ist hier an Strom, Gas, Wasser und Reparaturleistungen. Diese Kostenart kann also auch Sachleistungen umfassen, wobei allerdings Werkstoffe und Betriebsmittel generell auszuklammern sind.

Die Ermittlung von Kosten für Fremddienste ist unproblematisch. Es liegen hier in der Regel eindeutige Belege in Form von Aufträgen oder Rechnungen vor. Dabei werden die Fremddienste in der Unternehmungsrechnung wertmäßig genau so angesetzt wie in der Kostenrechnung. Kalkulatorische Gesichtspunkte sind hier selten zu berücksichtigen.

Mieten sind Kosten für Dienstleistungen. Bei Nutzung eigener Räume ließen sich kalkulatorische Mieten berücksichtigen. Dieses darf aber nur erfolgen, wenn diese nicht schon bei den kalkulatorischen Zinsen als Zinsen für das in Grundstücken und Gebäuden gebundene Eigenkapital erfaßt worden sind.

4.3.6 Abgaben an die öffentliche Hand

Zu den Abgaben an die öffentliche Hand zählen die Steuern, Gebühren und Beiträge. Es ist zu untersuchen, inwieweit bei den einzelnen Abgabearten der Kostencharakter gegeben ist.

Gebühren und Beiträge fallen aufgrund ganz spezieller Leistungen der öffentlichen Hand an. Es liegt hier eine Inanspruchnahme und Nutzung von Dienstleistungen der öffentlichen Hand vor. Stehen diese Leistungen in unmittelbarer Beziehung zur betrieblichen Leistungserstellung, so handelt es sich bei den Gebühren und Beiträgen eindeutig um Kosten.

Der Leistungsverzehr von Steuern läßt sich mit Hilfe der Äquivalenztheorie beweisen [*Wöhe*, 1965, S. 11ff.]. Nach dieser Äquivalenztheorie fallen Steuern als unmittelbare Gegenleistung für staatliche Leistungen an. Nach § 1 der Abgabenordnung stellen Steuern aber nicht die wertmäßige Gegenleistung für eine besondere Leistung der öffentlichen Hand dar. Steuern sind vielmehr „als Zwangsabgaben zur Erfüllung von Gemeinschaftsaufgaben anzusehen" [*Wöhe*, 1965, S. 16].

Ein direkt meßbarer Leistungsverzehr kann also zur Bestimmung des Kostencharakters von Steuern nicht herangezogen werden. Da die Steuern darstellen einen „Werteverbrauch aus Auflagen, die dem Betrieb ohne sein Zutun nach Gesichtspunkten der öffentlichen Finanzwirtschaft gemacht werden und die mit dem Betriebszweck nichts zu schaffen haben" [*Walb*, S. 35], spricht *Walb* den Steuern aufgrund des fehlenden Zusammenhanges mit der betrieblichen Leistungserstellung als Zwangsaufwand den Kostencharakter ab. Dieser Begründung ist mit *Wöhe* aber nicht zuzustimmen, da teilweise „durch die Existenz und die Tätigkeit des Betriebes Steuern verursacht werden; ist das der Fall, so sind die Steuern zur Leistungserstellung notwendig und damit Kosten" [*Wöhe*, 1965, S.19]. *Kosiol* will über das Kosteneinwirkungsprinzip den Kostencharakter der Steuern beweisen. Bei allen Abgaben, die in einem zwingenden Wirkungszusammenhang zum betrieblichen Leistungsprozeß stehen, liegt nicht nur ein echter Güterverbrauch vor, sondern damit ist auch die Leistungsbezogenheit dieses Verbrauches gegeben [*Kosiol*, 1964, S. 30]. Damit ist nach *Kosiol* der Kostencharakter bewiesen. *Gutenberg* umgeht die Frage des Güterverbrauches bei Steuern, Gebühren und Beiträgen, wenn gewisse Steuern, öffentliche Abgaben und Gebühren Kosten sind, sofern diese in unmittelbarem Bezug zur betrieblichen Leistungserstellung stehen [*Gutenberg*, 1958, S. 132].

Da sich keine generellen Aussagen über den Kostencharakter von Steuern schlechthin treffen lassen, sollen die wichtigsten Steuerarten in einer Einzelbetrachtung auf ihren Kostencharakter hin untersucht werden. In der Literatur wird hier als mögliche Kriterien auf die Gewinnabhängigkeit und die Überwälzbarkeit der Steuern hingewiesen [*Wöhe*, 1965, S. 20ff.]. Die Heranziehung der Überwälzbarkeit von Steuern bei der Preisbildung als Kriterium für allgemeine Aussagen ist unhaltbar; denn die Überwälzbarkeit von Steuern ist in erster Linie abhängig von der Marktposition der Betriebe und der Konstellation von Angebot und Nachfrage auf dem Absatzmarkt. Diese Daten dürfen aber keinen Eingang in die betriebliche Kostenrechnung finden. Die Gewinnabhängigkeit läßt sich als Kriterium mit den gezeigten Definitionen *Gutenbergs* und *Kosiols* vereinbaren. Steuern sind hiernach nur Kosten, sofern diese in unmittelbarem Bezug zur betrieblichen Leistungserstellung stehen. Die Gewinnerzielung steht aber nicht in notwendiger Beziehung zur betrieblichen Leistungserstellung. Der Gewinn ist nicht Voraussetzung für die Leistungserstellung.

Bei steigenden Preisen und bei einer durch Wachstum und Konzentration gekennzeichneten Wirtschaft ist die Erhaltung der betrieblichen Leistungsfähigkeit bei nomineller Kapitalerhaltung nicht mehr gewährleistet. Der der Gewinnbesteuerung zugrundegelegte nominelle Gewinn beinhaltet den Scheingewinn, den Kapazitätsgewinn [*Lücke*, 1970b; *Huch*, 1972b] und den ökonomischen Gewinn [*Wegmann*]. Für die Zusammensetzung des nominell ausgewiesenen Gewinns, welcher der Gewinnbesteuerung unterliegt, gilt:

$$\text{nomineller Gewinn} = \text{Scheingewinn} + \text{Kapazitätsgewinn} + \text{ökonomischer Gewinn}$$

Der Scheingewinn ist betriebsnotwendig für die Substanzerhaltung als Voraussetzung für die Aufrechterhaltung der jeweiligen betrieblichen Leistungsfähigkeit in absoluter Betrachtung. So betrachtet auch *Hax* [1957, S. 7 u. S. 13; *Hasenack*, S. 116] die Erhaltung der Betriebssubstanz als Minimalziel der Betriebspolitik [*von Zwehl*, 1973; *Emmerich*]. Der Kapazitätsgewinn ist erforderlich für ein entwicklungsadäquates Wachstum als Voraussetzung für die Aufrechterhaltung der betrieblichen Leistungsfähigkeit in relativer Betrachtung unter Berücksichtigung der gesamtwirtschaftlichen Entwicklung [*Huch*, 1972b, S. 238ff.]. So lassen sich der Scheingewinn und der Kapazitätsgewinn als betriebsnotwendige Tatbestände interpretieren. Dementsprechend sind die hiermit verbundenen Gewinnsteuern Kosten [*Gail*, S. 307ff.]. Der verbleibende ökonomische Gewinn ist ausschüttungsfähig [*Schneider, D.*, 1968, S. 2ff.; *Huch*, 1972b, S. 239f.]. Die Gewinnsteuern auf den ökonomischen Gewinn sind keine Kosten.

Hinsichtlich der einzelnen Steuerarten lassen sich folgende allgemeine Aussagen treffen:

1. Die Einkommensteuer besteuert den Unternehmungsgewinn, soweit er den Gesellschaftern zur Verfügung gestellt wird. Entsprechend den angestellten Überlegungen stellt die Einkommensteuer auf den ökonomischen Gewinn keine Kosten dar. Die Einkommensteuer auf den nicht ausschüttungsfähigen Gewinn hat Kostencharakter. Im Hinblick auf die Gewinnquellen gilt: Die Einkommensteuer auf den Unternehmerlohn und die Eigenkapitalzinsen als Hauptbestandteile des Unternehmensgewinnes haben genauso wenig Kostencharakter wie die Lohnsteuer bei den Arbeitnehmern.

2. Die Kirchensteuer hängt von der Einkommensteuer ab; die Kirchensteuer stellt somit keine Kosten dar.

3. Die Körperschaftsteuer ist eine Gewinnsteuer für juristische Personen. Soweit die Rechtsform einer Kapitalgesellschaft betriebsnotwendig ist, hat sie entgegen *LSP* Kostencharakter. Ferner gilt das bei der Einkommensteuer Ausgesagte analog. Auch hier ist zwischen den einzelnen Gewinnbestandteilen zu unterscheiden.

4. Die Vermögensteuer für das betriebsnotwendige Vermögen von Kapitalgesellschaften hat Kostencharakter, die der Gesellschafter nicht. Sofern aber das Vermögen der natürlichen Personen, welche dieses dem Betrieb zur Verfügung stellen, als betriebsnotwendig gilt, sollte auch die von den Gesellschaftern getragene Vermögensteuer Kostencharakter erhalten [*Wöhe*, 1965, S. 48ff.]. Damit können auch bei Personengesellschaften Vermögensteuern kostenrechnerisch erfaßt werden.

5. Die Objektsteuern (Gewerbesteuer, Grundsteuer) und die Verkehrsteuern (Grunderwerbsteuer, Kraftfahrzeugsteuer, Beförderungsteuer usw.) haben Kostencharakter, soweit betriebsnotwendige Tatbestände besteuert werden. Nach den *LSP* lassen sich die Gewerbe-, die Vermögen-, die Grund-, die Kraftfahrzeugsteuer und die Steuer für den Selbstverbrauch als Kostensteuer in der Selbstkostenrechnung kalkulieren. Nicht kalkulierbar sind die Einkommen-, die Körperschaft- und die Kirchensteuer [*Diederich*, Sp. 1028]. Hierbei handelt es sich aber nur um für öffentliche Aufträge geltende spezielle Preisbildungsvorschriften, von denen aus keine allgemeinen Aussagen getroffen werden dürfen. Die Erfassung der Steuern als Kosten ist unproblematisch, da hier seitens der öffentlichen Hand eindeutige Belege vorliegen.

4.3.7 Wagniskosten

Jede unternehmerische Betätigung birgt aufgrund der dieser anhaftenden Unsicherheiten Wagnisse oder Risiken als Ausdruck für die Gefahr eines Wert- bzw. Vermögensverlustes oder einer (eines) Kapital- oder Gewinnminderung (-entganges) in sich [*Haas*, S. 13f.]. Dabei wird zwischen zwei Risikoarten unterschieden: Extern bedingte Risiken liegen außerhalb der Einflußsphäre des Betriebes, intern bedingte Risiken werden durch unüberlegte und in ihren Aus-

wirkungen nicht genau geplanten Entscheidungen hervorgerufen. Das Risiko
oder das Wagnis drückt nur die Gefahr des Schadens aus. In vielen Fällen besteht die Möglichkeit, die Last des Schadens an Versicherungsbetriebe abzuwäl-
zen. Die diesen Schadensarten entsprechenden Risiken werden als versicherungs-
fähige Risiken bezeichnet. Im Falle einer Versicherung übernimmt der Versicherer hier den Schaden, der Versicherte hat dafür eine Versicherungsprämie
als Preis der Risikoabwälzung zu zahlen.

Untersucht man diese Versicherungsprämie auf ihren Kostencharakter, so
ist zu fragen, ob ein bewerteter Leistungsverzehr in unmittelbarer Beziehung
zur betrieblichen Leistungserstellung vorliegt. Der versicherte Betrieb nimmt
eine Dienstleistung des Versicherers in Anspruch; diese läßt sich bewerten anhand der Prämie. Soweit die Risiken dann noch durch die betriebliche Leistungserstellung und -verwertung bedingt sind, liegt hier Kostencharakter vor
[Kosiol, 1953, S. 226]. In Anlehnung an Philipp lassen sich folgende Einzelrisiken nennen, denen aufgrund der oben angestellten Überlegungen die Ko-
steneigenschaft zuzusprechen ist [Philipp, S. 40]:

1. Produktionsrisiko
   – Erfindungs- und Entwicklungsrisiko
   – Produktionsfaktorenrisiko
     – Betriebsmittelrisiko
     – Werkstoffrisiko
     – Arbeitsrisiko
2. Lagerhaltungsrisiko
3. Transportrisiko
4. Handelsrisiko
5. Finanzrisiko

In der Literatur werden häufig auch andere Gliederungen aufgeführt [Schön-
feld, 1970a, S. 48f.].

Die Kosten für die Abwälzung dieser Risiken auf Versicherer lassen sich aus
den Prämienrechnungen leicht ersehen. Die Risikokosten stellen hier Grundkosten dar, denen entsprechende Ausgaben- und Aufwandsgrößen gegenüberstehen.

Werden die Risiken nicht weitergewälzt im Rahmen eines Versicherungsver-
trages, so läßt sich der Betrieb als Eigenversicherer betrachten. Mögliche auftretende Schadensfälle sind vom Betrieb selbst zu tragen. Hierbei handelt es sich
dann aber um betriebsbezogene, periodenbezogene, aber außerordentliche Aufwendungen ohne Kostencharakter. Als neutrale Aufwendungen werden die
Schadensfälle nur in der Unternehmungsrechnung erfaßt. Um aber die aperio-
disch auftretenden Verluste kostenrechnerisch analog einer möglichen Versicherungsprämie zu erfassen, werden diese Risikokosten als Zusatzkosten in

die Kostenrechnung übernommen. Wertmäßig ist sich hier zu orientieren an vergleichbaren Versicherungsprämien.

Der Kostencharakter dieser Einzelrisiken ist in der Literatur kaum bestritten, wenn auch *Wandel* [S. 513] Einwendungen hiergegen vorzubringen hat. Auch in den *LSP* ist die Kalkulation von Kosten für Einzelrisiken vorgesehen [*Diederich*, Sp. 1028; *Schönfeld*, 1970a, S. 48f.].

Innerhalb des Rechnungswesens wird für jede kalkulatorische Wagnisart ein statistisches Konto geführt [*Kilger*, 1976, S. 153]; diesem werden die effektiv angefallenen Kosten belastet und die verrechneten kalkulatorischen Kosten gutgeschrieben. Die Salden werden am Jahresende meistens über die Betriebsergebnisrechnung ausgebucht.

Neben diesen Einzelrisiken gibt es noch das allgemeine Unternehmerisiko. Hier fehlt an sich der unmittelbare Bezug zur betrieblichen Leistungserstellung. Dieses allgemeine Unternehmerrisiko ist Bestandteil des Gewinns. „Der Unternehmergewinn war typisches Wagniseinkommen" [*Gutenberg*, 1942, S. 312]. Unter diesen Gesichtspunkten hat das allgemeine Unternehmerrisiko keinen Kostencharakter. Im Zuge der staatlichen Eingriffe in die Preispolitik wurden in den staatlichen Preisbildungsvorschriften die Möglichkeiten geschaffen, das allgemeine Unternehmerwagnis kalkulatorisch bei der Preisbildung zu berücksichtigen. In den *LSP* ist dieses bis zu bestimmten Werten auch noch möglich über die Kalkulation eines Gewinnbestandteiles [*Philipp*, S. 42].

4.4 Zusammenfassung der Kostenartenrechnung

In der Kostenartenrechnung ging es um eine Erfassung und Berechnung unter gleichzeitiger Klassifizierung der Kosten während einer Periode. Dabei läßt sich entweder ausgehen von den Aufwandsdaten der Unternehmungsrechnung oder von den eingesetzten Produktionsfaktoren. In beiden Fällen aber muß eine genaue wertmäßige Abgrenzung zwischen den Aufwendungen und Kosten erfolgen. Ferner muß darauf geachtet werden, daß sich sämtliche Kostenbeträge auf die gleiche Periode beziehen. Die über die zugrundegelegte Periode hinausgehenden Kostenbeträge sind für die folgenden Perioden auf einem Speicherkonto außerhalb der Kostenrechnung zu halten.

In der Finanzbuchhaltung sind die Abgrenzungskonten zur Erfolgsneutralisierung periodenfremder Aufwendungen und Erträge bekannt.

Neben dieser rein statistischen Kostenerfassung müssen für die eigentliche Kostenrechnung als Kostenträgerrechnung die Kosten aufgeteilt werden in Erzeugniseinzel- und Erzeugnisgemeinkosten. Als Kriterium wird hier die direkte Zuordnung des Verbrauches oder Gebrauches der Produktionsfaktoren herangezogen. Die Erzeugnisgemeinkosten werden innerhalb der Kostenstellenrechnung weiter erfaßt.

Interessant für die mögliche Durchführung einer Teilkostenrechnung ist weiterhin die Untersuchung der Kostenarten im Hinblick auf ihre Eigenschaft als variable und fixe Kosten. Dem strengen Kausalitätsprinzip entsprechend dürfen die Kostenträger nur mit den von ihnen direkt verursachten Grenzkosten belastet werden. Bei linearem Kostenverlauf sind dieses die variablen Kosten. Die fixen Kosten werden dann nicht weiter verrechnet. Die Kosteneigenschaften der einzelnen Kostenarten sind in der Tabelle 4 kurz skizziert.

Kostenart	Kosteneigenschaft	(1) Erzeugnis-einzel-kosten	(2) Erzeugnis-gemein-kosten	(3) variable Kosten	(4) fixe Kosten
Werkstoffkosten	Einzel-materialien	✕		✕	
Werkstoffkosten	Hilfs-stoffe		✕	✕	
Werkstoffkosten	Betriebs-stoffe		✕	✕	✕
Arbeitskosten	Akkord-entlohnung	✕		✕	
Arbeitskosten	Zeit-entlohnung		✕		✕
Abschreibung	Leistungs-abschreibung	✕		✕	
Abschreibung	Durchschnitts-abschreibung		✕		✕
Zinsen	Umlauf-vermögen		✕	✕	
Zinsen	Anlage-vermögen		✕		✕
Kosten für Fremdleistungen			✕	✕	✕
Abgaben			✕	✕	✕
Wagniskosten			✕	✕	✕

Tab. 4

Hierbei kann es sich allerdings nur um generelle Aussagen handeln. Wird bei einer Akkordentlohnung ein Mindestlohn garantiert, so verliert der Akkordlohn ab einer gewissen Beschäftigungsstufe den Charakter einer variablen Größe. Allerdings wird hierbei dann auch von dem reinen Akkordsystem abgegangen. Zinsen auf das im Umlaufvermögen gebundene betriebsnotwendige Kapital können variablen Kostencharakter haben, wenn man davon ausgeht, daß sich mit den Beschäftigungsänderungen auch der Umfang der Lagerhaltung an Werkstoffen, Halb- und Fertigfabrikaten und der Umfang an Kundenforderungen verändern. Hier kann es sich aber nur um Trends handeln. Zinsen für das im Anlagevermögen gebundene betriebsnotwendige Kapital haben fixen Charakter. Bei den Kosten für Fremdleistungen, bei den Abgaben und bei den Wagniskosten lassen sich generelle Aussagen nur schwerlich vornehmen. Hinsichtlich der Steuern ist festzustellen, daß Ertragsteuern und Vermögensteuern (im Hinblick auf das Umlaufvermögen) teilweise variablen Charakter besitzen. Der Charakter als Erzeugnisgemeinkosten dürfte aber bei diesen zuletzt genannten Kostenarten unbestritten sein.

Die Hauptaufgaben des betrieblichen Rechnungswesens liegen in der Wirtschaftlichkeitskontrolle des Betriebes und in der Ermittlung der Erzeugnisstückkosten. Die Kostenartenrechnung hat dabei nur eine Aussagen vorbereitende Funktion. Eine Kontrolle der Kostenartenbeträge ist wenig aussagefähig – auch dann, wenn diese den Kostenarten anderer Perioden gegenübergestellt werden. Eine Kostenabweichung kann auf eine Vielzahl von Einflußgrößen zurückgeführt werden. Demgegenüber ist bereits eine Kostenstellenrechnung aussagefähiger.

Diese Kostenstellenrechnung muß auch schon aus dem Grunde geführt werden, da sich die Erzeugnisgemeinkosten nicht direkt den Kostenträgern zurechnen lassen. In einer Vollkostenrechnung (vgl. Abschn. 5 und 6) sollen aber alle Kosten auf den Kostenträger verteilt werden. In einer Teilkostenrechnung (vgl. Abschn. 7) werden aber nur die variablen Kosten dem Kostenträger belastet – also von den Erzeugnisgemeinkosten nur deren variablen Bestandteile. Damit sind die Gemeinkosten in eine Kostenstellenrechnung einzubeziehen, um von hier aus – insgesamt oder nur teilweise – auf die Kostenträger verteilt zu werden.

5. Die Kostenstellenrechnung als Vollkostenrechnung

5.1 Grundlagen der Kostenstellenrechnung

Die Kostenstellenrechnung steht – verfahrenstechnisch gesehen – zwischen der Kostenartenrechnung und Kostenträgerrechnung. Auch die Kostenstellenrechnung stellt keinen Selbstzweck dar; sie dient ebenfalls der Gewinnung von Informationen als Grundlage betrieblicher Dispositionen. Im Gegensatz zur

Kostenartenrechnung vermag die Kostenstellenrechnung wenigstens teilweise ,fertige' Informationen zu liefern. Somit fallen der Kostenstellenrechnung zwei Aufgaben zu.

a) Als Vorstufe zur Kostenträgerrechnung dient die Kostenstellenrechnung in erster Linie der Verteilung der Erzeugnisgemeinkosten auf die Erzeugnisse, um in der Kostenträgerrechnung die Erzeugnisstückkosten ermitteln zu können.

Bei der Einproduktfertigung können die gesamten Erzeugnisgemeinkosten dem Durchschnittsprinzip entsprechend durch eine einfache Divisionsrechnung dem einzelnen Erzeugnis angelastet werden. Dieses Verfahren ist erkennbar in der summarischen Divisionskalkulation (vgl. Kap. 6.2.1). Bei einer Mehrproduktfertigung mit noch dazu heterogenem Produktionsprogramm können die Gemeinkosten nicht mehr so pauschal verteilt werden. Innerhalb der Kostenstellenrechnung werden die Gemeinkosten stellenweise erfaßt und auf die Erzeugnisse — entsprechend der Inanspruchnahme der Kostenstellen durch die Erzeugnisse — verteilt. Dieses Verfahren ist erkennbar in der Zuschlagskalkulation (vgl. Kap. 6.3).

Innerhalb der Kostenstellenrechnung werden die Erzeugnisgemeinkosten den Kostenstellen nach Möglichkeit als Stelleneinzelkosten direkt zugeordnet oder als Stellengemeinkosten nach bestimmten Kostenverteilungsschlüsseln auf die Stellen umgelegt. Stelleneinzelkosten sind die Erzeugnisgemeinkosten, die einer Kostenstelle direkt zugeordnet werden können, da der entsprechende Werteverzehr unmittelbar in der spezifischen Kostenstelle anfällt. Stellengemeinkosten hingegen sind diejenigen Erzeugnisgemeinkosten, die für mehrere Kostenstellen gleichzeitig anfallen und nur mittels Schlüsselgrößen über die Kostenstellen verteilt werden können (vgl. Kap. 5.5.2).

Die endgültige Ermittlung der Kosten einer Abteilung pro Periode erfolgt unter Berücksichtigung des Austausches und der Inanspruchnahme innerbetrieblicher Leistungen durch einzelne Abteilungen. Diese Kostenstellenrechnung führt zwar nicht zu einer völlig verursachungsgerechten Kostenträgerrechnung, doch wird die Kostenverteilung genauer. Werden in einem Betrieb zwar mehrere Produkte, diese aber jeweils allein in speziellen Abteilungen gefertigt, so können sämtliche Kosten auf diese jeweiligen Produktmengen verteilt werden. Bei einer verzweigten Mehrproduktfertigung sind hierfür im Rahmen der Kostenstellenrechnung weitere Schlüssel erforderlich.

b) Eine besonders wichtige Aufgabe der Kostenrechnung besteht in der Lieferung von Informationen zu Kontrollzwecken.

In dieser Funktion vermag die Kostenstellenrechnung im Gegensatz zur Kostenartenrechnung ,fertige' Informationen zu liefern. Hier zielt die Kostenstellenrechnung auf eine Kontrolle von Betriebsabteilungen ab. Die Wirtschaftlichkeit von diesen sog. Kostenstellen kann mit der Hilfe von Kostenvergleichen einer genaueren Analyse unterzogen werden, wobei deren Aussagefähigkeit größer als die der Kostenartenrechnung ist; denn der Kostenanfall ist hier nicht dem gesamten Betrieb, sondern nur einer einzelnen Abteilung zugeordnet und von dieser verursacht worden. Ferner sind die Einflußgrößen innerhalb einer Abteilung geringer und leichter zu durchschauen als für einen ganzen Betrieb. Diese Kontrolle der Betriebsabteilungen steht im Mittelpunkt der Plankostenrechnung (vgl. Kap. 8) und einer weiter ausgebauten abteilungsorientierten Erfolgsrechnung [*Bredt*, 1956, S. 170ff.; *Kilger*, 1962, S. 33ff.].

5.2 Kriterien für die Bildung von Kostenstellen

Der gesamte Betrieb wird in mehrere Organisationseinheiten, in sog. Kostenstellen, zerlegt. Einerseits sind die Kostenstellen als Orte der Kostenentstehung selbst Kostenverursacher [*Bredt*, 1956, S. 59ff.; *Plaut*, 1958, S. 252], andererseits sind sie ihrem Wesen nach reine Zurechnungseinheiten [*Schönfeld*, 1970a, S. 53].

Die Bildung von Kostenstellen läßt sich nach den verschiedensten Kriterien vornehmen. Grundsätzlich ist jedoch die Gliederung abhängig von den Zwecken der Kostenstellenrechnung. Wird die Kostenstellenrechnung nur als Vorstufe der Kostenträgerrechnung aufgefaßt, so ist die Bildung von Kostenstellen nach verrechnungs- oder abrechnungtechnischen Gesichtspunkten vorzunehmen. Soll die Kostenstellenrechnung Einblicke in die Wirkungsweise der einzelnen Betriebseinheiten gewähren, so sind die Stellen als in sich selbst abgeschlossene unter einheitlicher Leitung stehende, organisatorisch selbständige Abteilungen zu bilden.

In der Literatur wird auf folgende Möglichkeiten der Stellenbildung verwiesen [*Mellerowicz*, 1966, S. 385f.; *Norden/Wille; Schönfeld*, 1970a, S. 55f.]:

1. Eine Untergliederung nach Verantwortungsbereichen ist erforderlich, wenn der Hauptzweck der Kostenstellenrechnung in der Wirtschaftlichkeitskontrolle liegt und so bei Kostenabweichungen die Verantwortlichen hinzugezogen werden sollen. Hier sei verwiesen auf die Plankostenrechnung.
2. Eine Untergliederung nach betrieblichen Teilfunktionen ist vom Rationalisierungs-Kuratorium der deutschen Wirtschaft (RKW) vorgenommen worden. Diese Teilfunktionen sind: Beschaffung und Lagerung, Produktion, Absatz, Vertrieb etc. Bei sehr differenzierten Fertigungsstrukturen ist hier sogar eine Untergliederung bis zu einzelnen Handarbeits- oder Maschinenplätzen möglich. Die hier vorgenommene betriebstechnisch orientierte Gruppierung kann bei entsprechender Organisationsstruktur der Gliederung nach Verantwortungsbereichen entsprechen.
3. Eine Gliederung nur nach räumlichen Gesichtspunkten ist abzulehnen, weil sehr oft völlig unterschiedliche Tätigkeiten innerhalb verschiedener Ver-

antwortungsbereiche durchgeführt werden. Diese Gliederung ist nur möglich, wenn sie den obigen Kriterien entspricht.

4. Eine Gliederung nach kalkulatorischen Gesichtspunkten wird einer möglichst genauen und gerechten Kostenverteilung nur gerecht werden, wenn sie der funktionalen Untergliederung entspricht.

5.3 Typologie von Kostenstellen

Ein alle diese Möglichkeiten der Kostenstellenbildung berücksichtigender Kostenstellenplan kann folgende Stellenarten aufweisen [*Kosiol*, 1964, S. 111ff.; *Schönfeld*, 1970a, S. 56f.]. Es wird grundsätzlich zwischen Hilfskostenstellen und Hauptkostenstellen unterschieden. Hilfskostenstellen wiederum teilen sich auf in allgemeine Kostenstellen und in spezifische Hilfskostenstellen.

1. Allgemeine Kostenstellen geben ihre Leistungen als innerbetriebliche Leistungen für die Tätigkeit aller Bereiche des gesamten Betriebes ab. Hierzu zählen die zentrale Wasserversorgung und das Kesselhaus.
2. Fertigungshilfskostenstellen verrichten Hilfsfunktionen für die eigentliche Leistungserstellung. Als Beispiele seien genannt die Reparaturwerkstatt oder das Arbeitsbüro.

Die Allgemeinen- und die Hilfs-Kostenstellen werden auch Vor- und Nebenkostenstellen genannt, da sie ihre Leistungen an die nach- oder nebengelagerte Kostenstellen abgeben. Letzten Endes erbringen alle Hilfskostenstellen ihre Leistungen für die Hauptkostenstellen. Diese werden wie folgt untergliedert:

3. In den Fertigungshauptkostenstellen findet die eigentliche Produktion statt, in der das einzelne Erzeugnis unmittelbar be- oder verarbeitet wird. Diese Hauptkostenstellen sind der eigentliche Mittelpunkt des Rechengangs.
4. Der Materialbereich erfaßt für die einzelnen Materialarten auf den diesen entsprechenden Kostenstellen die Kosten für Einkauf, Lagerung, Transport, Prüfung usw.
5. Die Forschungs- und Entwicklungsstellen erfassen die Kosten für die betriebseigene Grundlagen- und Zweckforschung.
6. Die Verwaltungsstellen erfassen die Kosten der Geschäftsführung, des Rechnungswesens (Finanz- und Betriebsbuchhaltung) und der sonstigen allgemeinen Verwaltung.
7. Die Vertriebsstellen beinhalten die Kosten des Absatzes.

Da sämtliche in die Kostenstellenrechnung eingehenden Erzeugnisgemeinkosten auf die unter 3. bis 7. genannten Kostenstellen verteilt werden, um von hier aus in der Kostenträgerstückrechnung — speziell in der Zuschlagskalkulation — auf die Erzeugnisse verteilt zu werden, werden diese Kostenstellen auch Endkostenstellen genannt.

5.4 Die Leistungsbeziehungen zwischen den Kostenstellen

Innerbetriebliche Leistungen sind nicht-abgesetzte und auch nicht-absatzbestimmte Ergebnisse der Faktorkombination im industriellen Produktionsprozeß. Demnach scheiden dann die für den Absatzmarkt bestimmten Leistungen der Fertigungsendstellen als innerbetriebliche Leistungen aus [*Angermann,* 1958, S. 34ff.; *Münstermann,* 1969, S. 62ff.]. Diese innerbetrieblichen Leistungen können nun in der gleichen Periode von anderen Kostenstellen verbraucht werden, sie können auf Lager genommen werden, um in der nächsten Periode verbraucht zu werden, oder aber es handelt sich dabei um selbsterstellte Betriebsmittel, die über mehrere Perioden hinweg genutzt werden. *Heinen* bezeichnet diese innerbetrieblichen Leistungen als derivative Produktionsfaktoren. Diejenigen Produktionsfaktoren, die in der Produktion in der Form eingesetzt werden, wie sie vom Beschaffungsmarkt bezogen werden, sind nach *Heinen* [1970a, S. 262ff.] originäre Produktionsfaktoren. Die Werte der in den Kostenstellen eingesetzten originären Produktionsfaktoren werden als primäre Kosten bezeichnet. Sie werden in der Kostenartenrechnung bereits erfaßt. Die Werte der in den Kostenstellen eingesetzten derivativen Produktionsfaktoren werden als sekundäre Kosten bezeichnet [*Schneider, E.,* 1941, S. 253ff.]. Die derivativen Produktionsfaktoren sind das Ergebnis einer Kombination von originären Produktionsfaktoren (unter Umständen unter Heranziehung anderer derivativer Produktionsfaktoren). Somit setzen sich die sekundären Kosten aus primären Kosten zusammen.

Gutenberg [1969, S. 8] bezeichnet die Planung und Betriebsorganisation als dispositive Produktionsfaktoren derivativen Charakters. Diese Bezeichnung ist den hier zugrundegelegten Definitionen nicht gleichzusetzen.

Zur wertmäßigen Analyse des Produktionsprozesses und für eine möglichst genaue Verteilung der Erzeugnisgemeinkosten müssen die die innerbetrieblichen Leistungen verbrauchenden Kostenstellen mit diesen sekundären Kosten belastet werden. Die diese innerbetrieblichen Leistungen abgebenden Stellen müssen mit den gleichen Werten entlastet werden. Dieses geschieht innerhalb der Kostenstellenrechnung mit der innerbetrieblichen Leistungsverrechnung. Werden die innerbetrieblichen Leistungen als Werkstoffe, Einbauteile etc. auf Lager genommen, oder handelt es sich dabei um selbsterstellte Anlagen, so werden diese Leistungen aktiviert. Eine Weiterverrechnung und Belastung der Stellen erfolgt in den späteren Perioden entsprechend dem Verbrauch und der Nutzung.

Der innerbetriebliche quantitative Kosten- und Leistungsstrom läßt sich mit Hilfe von Graphen verdeutlichen [*Münstermann,* 1969, S. 69f.]. Ein Graph besteht aus einer Menge von Punkten, die untereinander alle oder teilweise mit Pfeilen verbunden sind. Die Punkte symbolisieren die Kostenstellen, die Pfeile die innerbetrieblichen Leistungsströme. Es gilt folgende Darstellung:

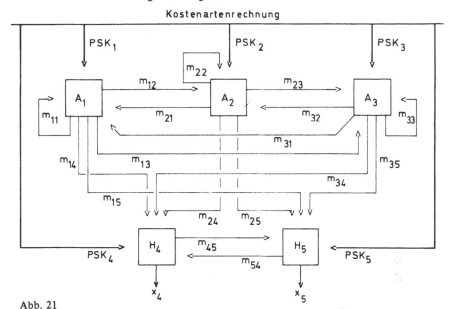

Abb. 21

Die Allgemeinen Kostenstellen A_1, A_2, A_3 und die Fertigungshauptstellen H_4, H_5 werden mit den primären Kosten $PSK_1, \ldots, PSK_5$ — entsprechend ihrem Verzehr an originären Produktionsfaktoren — aus der Kostenartenrechnung belastet. Entsprechend der innerbetrieblichen Leistungsströme erfolgt die Verrechnung sekundärer Kosten entsprechend dem Verzehr an derivativen Produktionsfaktoren. Der Leistungsstrom wird quantitativ durch m_{hr} symbolisiert. Die Größe m_{hr} stellt die innerbetrieblichen Leistungen dar, die von der Stelle h an die Stelle r geliefert werden. Dabei ist: $h = 1, 2, \ldots, \bar{h}$; $r = 1, 2, \ldots, \bar{r}$; $\bar{h} = \bar{r}$.

Diese innerbetrieblichen Leistungsströme lassen sich als Stromlinien symbolisieren. Die Erfassung von Leistungs- und Werteströmen zwischen selbständigen Organisationseinheiten wurde innerhalb der ökonomischen Kreislauftheorie erstmalig von *F. Quesnay* (1694–1774) konzipiert [*Adam/Roppert*, S.12]. Alle Transaktionen zwischen den Wirtschaftseinheiten werden in Mengen- und Werteinheiten pro Periode gemessen und als Ströme abgebildet. Diese Darstellung und Analyse des innerbetrieblichen Leistungs- und Wertestromes entspricht der von *Leontief* auf gesamtwirtschaftliche Untersuchungen angewendeten Input-Output-Analyse [*Leontief*, S. 39–49]. Mit Hilfe der Input-Output-Analyse werden die Produktionsverflechtungen einer analytischen Betrachtung unterzogen [*Schneider, E.*, 1967b, S. 183ff.]. Nach *Wenke* [1956,

S. 558ff.; 1959, S. 112ff.] lassen sich die Input-Output-Analysen von *Leontief* auf betriebswirtschaftliche Kostenumlegungen übertragen.

Schon lange vor *Leontief* wurde das oben gezeigte betriebliche Kreislaufschema dargestellt von *Kwiecinski* [S. 221ff.] und hat seitdem Eingang gefunden in die betriebswirtschaftliche Literatur [*Schneider, E.*, 1963, S. 51]. Innerhalb der Kostenstellenrechnung müssen sämtliche Hauptkostenstellen mit sämtlichen ihnen anzulastenden Kosten auch belastet werden. An diesen Endkosten der Fertigungshauptkostenstellen und sonstigen Endkostenstellen setzt die Kostenträgerrechnung ein. Zu den Endkosten der Stellen zählen die Primärkosten und auch die Sekundärkosten. Bevor nun auf die genaue und mathematisch exakte Methode der Verrechnung von Sekundärkosten einzugehen ist, soll der traditionelle Betriebsabrechnungsbogen mit den bisherigen Näherungsmethoden betrachtet werden.

5.5 Die Kostenverteilung in der Kostenstellenrechnung

5.5.1 Die Technik des Betriebsabrechnungsbogens

Ausgehend von den hier angestellten Überlegungen läßt sich der Betriebsabrechnungsbogen als rein statistische Tabelle vergleichen mit der Input-Output-Tabelle. Während die Input-Output-Tabelle die Produktionsverflechtungen einer Volkswirtschaft wertmäßig zeigt, stellt der Betriebsabrechnungsbogen die wertmäßigen Verflechtungen eines rechnungstechnisch dezentralisierten Betriebes dar. Dabei übernimmt der Betriebsabrechnungsbogen nicht nur darstellende Funktionen.

Im allgemeinen hat der Betriebsabrechnungsbogen folgenden formalen Aufbau [*Schönfeld*, 1970a, S. 54]:

Erzeugnisgemeinkostenarten:	Umlageschlüssel	Betrag		allg. u. Hilfs-Kostenstellen 1 2 3...	Fertigungshauptkosten-stellen 1 2 3...	Material-kostenstellen 1 2 3.	Forschung und Entwicklung 1 2 3...	Verwaltungs-kostenstellen 1 2 3 ...	Vertriebs-kostenstellen 1 2 3 ..
Stelleneinzelkosten			A		PSEK				
Summe			B		∑PSEK				
Stellengemeinkosten			C		PSGK				
Summe			D		∑PSGK				
gesamte Primärkosten			E		∑PSK				
Entlastung	−		F		− SSK				
Belastung	+				+ SSK				
Summe der auf die Erzeugnisse zu verrechnenden Stellenkosten		0	G		∑GSK	+	+	+	+

Abb. 22

Der Betriebsabrechnungsbogen ist grundsätzlich in folgende drei Teile untergliedert:

1. Der erste Teil übernimmt aus der Kostenartenrechnung die Erzeugnisgemeinkosten und verteilt diese als primäre Stelleneinzelkosten *PSEK* (im Bolck A) und primäre Stellengemeinkosten *PSGK* (im Block C) auf die Kostenstellen. Die Zeile B gibt die Summe der primären Stelleneinzelkosten, die Zeile D gibt die Summe der primären Stellengemeinkosten und die Zeile E die Summe aller Stellenprimärkosten wieder. Im ersten Teil werden demnach alle Primärkosten verrechnet.

2. Der zweite Teil erfaßt die Kostenstellenbe- und -entlastungen aufgrund der innerbetrieblichen Leistungsverrechnungen über die sekundären Stellenkosten *SSK* (im Block F). Dabei kann es sich um die Kostenverrechnungen aufgrund wechselseitiger Leistungsbeziehungen handeln, andererseits kann es sich auch um eine einfache Umlage der Kosten der allgemeinen Hilfskostenstellen auf die Endkostenstellen handeln. Die Zeile G weist die Gesamtsumme der Stellenkosten *GSK* auf, die innerhalb der Kostenstellenrechnung zur Kostenstellenkontrolle herangezogen werden können und die innerhalb der Kostenträgerrechnung auf die Erzeugnisse verteilt werden.

3. Im dritten Teil werden die Verteilungsschlüssel für die Verrechnung der Stellenkosten als Erzeugnisgemeinkosten ermittelt. Dieser Bereich bleibt vorerst außerhalb der Betrachtung.

5.5.2 Die Erfassung der Primärkosten

Die Primärkosten der Kostenstellen sind entweder Stelleneinzel- oder Stellengemeinkosten [*Kosiol*, 1953, S. 264; *Riebel*, 1959, S. 215]. Stelleneinzelkosten lassen sich den Stellen nach dem Verursachungsprinzip genau zuordnen; diese sind die Kosten für den den Kostenstellen direkt zurechenbaren Einsatz an originären Produktionsfaktoren. Hierzu zählen Kosten an Löhnen und Gehältern, Hilfsstoffen, Abschreibungen und Fremdreparaturen. Ihre Erfassung ist unproblematisch, da die Stellenzugehörigkeit dieser Kosten aus den Urbelegen der Buchhaltung meistens ersichtlich ist. Eine verursachungsgerechte Zuordnung von Stellengemeinkosten ist dagegen nicht möglich. Ihre Aufteilung wird dabei mit Hilfe von Schlüsseln proportional zu einer bestimmten Bezugsgröße vorgenommen. *Seischab* [1944, S. 65] gibt folgende Übersicht für eine Gruppierung von Schlüsselzahlen:

A. Bewegungs- oder Leistungsschlüssel

1. Mengenschlüssel (*cbm, t, l* usw.)
   a) aa) verbrauchte, bb) umgeschlagene, cc) ausgebrachte, dd) umgesetzte Mengen nach Länge, Fläche, Gewicht, Zahl, Rauminhalt
   b) Anzahl der Prozesse oder Vorgänge

2. Zeitschlüssel

   a) Arbeits-, Maschinen-, Ofen-, Platzstunden

   b) Fertigungs-, Schicht-, Kalenderzeit

3. Wertschlüssel

   a) Kostenarten: Lohn, Gehalt, Fertigungsmaterial, Einstandswerte

   b) Kalkulationswerte: Fertigungs-, Herstellungs-, Selbstkosten

   c) Umsatzzahlen (Erlös)

B. Bestands- oder Ausstattungsschlüssel

4. Vermögensschlüssel

   a) Bestandsmengen

      aa) Flächen- und Raumbeanspruchung

      bb)Flächen- und Raumausstattung (Beleuchtungskörper)

   b) Bestandswerte (Lagerwerte)

   c) Bestandseigenschaften und -zustände

      aa) der Räume (I. Stock, II. Stock)

      bb)der eingesetzten Stoffe und Kräfte

      cc) der abgesetzten Leistungen

5. Kapitalschlüssel (betriebsnotwendiges Kapital)

6. Arbeitskraftschlüssel

   Zahl der Arbeiter, Angestellten, Reisenden

Entscheidend hierbei ist, daß die Bezugsgrößen für die Verteilung gut quantifizierbar sind und diese den Stellen direkt zugeordnet werden können.

5.5.3 Die Erfassung der Sekundärkosten innerhalb der innerbetrieblichen Leistungsverrechnung

5.5.3.1 Die Hauptkostenstellenverfahren: Das Teil- und Vollkostenartenverfahren

Bei diesen Hauptkostenstellenverfahren erfolgt eine Aufteilung des Betriebes nur in Hauptkostenstellen [*Münstermann*, 1969, S. 73]. Treten jedoch im Betrieb Allgemeine und Hilfs-Kostenstellen auf, so sind diese organisatorisch und abrechnungstechnisch verbundmäßig den Hauptkostenstellen zuzuschlagen, denen sie in erster Linie ihre Leistungen und damit auch Kosten abgeben. War der Betriebsbereich an sich in fünf allgemeine Kostenstellen und in zwei Fertigungshauptstellen aufgegliedert, so kann es sein, daß aus abrechnungstechnischen Gründen hier die in Abbildung 23 angegebene Gruppierung erforderlich wird.

Da es aber auch hier sein kann, daß innerbetriebliche Leistungsströme zwischen den neugebildeten Bereichen — nach Abb. 23 H_6^* und H_7^* — stattfinden, müssen diese kostenrechnerisch erfaßt werden. Berücksichtigt zu werden brauchen nur die Leistungsströme, die von einer Kostenstelle des einen Bereiches zu einer Kostenstelle des anderen Bereiches gehen. Innerbetriebliche Leistungsbeziehungen zwischen Stellen innerhalb eines Bereiches brauchen nicht erfaßt zu werden, da die Stellen jeweils nicht einzeln abgerechnet werden, sondern nur der zugehörige Bereich erfaßt wird.

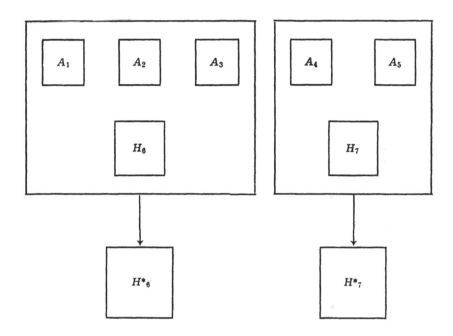

Abb. 23

Beim Teilkostenartenverfahren werden die innerbetrieblichen Leistungen nur mit den anteiligen primären Stelleneinzelkosten der jeweiligen Stelle bewertet. Die primären Stellengemeinkosten werden nicht weiter verrechnet. Diese werden auf der Stelle belassen und, soweit es sich um die Kosten der Hilfsstelle handelt, der jeweiligen Hauptkostenstelle zugeschlagen. Durch diese Sekundärkostenerfassung und -verrechnung werden die Einzelkosten der abgebenden Stelle vermindert, während sich die Einzelkosten der empfangenden Stellen um diese sekundären erhöhen. Es ergibt sich folgende Kostenverrechnung:

	H^*_6	H^*_7
1) Belastung der Stellen mit Primär- einzelkosten	$PSEK_1$ $PSEK_2$ $PSEK_3$ $PSEK_6$	$PSEK_4$ $PSEK_5$ $PSEK_7$
2) Verrechnung der innerbetrieblichen Leistungen von H^*_6 nach H^*_7, und zwar		
von A_1 nach H^*_7	$-m_{17}{*}q_1$	$+m_{17}{*}q_1$
von A_2 nach H^*_7	$-m_{27}{*}q_2$	$+m_{27}{*}q_2$
von A_3 nach H^*_7	$-m_{37}{*}q_3$	$+m_{37}{*}q_3$
von H_6 nach H^*_7	$-m_{67}{*}q_6$	$+m_{67}{*}q_6$
3) Verrechnung der innerbetrieblichen Leistungen von H^*_7 nach H^*_6, und zwar		
von A_4 nach H^*_6	$+m_{46}{*}q_4$	$-m_{46}{*}q_4$
von A_5 nach H^*_6	$+m_{56}{*}q_5$	$-m_{56}{*}q_5$
von H_7 nach H^*_6	$+m_{76}{*}q_7$	$+m_{76}{*}q_7$
4) Belastung der Stellen mit Primär- gemeinkosten	$PSGK_{6*}$	$PSGK_{7*}$
5) Summe der auf die Stellenendleistungen umzulegenden Kosten	GSK_{6*}	GSK_{7*}

Tab. 5

Der Verrechnungspreis für innerbetriebliche Leistungen der Stelle h beträgt q_h. Dieser Preis wird gebildet durch Division der entsprechenden primären Stelleneinzelkosten $PSEK_h$ durch die gesamte erstellte Stellenleistungsmenge M_h. Es gilt:

$$q_h = \frac{PSEK_h}{M_h} \, .$$

Die Summe der auf die Endleistungen des Bereiches h^* umzulegenden Gesamtkosten GSK_{h*} beträgt:

$$GSK_{h*} = \sum_{h=1}^{\bar{h}} PSEK_{h(h*)} - \sum_{h=1}^{\bar{h}} \frac{PSEK_{h(h*)}}{M_{h(h*)}} m_{h(h*)r*}$$

$$+ \sum_{r=1}^{\bar{r}} \frac{PSEK_{r(r*)}}{M_{r(r*)}} m_{r(r*)h*} + \sum_{h=1}^{\bar{h}} PSGK_{h(h*)}$$

Die Endleistungen des Bereiches $h*$ werden im Zuge einer Divisionsrechnung bewertet mit dem Preis $\bar{q}_{h*}$. x_{h*} stellt die Endleistungsmengeneinheiten von $h*$ dar. Es gilt:

$$\bar{q}_{h*} = \left[\sum_{h=1}^{\bar{h}} PSEK_{h(h*)} - \sum_{h=1}^{\bar{h}} \frac{PSEK_{h(h*)}}{M_{h(h*)}} m_{h(h*)r*} \right.$$

$$\left. + \sum_{r=1}^{\bar{r}} \frac{PSEK_{r(r*)}}{M_{r(r*)}} m_{r(r*)h*} + \sum_{h=1}^{\bar{h}} PSGK_{h(h*)} \right] : x_{h*} .$$

Betrachtet wird hier die Endkostenstelle der Gruppe $h*$. Die Indizierung $h\,(h*)$ weist auf die Kostenstellen $h\,(= 1, 2, \ldots, \bar{h})$ hin, soweit diese dem Stellenbereich $h*$ zuzuordnen ist. Die Indizierung $r\,(r*)$ weist auf die Kostenstelle $r\,(= 1, 2, \ldots, \bar{r})$ hin, soweit diese dem Stellenbereich $r*$ zuzuordnen ist. $h*$ und $r*$ stellen verschiedene (Haupt-) Kostenbereiche dar. Für den Fall, daß die Endkostenstelle homogene Leistungen innerbetrieblich an andere Bereiche abgibt und als betriebliche Endleistungen am Absatzmarkt abliefert, werden diese verschieden bewertet. Während die innerbetrieblich abgegebenen Leistungseinheiten mit dem internen Verrechnungspreis q auf der Grundlage der primären Einzelkosten der eigentlichen Kostenstelle bewertet werden, erfolgt die Bewertung der gleichen, jedoch absatzbestimmten Leistungseinheiten mit der Größe $\bar{q}$ auf der Grundlage der gesamten Kosten des zugehörigen Bereiches.

Es sei hier auf folgendes Zahlenbeispiel hingewiesen:

		PSEK	PSGK	M			PSEK	PSGK	M
	A_1	100	200	20		A_4	50	100	10
$H*_6$	A_2	200	200	10	$H*_7$	A_5	150	200	30
	A_3	300	100	20		H_7	300	200	100
	H_6	500	500	100					

Tab. 6

Leistungsbeziehungen innerhalb eines Bereiches brauchen nicht berücksichtigt zu werden, da die Kosten innerhalb eines Bereiches sowieso zusammengefaßt werden. An Leistungsbeziehungen zwischen den Bereichen ist zu berücksichtigen:

$$m_{14} = 5 \quad m_{35} = 10 \quad m_{52} = 10.$$

Aus der Formel

$$q_h = \frac{PSEK_h}{M_h}$$

folgt:

$$q_1 = 5 \qquad q_3 = 15 \qquad q_5 = 5.$$

Die jeweiligen Endkosten betragen:

$$GSK_{6*} = (100+200+300+500)-(5\cdot5+10\cdot15)+(10\cdot5)+(200+200+100+500)$$
$$GSK_{7*} = (50+150+300)-(10\cdot5)+(5\cdot5+10\cdot15)+(100+200+200) .$$

Für die Berechnung des Kostenwertes der Leistungen der Hauptkostenstellen H_6 und H_7 gilt:

$$\bar{q}_{6*} = \frac{(100+200+300+500)-(5\cdot5+10\cdot15)+(10\cdot5)+(200+200+100+500)}{100}$$

$$\bar{q}_{6*} = 19{,}75$$

$$\bar{q}_{7*} = \frac{(50+150+300)-(10\cdot5)+(5\cdot5+10\cdot15)+(100+200+200)}{100}$$

$$\bar{q}_{7*} = 11{,}25$$

Dabei kann allerdings diese Methode eine Verfeinerung erfahren, indem die innerbetrieblichen Leistungen mit sämtlichen anteiligen Primärkosten bewertet werden. Die bei der Erstellung dieser innerbetrieblichen Leistungen anfallenden Sekundärkosten bleiben aber unberücksichtigt [*Münstermann*, 1969, S. 74ff.].

Dieses System der innerbetrieblichen Leistungsverrechnung ist nur heranzuziehen, wenn sich die Allgemeinen und Hilfs-Kostenstellen aufgrund ihrer Leistungsbeziehungen direkt einzelnen Hauptkostenstellen zuordnen lassen und sie hauptsächlich nicht für mehrere Hauptkostenstellen arbeiten.

Nach der Vollkostenartenmethode innerhalb der Hauptkostenstellenverfahren werden hier die wechselseitigen Leistungsbeziehungen insofern berücksichtigt, als die innerbetrieblichen Leistungen mit den anteiligen Gesamtkosten bewertet werden. Die Gesamtkosten aller Abteilungen lassen sich bei wechselseitigen Leistungsbeziehungen nur mit Hilfe eines simultanen Gleichungssystems ermitteln, auf welches an späterer Stelle noch eingegangen wird (vgl. Kap. 5.5.3.3).

Werden aber mit Hilfe dieser Methode sämtliche Kosten der Allgemeinen und Hilfs-Kostenstellen durch die Verrechnung der innerbetrieblichen Leistungen verrechnet, so brauchen hier dann die Allgemeinen und Hilfs-Kostenstellen nicht mehr in den kostenrechnerischen Verbund mit den Hauptkostenstellen gestellt zu werden.

5.5.3.2 Die Kostenstellenumlageverfahren

5.5.3.2.1 Das Anbauverfahren. Die Kostenstellenumlageverfahren stellen die in der Praxis am häufigsten anzutreffenden Methoden der Kostenverteilung dar. Den Kostenstellenumlageverfahren liegt eine Aufteilung des Betriebes in Allgemeine Kostenstellen, Hilfskostenstellen und Hauptkostenstellen zugrunde. Es wird unterstellt, daß jede Kostenstelle nur eine Leistungsart produziert. Das Anbauverfahren als eine Methode der Kostenstellenumlageverfahren verzichtet auf eine Verrechnung innerbetrieblicher Leistungen zwischen Kostenstellen gleicher Kategorie. Bei gegenseitigen Leistungsbeziehungen zwischen den Kostenstellen erfolgt hier keine ,ursachgerechte' Kostenbewertung der innerbetrieblichen Leistungen mehr, weil hier nur primäre Kosten zugrundegelegt werden. Als Beispiel gilt:

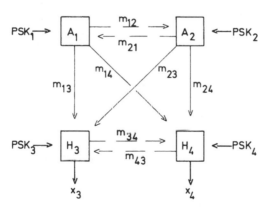

Abb. 24

Das Anbauverfahren vernachlässigt die Beziehungen m_{12}, m_{21}, m_{34} und m_{43}. Ein möglicher Eigenverbrauch wird ebenfalls nicht explizit berücksichtigt. Die Verrechnungswerte der Leistungen der allgemeinen Stellen ergeben sich durch einfache Division der gesamten primären Kosten durch die abgegebene und rechnungstechnisch erfaßte Leistungsmenge:

$$q_1 = \frac{PSK_1}{m_{13} + m_{14}} \qquad q_2 = \frac{PSK_2}{m_{23} + m_{24}}.$$

Die gesamten Stellenkosten GSK der Stellen 3 und 4 betragen GSK_3 und GSK_4. Daraus wird der jeweilige Verrechnungspreis der betrieblichen Endleistungen ermittelt. Es gilt:

$$GSK_3 = PSK_3 + m_{13}\, q_1 + m_{23}\, q_2 \qquad q_3 = \frac{GSK_3}{x_3}$$

$$GSK_4 = PSK_4 + m_{14}\, q_1 + m_{24}\, q_2 \qquad q_4 = \frac{GSK_4}{x_4}.$$

Es sei für diese zwei Hilfs- und zwei Hauptkostenstellen ein Beispiel untersucht. Die Leistungsströme seien in folgender Tabelle angegeben:

von \ nach	A_1	A_2	H_3	H_4	Markt	M_h
A_1	$(m_{11} = 10)$	$(m_{12} = 10)$	$m_{13} = 20$	$m_{14} = 20$	–	60
A_2	$(m_{21} = 10)$	$(m_{22} = 5)$	$m_{23} = 40$	$m_{24} = 100$	–	155
H_3	–	–	$(-)$	$(m_{34} = 50)$	$x_3 = 38$	88
H_4	–	–	$(-)$	$(-)$	$x_4 = 100$	100
PSK	200	100	320	570		

Tab. 7

Eine Verrechnung innerbetrieblicher Leistungen zwischen Stellen gleicher Kategorie erfolgt in dieser Methode hier nicht. Daher werden die in der Tabelle eingeklammerten Leistungsströme nicht berücksichtigt. Für die Verrechnungspreise gilt:

$$q_1 = \frac{200}{20 + 20} = 5 \qquad q_2 = \frac{100}{40 + 100} = 0{,}71$$

$$q_3 = \frac{320 + 20 \cdot 5 + 40 \cdot 0{,}71}{38} \qquad q_3 = 11{,}80$$

$$q_4 = \frac{570 + 20 \cdot 5 + 100 \cdot 0{,}71}{100} \qquad q_4 = 7{,}41$$

Das Anbauverfahren entspricht nur dann dem Verursachungsprinzip, wenn weder zwischen den Allgemeinen Kostenstellen noch zwischen den Hilfs-, noch den Hauptkostenstellen Leistungsverflechtungen bestehen [*Knoblauch*, S. 328f.; *Kosiol*, 1964, S. 191 u. S. 193ff.; *Münstermann*, 1969, S. 79f.].

Der Vorteil gegenüber den Hauptkostenstellenverfahren liegt in der rechnerischen Verselbständigung der Allgemeinen und Hilfs-Kostenstellen.

5.5.3.2.2 Das Treppenverfahren oder Stufenleitersystem. Die beim Anbauverfahren unterstellten Prämissen werden hier insoweit aufgehoben, als hier wenigstens einseitige Leistungsbeziehungen zwischen den Allgemeinen und Hilfs-Kostenstellen kostenrechnerisch berücksichtigt werden. Innerhalb der Stellenrechnung sind die Stellen in einer bestimmten Reihenfolge zu ordnen. Die Reihe beginnt mit den in erster Linie innerbetriebliche Leistungen abgebenden Stellen und endet mit den Stellen, die von möglichst vielen Stellen Hilfsleistungen empfangen. Innerhalb dieser Reihe werden dann die Kosten auf die nachgelagerten Stellen umgelegt. Es wird hier also nur in einer Richtung umgelegt. Damit wird das Kostenbild verzerrt. Es gilt:

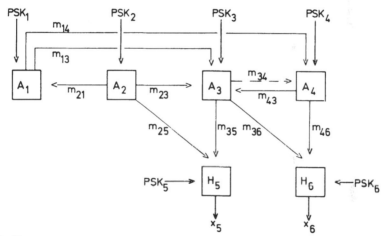

Abb. 25

A_2	A_1	A_4	A_3	H_5	H_6
PSK_2	PSK_1	PSK_4	PSK_3	PSK_5	PSK_6
$GSK_2^* = (m_{21}q_2$	$(+) -$	$(+) m_{23}q_1$	$(+) m_{25}q_2$	$(+) -)$
	$GSK_1^* = (m_{14}q_1$	$(+) m_{13}q_1$	$(+) -$	$(+) -)$
		$GSK_4^* = (m_{43}q_4$	$(+) -$	$(+) m_{46}q_4)$
			$GSK_3^* = (m_{35}q_3$	$(+) m_{36}q_3)$
				GSK_5	GSK_6

Tab. 8

Durch diese Anordnung werden die innerbetrieblichen Leistungen m_{34} nicht berücksichtigt.

Während GSK_h die Endkosten der Stelle h zur Verteilung auf die End- bzw. Marktleistungen angibt, beinhaltet GSK_h^* die Kostenwerte der Stelle h zur Verteilung auf sämtliche, vor allem auch auf innerbetrieblich genutzte Leistungen.

Die Größe M_h gibt die gesamten homogenen Leistungsmengeneinheiten der Stelle h an. Da in diesem Stufenleitersystem die Kosten nur in einer Richtung hin abgewälzt werden, können die innerhalb der Betriebsabrechnung vor der abrechnenden Stelle plazierten Kostenstellen nicht mit Sekundärkosten belastet werden, obwohl sie innerbetriebliche Leistungen empfangen haben. Diese rechnungstechnisch hier nicht erfaßbaren Kosten müssen auf die anderen Stellen abgewälzt werden, d.h. auf die Stellen, die rechnungstechnisch nach der abrechnenden Stelle h plaziert werden. Für die Stelle h gilt:

$$M_h = m_{h1} + m_{h2} + \ldots + m_{hh} + m_{h(h+1)} + \ldots + m_{h\bar{r}} + x_h .$$

Die Größe x_h gibt die Endleistungsmengeneinheiten der Stelle h an, die in die Größe M_h einzubeziehen sind. Bei den Allgemeinen und Hilfs-Kostenstellen ist x_h gleich Null. Bei den Hauptkostenstellen stellt x_h die hauptsächlichste Größe dar; innerbetrieblich abgegebene Leistungen sind hier im Regelfall nicht anzutreffen.

Eine möglichst exakte Kostenrechnung verlangt die Verteilung der Kosten auf alle abgegebenen Leistungen. Unter Berücksichtigung des Eigenverbrauches m_{hh} müssen die Kosten verteilt werden auf die Menge $(M_h - m_{hh})$. Da aber auf die zurückliegenden Stellen eine Verteilung nicht mehr möglich ist, verbleibt die Menge $(M_h - m_{h1} - m_{h2} - \ldots - m_{hh})$. Es gilt:

$$M_h - m_{h1} - m_{h2} - \ldots - m_{hh} = m_{h(h+1)} + m_{h(h+2)} + \ldots + m_{h\bar{r}} + x_h .$$

Sind die Stellen in der Reihenfolge $1, 2, \ldots, h, \ldots \bar{r}$ angeordnet, so werden die Verrechnungspreise wie folgt ermittelt:

$$q_1 = \frac{PSK_1}{M_1 - m_{11}}$$

$$q_2 = \frac{PSK_2 + m_{12}\, q_1}{M_2 - m_{21} - m_{22}}$$

$$q_3 = \frac{PSK_3 + m_{13}\, q_1 + m_{23}\, q_2}{M_3 - m_{31} - m_{32} - m_{33}}$$

$$\begin{aligned} &\vdots \\ q_h = {}& \frac{PSK_h + m_{1h}\, q_1 + m_{2h} q_2 + \ldots + m_{(h-1)h}\, q_{h-1}}{M_h - m_{h1} - m_{h2} - \ldots - m_{hh}} \end{aligned}$$

$$q_h = \frac{PSK_h + \sum\limits_{r=1}^{h-1} m_{rh}\, q_r}{\sum\limits_{r=h+1}^{\bar r} m_{hr} + x_h} \quad \text{mit:} \quad \sum\limits_{r=h+1}^{\bar r} m_{hr} + x_h = M_h - \sum\limits_{r=1}^{h} m_{hr}\,.$$

Die Allgemeinen und Hilfs-Kostenstellen weisen nach dieser Verrechnung keine Kostenbeträge mehr auf; diese sind alle umgelegt auf die Hauptkostenstellen. Hier betragen die Endkosten GSK_h für die Stelle h:

$$GSK_h = PSK_h + \sum\limits_{r=1}^{h-1} m_{rh}\, q_r - \sum\limits_{r=h+1}^{\bar r} m_{hr}\, q_h\,.$$

Die Endkosten dieser Endstellen H_5 und H_6 betragen:

$$GSK_5 = PSK_5 + m_{15}\, q_1 + m_{25}\, q_2 + \ldots + m_{45}\, q_4$$
$$GSK_6 = PSK_6 + m_{16}\, q_1 + m_{26}\, q_2 + \ldots + m_{46}\, q_4\ (+\, m_{56}\, q_5)\,.$$

In dem hier angeführten Beispiel ist m_{15}, m_{45}, m_{16}, m_{26} und m_{56} gleich Null, da zwischen den jeweiligen Stellen hier keine Leistungsbeziehungen stattfinden.

Zur näheren Erläuterung soll das in Kap. 5.5.3.2.1 gezeigte Beispiel nach dem Stufenleitersystem gerechnet werden. Es gilt folgende Leistungs- und Kostenmatrix:

von \ nach	A_1	A_2	H_3	H_4	Markt	M_h
A_1	$(m_{11} = 10)$	$m_{12} = 10$	$m_{13} = 20$	$m_{14} = 20$	—	60
A_2	$(m_{21} = 10)$	$(m_{22} = 5)$	$m_{23} = 40$	$m_{24} = 100$	—	155
H_3	—	—	—	$m_{34} = 50$	$x_3 = 38$	88
H_4	—	—	—	—	$x_4 = 100$	100
PSK	200	100	320	570		

Tab. 9

Bei dem Stufenleiterverfahren werden nur die innerbetrieblichen Leistungen kostenrechnerisch nicht als solche erfaßt, die an die in der Kostenstellenabrechnung zuvor plazierten Kostenstellen geliefert werden (vgl. m_{21}). Der Stelleneigenverbrauch wird kostenrechnerisch über die abgegebenen Leistungen berücksichtigt. Die beim Stufenleiterverfahren nicht direkt berücksichtigten Leistungsströme sind in der Tabelle 9 eingeklammert. Die Verrechnungswerte betragen:

$$q_1 = \frac{200}{60 - 10} \qquad\qquad q_1 = 4$$

$$q_2 = \frac{100 + 10 \cdot 4}{155 - 10 - 5} \qquad\qquad q_2 = 1$$

$$q_3 = \frac{320 + 20 \cdot 4 + 40 \cdot 1}{88} \qquad\qquad q_3 = 5$$

$$q_4 = \frac{570 + 20 \cdot 4 + 100 \cdot 1 + 50 \cdot 5}{100} \qquad q_4 = 10$$

Für die Endkosten der Endkostenstellen ergibt sich:

$$GSK_3 = 320 + (20 \cdot 4 + 40 \cdot 1) - 50 \cdot 5 \qquad GSK_3 = 190$$
$$GSK_4 = 570 + (20 \cdot 4 + 100 \cdot 1 + 50 \cdot 5) \qquad GSK_4 = 1000.$$

Der Betriebsabrechnungsbogen läßt sich dann tabellarisch wie folgt andeuten:

	A_1	A_2	H_3	H_4
Primärkostenbelastung {	200	100	320	570
	200 →	10·4 = 40	20·4 = 80	20·4 = 80
		140 →	40·1 = 40	100·1 = 100
Sekundärkosten-belastung			440	
		∕.	50·5 = 250 →	50·5 = 250
			190	1000

Tab. 10

Die Endkosten der Endkostenstellen H_3 und H_4 werden verteilt auf die aus diesen Stellen abgesetzten Endleistungen. Das ergibt dann die oben ermittelten Werte q_3 und q_4.

Der Vorteil dieses Verfahrens liegt darin, daß die Stellenleistungen aufgrund der gesamten Kosten bewertet werden. Hierzu zählen einerseits die Primärkosten PSK und die Sekundärkosten SSK. Da aber dem Aufbauprinzip des Stufenleitersystems zufolge sogen. Rückflüsse kostenmäßig nicht erfaßt werden, ist das System für komplizierte Fertigungsstrukturen zu ungenau.

5.5.3.2.3 Das Sprungverfahren. Das Sprungverfahren stellt eine Kombination des Anbauverfahrens mit dem Treppenverfahren dar [*Münstermann*, 1969, S. 83f.]. Das Sprungverfahren – teilweise ist hierfür auch die Bezeichnung ‚Kurzschlüsselverfahren' geläufig – erlaubt eine direkte Umlage der Kosten der Allgemeinen und Hilfs-Kostenstellen auf die Haupt- oder Endkostenstellen wie beim Anbauverfahren. Die bei dem Anbauverfahren vernachlässigten Leistungsbeziehungen der Allgemeinen und Hilfs-Kostenstellen werden jedoch hier bei der Festsetzung der Verteilungsschlüssel einseitig berücksichtigt.

Die Umlage der Kosten erfolgt anhand festgelegter Prozentsätze. Pauschal wird hier mit Erfahrungssätzen gearbeitet. Dabei liegt diesem Sprungverfahren die Grundkonzeption des Stufenleitersystems zugrunde. Nur tritt hier nicht so stark das Mengen- und Wertgerüst der Lieferungen hervor. Die Verrechnungssätze werden unter Zugrundelegung des Treppenverfahrens ermittelt; die Verrechnung der Kosten erfolgt dann aber anhand der einmal festgelegten Schlüssel [*Schönfeld*, 1970a, S. 70; *Seischab*, 1944, S. 102ff.]. Die Verteilung der Kosten der einzelnen Stellen erfolgt beispielsweise mit folgenden Sätzen:

	A_1	A_2	A_3	A_4	H_5	H_6
	100% = $(10\%$ (+)	20% (+)	30% (+)	0 (+)	40%)	
		100% = $(50\%$ (+)	10% (+)	30% (+)	10%)	
			100% = $(20\%$ (+)	50% (+)	30%)	
Tab. 11				100% = $(30\%$ (+)	70%)	

Auf den Stellen fallen folgende Primärkosten an, die nach den obigen Sätzen zu verteilen sind:

$$PSK_1 = 3\,000$$
$$PSK_2 = 1\,000$$
$$PSK_3 = 2\,000$$
$$PSK_4 = 10\,000$$

Für die Verteilung von PSK_1 gilt:

A_1	A_2	A_3	A_4	H_5	H_6
$3.000,- =$	$(1 \cdot 10\%$ (+)	$1 \cdot 20\%$ (+)	$1 \cdot 30\%$ (+)	-0 (+)	$1 \cdot 40\%)$
$= 100\%$	$0,1 \cdot 100\% = (0,1 \cdot 50\%$ (+)	$0,1 \cdot 10\%)$ (+)	$0,1 \cdot 30\%$ (+)	$0,1 \cdot 10\%)$	
		$0,25 \cdot 100\% = (0,25 \cdot 20\%$ (+)	$0,25 \cdot 50\%$ (+)	$0,25 \cdot 30\%)$	
			$0,36 \cdot 100\% = (0,36 \cdot 30\%$ (+)	$0,36 \cdot 70\%)$	
			$=$	$(26,3\%$ (+)	$73,7\%)$
Tab. 12				$= 789,-$	$= 2\,211,-$

Nach diesem Beispiel sind 26,3 % der Kosten in A_1 auf H_5 (= DM 789,–) und 73,7 % auf H_6 (= DM 2 211,–) umzulegen. Dieses Verfahren wird für die anderen Kostenstellen ebenfalls durchgeführt. Am Ende liegt dann beispielsweise folgende Tabelle vor:

A_1	A_2	A_3	A_4	H_5		H_6	
3 000	1 000	2 000	10 000				
			→	26,3%	789	73,7%	2 211
		→		61%	610	39%	390
	→			56%	1 120	44%	880
→				30%	3 000	70%	7 000
					5 519		10 481

Tab. 13

Das Kurzschlüsselverfahren ist relativ einfach und daher für die Praxis leicht zu handhaben. Da die Bestimmung der Verrechnungssätze auf Vergangenheitswerten beruht und diese Werte oftmals korrekturlos für folgende Perioden übernommen werden, ergeben sich oft recht ungenaue Ergebnisse. Ändert sich die Struktur innerbetrieblicher Leistungsverflechtungen in starkem Maße, so ist dieses Verfahren mit pauschalen Umlageschlüsseln kaum anzuwenden.

5.5.3.3 Das Kostenstellenausgleichsverfahren als simultane Leistungsverrechnung

Gleichzeitige wechselseitige Leistungsbeziehungen zwischen den Kostenstellen erfordern eine simultane Leistungsverrechnung. Im Fall gegenseitiger Leistungsbeziehungen können die miteinander verbundenen Kostenstellen ihre Gesamtkosten nicht einzeln voneinander getrennt ermitteln und ihre Kosten auch nicht eher verteilen, bevor sie nicht belastet werden mit den ihnen zugewiesenen Sekundärkosten. Der interdependente Zusammenhang zwischen den Kosten der miteinander in Leistungsaustausch stehenden Kostenstellen – speziell der Sekundärkosten über die Höhe der Verrechnungspreise – läßt sich bei den beiden Kostenstellen h und r funktional wie folgt ausdrücken:

$$GSK_h^* = GSK_h^* [PSK_h, SSK_h (q_r (GSK_r^*))]$$
$$\downarrow$$
$$GSK_r^* = GSK_r^* [PSK_r, SSK_r (q_h (GSK_h^*))]$$

Die Gesamtkosten GSK_h^* der Stelle h setzen dabei sich aus den entsprechenden Primärkosten PSK_h und den entsprechenden Sekundärkosten SSK_h zusammen. Letztere sind bei innerbetrieblichen Leistungsbezügen der Stelle h von der Stelle r abhängig von dem innerbetrieblichen Verrechnungspreis q_r der Stelle r. Dieser wird wiederum gebildet auf der Grundlage der Gesamtkosten GSK_r^* dieser Stelle r. Bezieht nun andererseits die Stelle r innerbetriebliche Leistungen von der Stelle h, so sind deren Gesamtkosten GSK_r^* abhängig von SSK_r; SSK_r wiederum ist abhängig über q_h von den Gesamtkosten GSK_h^* der Stelle h.

Eine exakte Verrechnung läßt sich daher nur simultan vornehmen [*Schneider, E.*, 1941, S. 264]. Die bisher dargelegten Methoden waren nur Näherungsmethoden und brachten in vielen Fällen keine befriedigenden Lösungen.

Eine simultane Kosten- und Leistungsverteilung sich wechselseitig abrechnender Kostenstellen ist nur möglich mit Hilfe der Matrizenrechnung. Nur hierbei können die analog einer Input-Output-Analyse dargestellten betrieblichen Kosten- und Leistungsströme kostenrechnerisch erfaßt werden. Die Matrizenrechnung ermöglicht, daß mehrere Größen gleichzeitig verschiedenen Rechenoperationen unterworfen werden [*Adam/Ferschl* u.a; *Pichler*, 1953a/b; *Wenke*, 1959, S. 112–119]. Auf dieser Grundlage werden die jeweiligen Kostenbeträge simultan dividiert, ermittelt, verteilt, zugeschlagen usw. Dabei wird aber immer eine lineare Abhängigkeit zwischen den Leistungen als Kostenbezugsgrößen und den Kosten vorausgesetzt [*Rummel*, 1949].

Im betriebswirtschaftlichen Schrifttum ist eine Vielzahl von Veröffentlichungen über die simultane Leistungsverrechnung erschienen. Es sei verwiesen auf *Angermann* [1958, S. 36ff.; 1963, S. 80ff.], *Göbel* [1965, S. 738ff.], *Kosiol* [1964, S. 198ff.], *Langen* [1964, S. 2ff.], *Münstermann* [1969, S. 85–88 u. S. 122ff.] und *E. Schneider* [1941, S. 251ff.].

Bei der Darstellung dieser Methode soll von einem Betrieb mit zwei Allgemeinen Kostenstellen A_1 und A_2 und zwei Fertigungshauptkostenstellen H_3 und H_4 ausgegangen werden. Diese Stellen stehen in folgendem Leistungsaustausch:

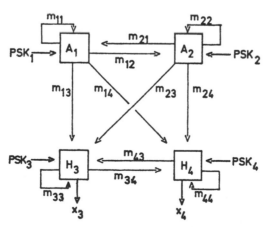

Abb. 26

Der Berechnung des Leistungswertes einer Kostenstelle h liegen deren gesamten primären und sekundären Kosten GSK_h zugrunde.

$$GSK_h^* = PSK_h + \sum_{r=1}^{\bar{r}} m_{rh}\, q_r \,.$$

Die primären Kosten der Stelle h betragen PSK_h. Die sekundären Kosten SSK_h betragen:

$$SSK_h = \sum_{r=1}^{\bar{r}} m_{rh}\, q_r \,.$$

Der Kostenwert GSK_h^* ist auf sämtliche Leistungen der Stelle h dem Durchschnittsprinzip entsprechend zu verteilen. Zu diesen Leistungen zählen die innerbetrieblich abgegebenen Leistungen m_{hr} (mit: $r = 1, 2, \ldots, h, \ldots, \bar{r}$) und die für den Absatz bestimmten Endleistungen x_h. Der Eigenverbrauch m_{hh} schlägt sich auf der einen Seite wertmäßig als sekundäre Kosten nieder, auf der anderen Seite ist dieser Eigenverbrauch enthalten in den abgegebenen innerbetrieblichen Leistungen. Für die Berechnung des Verrechnungspreises q_h gilt:

$$q_h = \frac{PSK_h + \sum_{r=1}^{\bar{r}} m_{rh}\, q_r}{\sum_{r=1}^{\bar{r}} m_{hr} + x_h} \,.$$

In anderer Schreibweise gilt:

$$\Big(\sum_{r=1}^{\bar{r}} m_{hr} + x_h\Big) q_h = PSK_h + \sum_{r=1}^{\bar{r}} m_{rh}\, q_r \,.$$

Für vier Kostenstellen erhält man folgende Gleichungen:

$$m_{11}q_1 + m_{12}q_1 + m_{13}q_1 + m_{14}q_1 + x_1 q_1 = PSK_1 + m_{11}q_1 + m_{21}q_2 + m_{31}q_3 + m_{41}q_4$$
$$m_{21}q_2 + m_{22}q_2 + m_{23}q_2 + m_{24}q_2 + x_2 q_2 = PSK_2 + m_{12}q_1 + m_{22}q_2 + m_{32}q_3 + m_{42}q_4$$
$$m_{31}q_3 + m_{32}q_3 + m_{33}q_3 + m_{34}q_3 + x_3 q_3 = PSK_3 + m_{13}q_1 + m_{23}q_2 + m_{33}q_3 + m_{43}q_4$$
$$m_{41}q_4 + m_{42}q_4 + m_{43}q_4 + m_{44}q_4 + x_4 q_4 = PSK_4 + m_{14}q_1 + m_{24}q_2 + m_{34}q_3 + m_{44}q_4 \,.$$

Zur Bestimmung von q_1, q_2, q_3 und q_4 lösen wir das System nach PSK auf und formen die Gleichungen so um, daß die unbekannten Größen nur einmal auftreten und untereinander zu stehen kommen. Es gilt:

$$- (x_1 + m_{12} + m_{13} + m_{14})\, q_1 + m_{21}q_2 + m_{31}q_3 + m_{41}q_4 = -PSK_1$$
$$m_{12}q_1 - (x_2 + m_{21} + m_{23} + m_{24})\, q_2 + m_{32}q_3 + m_{42}q_4 = -PSK_2$$
$$m_{13}q_1 + m_{23}q_2 - (x_3 + m_{31} + m_{32} + m_{34})\, q_3 + m_{43}q_4 = -PSK_3$$
$$m_{14}q_1 + m_{24}q_2 + m_{34}q_3 - (x_4 + m_{41} + m_{42} + m_{43})\, q_4 = -PSK_4 \,.$$

Es gilt:

$$x_h + m_{h1} + m_{h2} + \ldots + m_{hh} + \ldots + m_{hr} = M_h$$
$$x_h + m_{h1} + m_{h2} + \ldots + m_{h(h-1)} + m_{h(h+1)} + \ldots + m_{hr} = M_h^*$$

Im Gegensatz zu M_h umfaßt M_h^* nicht die zum Eigenverbrauch erstellten Leistungen der Stelle h.

Daraus folgt:

$$- M_1^* q_1 + m_{21}q_2 + m_{31}q_3 + m_{41}q_4 = -PSK_1$$
$$m_{12}q_1 - M_2^* q_2 + m_{32}q_3 + m_{42}q_4 = -PSK_2$$
$$m_{13}q_1 + m_{23}q_2 - M_3^* q_3 + m_{43}q_4 = -PSK_3$$
$$m_{14}q_1 + m_{24}q_2 + m_{34}q_3 - M_4^* q_4 = -PSK_4$$

oder:

$$\begin{pmatrix} -M_1^* & m_{21} & m_{31} & m_{41} \\ m_{12} & -M_2^* & m_{32} & m_{42} \\ m_{13} & m_{23} & -M_3^* & m_{43} \\ m_{14} & m_{24} & m_{34} & -M_4^* \end{pmatrix} \begin{pmatrix} q_1 \\ q_2 \\ q_3 \\ q_4 \end{pmatrix} = \begin{pmatrix} -PSK_1 \\ -PSK_2 \\ -PSK_3 \\ -PSK_4 \end{pmatrix}$$

Die Lösung dieses Systems kann mit Hilfe des modifizierten *Gauß*schen Algorithmus erzielt werden [*Münstermann*, 1969, S. 97ff.; *Sperner*, S. 56]. Der modifizierte *Gauß*sche Algorithmus beruht dabei auf der Erkenntnis, daß sich die Lösungen eines linearen Gleichungssystems niemals ändern durch
1. Vertauschung von zwei Gleichungen,
2. Multiplikation einer Gleichung mit einer beliebigen Zahl verschieden von Null,
3. Subtraktion des Vielfachen einer Gleichung von einer anderen Gleichung.

Durch fortgesetzte Iterationen ist die Ausgangsmatrix

$$\mathbf{A} \cdot \mathbf{q} = \mathbf{b} \rightarrow \begin{pmatrix} a & b & c \\ d & e & f \\ g & h & j \end{pmatrix} \begin{pmatrix} q_1 \\ q_2 \\ q_3 \end{pmatrix} = \begin{pmatrix} k \\ l \\ m \end{pmatrix}$$

$$\longrightarrow \mathbf{B} = \begin{pmatrix} a & b & c & | & k \\ d & e & f & | & l \\ g & h & j & | & m \end{pmatrix}$$

in die Einheitsmatrix

$$\mathbf{C} = \begin{pmatrix} 1 & 0 & 0 & | & k^* \\ 0 & 1 & 0 & | & l^* \\ 0 & 0 & 1 & | & m^* \end{pmatrix}$$

zu transformieren [*Angermann*, 1963, S. 85f.; *Münstermann*, 1969, S. 95ff.].

Für das hier gewählte Beispiel gelten folgende Werte. Die Primärkosten der Kostenstellen betragen:

$$PSK_1 = 200 \quad PSK_2 = 100 \quad PSK_3 = 1000 \quad PSK_4 = 500.$$

Die betrieblichen Leistungsströme spiegeln sich in folgender Matrix wider:

von \ nach	A_1		A_2		H_3		H_4		Markt		M^*
A_1	(5)	(+)	10	(+)	5	(+)	5	(+)	0	=	20
A_2	10	(+)	(6)	(+)	5	(+)	5	(+)	0	=	20
H_3	0	(+)	0	(+)	(0)	(+)	10	(+)	90	=	100
H_4	0	(+)	0	(+)	20	(+)	(0)	(+)	30	=	50

Tab. 14

Werden diese Werte in die vorangestellte Matrix übertragen, so ergibt sich folgendes Ausgangstableau:

q_1	q_2	q_3	q_4	K
−20	10	0	0	−200
10	−20	0	0	−100
5	5	−100	20	−1000
5	5	10	−50	−500

= B

Tab. 15

Durch fortgesetzte Iterationen gelangt man über drei Zwischentableaus zu dem an vierter Stelle aufgeführten Endtableau. Dieses ergibt die Endlösung.

1	$-\dfrac{1}{2}$	0	0	10
0	-15	0	0	-200
0	$\dfrac{15}{2}$	-100	20	-1050
0	$\dfrac{15}{2}$	10	-50	-550

1	0	0	0	$\dfrac{50}{3}$
0	1	0	0	$\dfrac{200}{15}$
0	0	-100	20	-1150
0	0	10	-50	-650

1	0	0	0	$\dfrac{50}{3}$
0	1	0	0	$\dfrac{200}{15}$
0	0	1	$-\dfrac{2}{10}$	$\dfrac{23}{2}$
0	0	0	-48	-765

1	0	0	0	$\dfrac{50}{3}$	
0	1	0	0	$\dfrac{40}{3}$	
0	0	1	0	$\dfrac{1175}{80}$	$= C$
0	0	0	1	$\dfrac{765}{48}$	

Tab. 16

Als Lösung erhält man:

$$q_1 = 16{,}67 \qquad q_2 = 13{,}33 \qquad q_3 = 14{,}69 \qquad q_4 = 15{,}94$$

Werden die innerbetrieblichen Leistungsströme mit diesen Verrechnungspreisen bewertet, und werden damit die Sekundärkosten erfaßt und verrechnet, so ergibt sich folgende den Betriebsabrechnungsbogen charakterisierende Tabelle:

		A_1	A_2	H_3	H_4
Primärkosten		+200,–	+100,–	+1000,–	+500,–
Zugänge	A_1	–	**+166,67**	+83,33	+83,33
Sekundär-	A_2	+133,33	–	+66,67	+66,67
kosten	H_3	–	–	–	+146,88
von	H_4	–	–	+318,75	–
Abgänge	A_1	–	–133,33	–	–
Sekundär-	A_2	**–166,67**	–	–	–
kosten	H_3	–83,33	–66,67	–	–318,75
nach	H_4	–83,33	–66,67	–146,88	–
Endkosten		0	0	+1321,87	+478,13
Marktleistungen		–	–	90	30
Durchschnitts-kosten	q	–	–	14,69	15,94

Tab. 17

Der halbfett gedruckte Wert von DM 166,67 wird folgendermaßen gebildet: Die Stelle 1 liefert an Stelle 2 innerbetriebliche Leistungen in Höhe von $m_{12} = 10$. Der Verrechnungspreis hierfür beträgt $q_1 = 16{,}67$. Demnach ist die Stelle 2 mit DM 166,67 als Sekundärkosten zu belasten, während die Stelle 1 mit dem gleichen Betrag zu entlasten ist.

5.5.3.4 Die Einführung fester Verrechnungspreise

Im Falle wechselseitiger Leistungsbeziehungen führt nur das Kostenstellenausgleichsverfahren zu den genauen Werten. *Münstermann* [1969, S. 71–87] kommt zu diesem Ergebnis, indem er sämtliche Methoden anhand eines Beispiels hinsichtlich der Genauigkeit ihrer Lösungen vergleicht.

Die Bewertung der innerbetrieblichen Leistungen und der marktreifen Leistungen mit ihren Gemeinkosten erfolgt bei dem Kostenstellenausgleichsverfahren auf der Grundlage der primären und sekundären Stelleneinzel- und Stellengemeinkosten unter Zugrundelegung aller Leistungsverflechtungen. Diese genaue Methode bringt aber einen erheblichen Mehraufwand an Rechenarbeit gegenüber den Hauptkostenstellenverfahren — ausgenommen nur das Vollkostenartenverfahren — und den Kostenstellenumlageverfahren mit sich. Das Kostenstellenumlageverfahren führt auch zu genauen Ergebnissen, wenn sich die Stellen innerhalb der Kostenstellenrechnung so ordnen lassen, daß alle Leistungsbeziehungen erfaßt werden können. Dieses ist aber nur der Fall, wenn keine wechselseitigen Leistungsbeziehungen vorliegen.

Aus Gründen der Vereinfachung wird in der Praxis das Sprungverfahren angewendet. Diese Methode läßt sich vertreten, wenn die Sekundärkosten gegenüber den Primärkosten relativ geringe Werte darstellen. Ebenfalls aus Gründen der Vereinfachung können für die Bewertung innerbetrieblicher Leistungen feste Verrechnungspreise herangezogen werden, sofern sich der Produktionsprozeß über mehrere Perioden hinweg nicht verändert [*Beste*, 1924, S. 29; *Münstermann*, 1969, S. 142f.].

Die Einführung fester Verrechnungspreise für innerbetriebliche Leistungen dient mehreren Zwecken [*Arbeitskreis Diercks der Schmalenbach Gesellschaft*, S. 615]:

Soweit die Kostenstellenrechnung nur durchgeführt wird zur Vorbereitung einer möglichst genauen Kostenträgerrechnung, wird durch die Einführung von Verrechnungspreisen für innerbetriebliche Leistungen die Kostenabrechnung in der Kostenstellenrechnung vereinfacht und damit auch beschleunigt. Dieses geht vielleicht ein wenig auf Kosten der Genauigkeit gegenüber den Ergebnissen einer Vollkostenrechnung auf Istkostenbasis. Doch wird diese Ungenauigkeit nicht größer sein als bei allen Verrechnungsmethoden auf Istkostenbasis mit Ausnahme des Kostenstellenausgleichsverfahrens. Die hiermit verbundene Ungenauigkeit ist dabei umso bedeutungsloser, je geringer der Gemeinkostenanteil an den gesamten Erzeugniskosten und je geringer der Anteil von sekundären Kosten an den gesamten Stellenkosten ist.

Soweit die Kostenstellenrechnung bereits ‚fertige‘ Informationen über die Wirkungsweise der einzelnen Kostenstelle zum Zwecke der Kostenstellenkontrolle liefert, ist es an sich sogar notwendig, mit festen Verrechnungspreisen für die eingesetzten Produktionsfaktoren und damit auch für die innerbetrieblichen Leistungen zu rechnen. Die Kosten einer Kostenstelle sollen hier Aufschluß über die Wirkungsweise der Stelle geben. Dabei werden die Kosten verglichen mit Vorgabegrößen (Normalkosten im Sinne der Plankostenrechnung,

Plankosten, Sollkosten) und/oder mit der Leistung (Beschäftigung). Bei der Kostenstellenkontrolle muß der Grundsatz gelten, daß die jeweilige Kostenstelle wohl den Faktorverbrauch (Güterverzehr) — ausgedrückt im Mengengerüst der Kosten —, nicht über die Wertansätze (Bewertung) — ausgedrückt im Wertgerüst der Kosten — zu vertreten hat. Die Wertansätze für innerbetriebliche Leistungen sind abhängig von den Einflüssen der jeweiligen Vorstufen. Diese Einflüsse sollen aber bei der Stellenkontrolle eliminiert werden. Kostenrechnerisch kann dieses durch Konstanz des Wertgerüstes, d.h. durch feste Verrechnungspreise erreicht werden.

Wird mit festen Verrechnungspreisen gearbeitet, dann ergeben sich zwangsläufig bei den Kostenstellen Kostenüber- oder Kostenunterdeckungen. Betrachtet man die Kostenstelle h, so gilt:

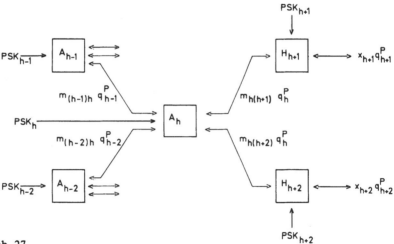

Abb. 27

Die Belastung der Kostenstelle A_h erfolgt
a) mit den primären Istkosten PSK_h
b) mit Sekundärkosten
   1. aufgrund der mit Verrechnungspreisen bewerteten Leistungen der Stelle
      $A_{h-1}: m_{(h-1)h}\, q^P_{h-1}$
   2. aufgrund der mit Verrechnungspreisen bewerteten Leistungen der Stelle
      $A_{h-2}: m_{(h-2)h} q^P_{h-2}$

Die Entlastung der Kostenstelle A_h erfolgt anhand der Erträge
a) aufgrund der mit Verrechnungspreisen bewerteten Leistungen an die Stelle
   $H_{h+1}: m_{h(h+1)}\, q^P_h$

b) aufgrund der mit Verrechnungspreisen bewerteten Leistungen an die Stelle H_{h+2}: $m_{h(h+2)} q_h^P$

Im Idealfall werden hier sämtliche Kosten auf die Leistungen abgewälzt. Bei weiteren vor- und nachgeschalteten Kostenstellen gilt dann allgemein:

$$PSK_h + \sum_{r=1}^{\bar{r}} m_{rh} q_r^P = \sum_{r=1}^{\bar{r}} m_{hr} q_h^P + x_h q_h^P$$

mit $r = 1, 2, \ldots, (h-1), (h+1), \ldots, \bar{r}$.

Die Größe x_h steht für den Fall, daß die Kostenstelle ihre Leistungen auch als Fertigerzeugnisse am Absatzmarkt abliefern kann. Es können aber auch folgende Ungleichungen vorliegen:

$$\left[PSK_h + \sum_{r=1}^{\bar{r}} m_{rh} q_r^P \right] - \left[\sum_{r=1}^{\bar{r}} m_{hr} q_h^P + x_h q_h^P \right] \begin{cases} > 0 & (1) \\ < 0. & (2) \end{cases}$$

Für den Fall (1) liegt eine Kostenunterdeckung vor. Der Verrechnungspreis für die Stelle h ist zu gering angesetzt. Die Stelle h hat mehr Kosten verbraucht, als der Verrechnungspreisberechnung zugrundegelegt worden sind. Diese Mehrkosten sind entstanden durch erhöhte Primärkosten oder durch erhöhten mengenmäßigen Verbrauch an innerbetrieblichen Leistungen anderer Stellen. Bei den Primärkosten ist hier ungewiß, ob ihre Erhöhung auf eine von der Kostenstelle h zu vertretene Erhöhung des Faktormengenverbrauches (Mengengerüst) oder von der Kostenstelle h nicht zu vertretene Erhöhung des Wertgerüstes zurückzuführen ist. Um nun die betriebsexternen Einflüsse auf das Wertgerüst auszuschalten, müßten an sich auch den Primärkosten feste Verrechnungspreise zugrundegelegt werden. Die Erhöhung der Kosten darf dabei nicht absolut, sondern in Relation zur Beschäftigung, d.h. zu den ausgebrachten Leistungseinheiten gesehen werden. Kostenunterdeckungen lassen sich nachträglich noch den betrieblichen Leistungen innerhalb einer Durchschnittsrechnung zuschlagen; sie können aber auch ,en bloc' über das Betriebsergebniskonto erfolgswirksam abgeschlossen werden.

Für den Fall (2) der oben angeführten Ungleichung liegt eine Kostenüberdeckung vor; der Verrechnungspreis für die Stelle h ist zu hoch angesetzt. Die Kosten der Stelle h sind gegenüber den dem Verrechnungspreis zugrundeliegenden Planwerten geringer. Für die Aussage dieser Differenz und ihrer Verrechnung gilt das im Fall der Unterdeckung Ausgesagte analog.

Diese Methode der Verrechnung von innerbetrieblichen Leistungen mit festen Verrechnungspreisen ist allerdings nur dann sinnvoll, wenn die Kostenunter- und Kostenüberdeckungen nicht nachträglich noch den Leistungsmengen zugeschlagen oder abgezogen werden müssen, d.h. wenn die Differenzen pauschal ‚ausgebucht' werden können. Das ist aber nur dann der Fall, wenn mit der Kostenträgerrechnung keine nach bestimmten Prinzipien genaue Istkostenermittlung für die Erzeugnisse durchgeführt werden muß. Ist dieses aber doch der Fall, so muß jeweils das Kostenstellenausgleichsverfahren herangezogen werden. Es würde sich ein Kompromiß in der Art anbieten, daß bei einer kontinuierlichen Fertigung abwechselnd auf der Grundlage des Kostenstellenausgleichsverfahrens und mit festen Verrechnungspreisen gerechnet wird. Die Istwerte der einen Periode würden in der nächsten Periode als feste Verrechnungswerte fungieren. Die Kostendifferenzen wären damit gering und bedeutungslos, da die jeweiligen festen Verrechnungswerte durch die Istrechnungen ‚aktualisiert' würden.

5.5.3.5 Die Kostenermittlung langfristig genutzter und verbrauchter betrieblicher Leistungen (selbsterstellte Anlagen, Halbfabrikate)

Mit den bisherigen Methoden innerbetrieblicher Leistungsverrechnungen galt es, die Kosten von Leistungen zu bestimmen, die vor allem während derselben Periode erbracht, geliefert und wieder eingesetzt werden. Zu den innerbetrieblichen Leistungen im weiteren Sinne gehören auch selbsterstellte Anlagen. Diese werden in der Betriebsabrechnung als eigene, in sich selbständige Güter behandelt — als selbständige Kostenträger. Sie werden innerhalb der Kostenträgerrechnung mit ihren Einzelkosten und den anteiligen Gemeinkosten belastet. Selbsterstellte Anlagen werden nach ihrer Fertigstellung innerhalb der Finanzbuchhaltung aktiviert.

Zu den langfristig verbrauchten Leistungen zählen auch lagerfähige selbsterstellte halbfertige Erzeugnisse, die in einem weiteren Produktionsgang erneut eingesetzt werden und zum Enderzeugnis be- oder verarbeitet werden. Diese Teile sind kostenrechnerisch als selbständige Erzeugnisse zu erfassen. Nach Fertigstellung dieser Leistungen erfolgt ihre Aktivierung in den entsprechenden Bestandskonten.

Diese für die langfristig genutzten und verbrauchten betrieblichen Leistungen aktivierten Werte schlagen sich in der Kostenrechnung bei deren fertigungsmäßigen Inanspruchnahme als Kosten nieder — bei Anlagen als Abschreibungen und bei Halbfabrikaten als Werkstoffkosten. Die Kostenerfassung erfolgt dann in der Kostenartenrechnung unter den reinen Kosten. Reine Kosten können aber nur von originären Produktionsfaktoren hervorgerufen werden — also nicht von betrieblich erstellten Leistungen als derivative Produktionsfaktoren [*Heinen*, 1970a, S. 262].

Diese derivativen Produktionsfaktoren verursachen bei zeitlich zusammenfallender Erstellung und Wiedereinsatz in der Kostenstellenrechnung Sekundärkosten. In diesem Fall aber werden sie erneut über die Kostenartenrechnung erfaßt und stellen hier aber ihrem Wesen nach gemischte Kosten dar.

5.5.3.6 Die kostenrechnerische Behandlung innerbetrieblicher Leistungen
als langfristig genutzte immaterielle Wirtschaftsgüter

Die innerbetrieblichen Leistungen können sowohl materieller als auch immaterieller Art sein. An immateriellen Leistungen seien genannt die Leistungen des Verwaltungs- und Vertriebsbereiches und der Forschungs- und Entwicklungsabteilungen. Bei innerbetrieblichen Leistungen, die in der Abrechnungsperiode bereits wieder eingesetzt und auch verbraucht werden, ergibt sich grundsätzlich kein Unterschied zwischen materiellen und immateriellen Leistungen. Immaterielle Leistungen sind mengenmäßig nur nicht so leicht meßbar wie die materiellen Leistungen [*Carlson*, S. 2; *Farny*, S. 17]. Daher werden die Kosten von immaterielle Leistungen hervorbringenden Kostenstellen in der Regel pauschal umgelegt.

Es ist nun aber auch möglich, daß diese immateriellen Leistungen nicht in der Periode wieder im betrieblichen Leistungsprozeß eingesetzt und genutzt werden, in der sie auch erstellt werden. Die langfristig genutzten immateriellen Wirtschaftsgüter sind zu finden bei den Leistungen der Forschungs- und Entwicklungsabteilung. Die Ergebnisse betrieblicher Produktforschung und -entwicklung oder betrieblicher Verfahrensforschung werden erst genutzt in den Perioden, in denen die Produkte produziert oder die Verfahren realisiert werden. Werden immaterielle innerbetriebliche Leistungen betrieblich in einer anderen Periode genutzt (verbraucht) als in der Periode, in der sie erstellt werden, so dürfen sie sich in der Periode der Erstellung nicht erfolgsmindernd auswirken, sondern sie sind ertragserhöhend als selbständiges Wirtschaftsgut zu aktivieren ähnlich den selbsterstellten Anlagen. In den Perioden der Nutzung wären dann diese aktivierten Werte wieder in die Kostenartenrechnung zu übernehmen. Man spricht hier von Abschreibungen von immateriellen Wirtschaftsgütern des Anlagevermögens.

Die nach Handels- und Steuerrecht aktivierbaren Vermögensgegenstände bzw. Wirtschaftsgüter müssen neben ihrem Merkmal der zukünftigen Nutzbarkeit für den Betrieb quasi als Produktionsfaktor vor allem auch konkretisierbar und nachweisbar sein. Diese Forderung entspricht weniger betriebswirtschaftlich-theoretischen als vielmehr praktischen, insbesondere auch rechtlichen Erwägungen [*Alewell*, S. 521]. Bei immateriellen Wirtschaftsgütern ist nach Handels- und Steuerrecht diese Konkretisierbarkeit nur gegeben, wenn Anschaffungsausgaben vorliegen, weil durch einen entgeltlichen Anschaffungsakt der Nachweis über den Erwerb eines Gutes erbracht wird [*Alewell*, S. 522]. Selbsterstellten immateriellen Leistungspotentialen als derivativen Produktionsfaktoren fehlt diese Eigenschaft; nach Handels- und Steuerrecht dürften diese also nicht aktiviert werden; denn nach § 153 Abs. 3 AktG dürfen immaterielle Wirtschaftsgüter nur dann aktiviert werden, wenn sie entgeltlich erworben worden sind. Das betrifft aber nur die vom Beschaffungsmarkt bezogenen immateriellen Wirtschaftsgüter, die sich in der Kostenrechnung in den Kostenstellen als wertmäßiges Äquivalent der originären Produktionsfaktoren niederschlagen. Dazu gehören der derivative Firmenwert [*Wöhe*, 1968, S. 441], erworbene Patente und Lizenzen.

Diese Einschränkung würde zu einer verfälschten Periodenabgrenzung in einer der Finanzbuchhaltung stark angelehnten Kosten- und Ertragsrechnung führen, zumal dieses immaterielle selbsterstellte Leistungspotential stark zunimmt. Hierzu sei verwiesen auf das akquisitorische Absatzpotential [*Gutenberg*, 1968, 237ff.], in ähnlicher Weise auf den Ruf der Unternehmung als Produktionsfaktor [*Sandig*] und ferner auf Forschung und Entwicklung und Ausbildung [*Witte*].

Im Hinblick auf diese gesetzlichen Vorschriften werden in der Kostenrechnung zwei Möglichkeiten praktiziert [*Gas*, S. 98ff.]:

1. Die Werteverzehre für diese immateriellen Investitionen werden im Zeitraum ihrer Entstehung in voller Höhe als Kosten erfolgswirksam erfaßt. Die Leistungen selbst treten dabei durch Ansammlung ihrer Kosten nicht hervor [*Kosiol*, 1959, S. 12f.]. Als Grund für ein derartiges Vorgehen ist vor allem das Prinzip der Vorsicht zu nennen. Ferner spricht das Streben nach Einfachheit und Übersichtlichkeit der Kostenrechnung für diese Methode.

2. Der Werteverzehr für immaterielle Investitionen wird als neutraler, nicht mit der Leistungserstellung und -verwertung zusammenhängender Aufwand angesehen und bleibt in der Kostenrechnung völlig unberücksichtigt. Ein solches Verfahren ist zu beobachten bei Forschungs-, Ausbildungs- und Werbeprojekten größeren Ausmaßes, die aus den bei einem Betrieb üblichen laufenden Maßnahmen durch Art und Umfang herausragen.

Bei beiden Methoden erfolgt keine leistungsgerechte Verteilung des Investitionswertes über die Perioden der Nutzung. Die hier sichtbare differenzierte Behandlung in der Verrechnung von materiellen und immateriellen Investitionen wird mit dem Prinzip der Vorsicht und der Erleichterung der Verrechnungstechnik begründet [*Gas*, S. 100]. Die zeitgerechte Berücksichtigung des Werteverzehrs immaterieller eigenersteller Investitionen dürfte damit auf dem Gebiet der Kostenrechnung „im gegenwärtigen Zeitpunkt als eine theoretische Forderung ohne praktische Realisierbarkeit" [*Schönfeld*, 1967, S. 261] anzusehen sein.

5.6 Die organisatorische Durchführung der Kostenstellenrechnung im Rechnungswesen

Die Kostenstellenrechnung wird in der Regel außerhalb der eigentlichen Buchhaltung in dem Betriebsabrechnungsbogen durchgeführt. Die Verrechnung der Kostenarten erfolgt dabei rein statistisch. Der Betriebsabrechnungsbogen ist entweder der eigentlichen Buchhaltung ausgegliedert oder wird mit der gesamten Betriebsbuchhaltung von der Finanzbuchhaltung isoliert durchgeführt (zur organisatorischen Durchführung des Rechnungswesens vgl. Kap. 9).

Bei dem hier zugrundegelegten Rechnungssystem mit ausgegliedertem Betriebsabrechnungsbogen werden die Erzeugnisgemeinkosten aus der Kostenartenrechnung in den Betriebsabrechnungsbogen übernommen. Buchungsmäßig läßt sich dabei ein Verrechnungssammelkonto innerhalb der Kostenstellenrechnung führen. Gleichzeitig übernimmt der Betriebsabrechnungsbogen rein statistisch die Kostenarten zur Verteilung. In der letzten Zeile des Betriebsabrechnungsbogens sind die Erzeugnisgemeinkosten verteilt auf die Fertigungshauptkostenstellen, Materialkostenstellen, Verwaltungskostenstellen und Vertriebskostenstellen. Die Kostenstellen werden mit den im Betriebsabrechnungsbogen ermittelten Kostenbeträgen belastet. Gleichzeitig wird das Verrechnungssammelkonto mit dem gleichen Betrag entlastet. Sämtliche Kosten der Kostenartenrechnung werden als Erzeugniseinzelkosten K_e direkt den Kostenträgern oder als Erzeugnisgemeinkosten K_g über die Betriebsabrechnung den Kostenstellen belastet. Ex definitione ist die Kostenartenrechnung ausgeglichen. In gleicher Weise müssen die Primärkosten aller Kostenstellen (als die Summe aller Erzeugnisgemeinkosten) insgesamt wertmäßig in die Endkosten ESK der Endkostenstellen übernommen werden. Damit ist auch das Verrechnungssammelkonto ausgeglichen. Erfolgt die innerbetriebliche Leistungsverrechnung auf der Grundlage fester Verrechnungspreise, so können Differenzen zwischen den insgesamt angefallenen Primärkosten ΣK_g und den gesamten Endkosten ΣESK der Endkostenstellen entstehen. Der sich dann im Verrechnungssammelkonto ergebende Saldo ΔK würde direkt auf die Abschlußkonten übernommen. Mit diesem System wäre die Nahtlosigkeit der Betriebsabrechnung gewahrt. Es gilt:

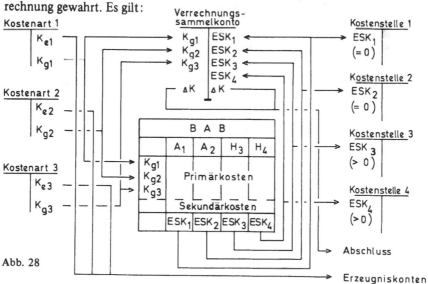

Abb. 28

Die Kostenstellenrechnung ist eine Rechnungsvorstufe zur Kostenträgerrechnung (Kalkulation). Die Endkosten ESK der Endkostenstellen werden zur Verteilung auf die Erzeugnisse in die Kostenträgerrechnung übernommen. Die Größe ESK entspricht den mit Hilfe der innerbetrieblichen Leistungsverrechnung ermittelten Kostenwerten GSK (vgl. Zeile G in Abb. 22), die allerdings bei Vor- und Nebenkostenstellen bei genauer Rechnung den Wert 0 annehmen. Die hier gewählte Bezeichnung ESK soll dabei den Charakter der Kosten als Endkosten von Endkostenstellen zur Übernahme in die Kostenträgerrechnung betonen.

6. Die Kostenträgerrechnung als Vollkostenrechnung

6.1 Grundlagen der Kostenträgerrechnung

Die Kostenträgerrechnung tritt auf als Kostenträgerstückrechnung und Kostenträgerzeitrechnung. Letztere ist die betriebliche Erfolgsrechnung; auf diese wird später eingegangen. Die Aufgabe der Kostenträgerstückrechnung besteht in der Ermittlung der Kosten, die die Erstellung einer Leistungsmengeneinheit verursacht hat [*Gutenberg*, 1958, S. 142]. Kostenträger sind die betrieblichen Leistungen als Erzeugnisse oder im Betrieb selbst wieder einzusetzende Leistungen als selbsterstellte Anlagen oder Halbfabrikate. Die Hauptzwecke der Kostenträgerstückrechnung liegen in der Preisermittlung, Preiskontrolle und in der Durchführung von innerbetrieblichen und zwischenbetrieblichen Vergleichsrechnungen. Die Kosten werden hier als Kosten in Geldeinheiten pro Leistungseinheit erfaßt. Die Kosten in der Kostenartenrechnung sind hingegen dimensioniert als Kosten eines Betriebes in Geldeinheiten pro Periode und in der Kostenstellenrechnung als Kosten einer Kostenstelle innerhalb des Betriebes in Geldeinheiten pro Periode.

Die Kostenträgerstückrechnung stellt grundsätzlich die letzte Stufe der betrieblichen Kostenrechnung dar. Sie liefert der Betriebsleitung ‚fertige' Informationen als Grundlage ihrer Dispositionen. Dieses sind die Stückherstellkosten oder Stückselbstkosten.

Bei Durchführung einer Kostenträgerzeitrechnung ist die Kostenträgerstückrechnung als eine Vorstufe hierzu aufzufassen, wenn die Kostenträgerzeitrechnung nach dem Umsatzkostenverfahren durchgeführt wird. In diesem Fall baut die Kostenträgerzeitrechnung auf die Stückkosten der Kostenträgerstückrechnung auf (vgl. Kap. 6.6.3). Aber auch das Gesamtkostenverfahren zieht bei Bestandsveränderungen an Halb- und Fertigerzeugnissen die Daten der Kostenträgerstückrechnung heran (vgl. Kap. 6.6.2).

Die Kostenträgerstückrechnung kann eine Herstellkostenrechnung und eine Selbstkostenrechnung sein. Die Herstellkostenrechnung ermittelt die Stückherstellkosten als Summe der Materialkosten (= Materialeinzel- und Materialgemeinkosten) und der Fertigungskosten (= Fertigungseinzel- und Fertigungsgemeinkosten). Die Selbstkostenrechnung ermittelt die Stückselbstkosten auf der Grundlage der Stückherstellkosten zuzüglich der Verwaltungsgemeinkosten und der Vertriebskosten (= Vertriebseinzel- und Vertriebsgemeinkosten).

Die Zuordnung der Erzeugniseinzelkosten auf den Kostenträger ist unproblematisch. Der causa efficiens entsprechend lassen sich neben diesen Einzelkosten nur die variablen Gemeinkosten dem Kostenträger zurechnen. In der hier abgehandelten Vollkostenrechnung werden jedoch sämtliche Gemeinkosten der causa finalis zufolge auf die Kostenträger verteilt.

Wenn dieses auch nicht verursachungsgerecht im Sinne der causa efficiens erfolgt, so soll die Verteilung doch gerecht vor sich gehen. Zu diesem Zweck sind der Kostenträgerrechnung die Kostenarten- und Kostenstellenrechnung vorgeschaltet worden. Diese Rechnungen dienten einer möglichst genauen Kostenaufspaltung und Kostenverteilung auf die verschiedensten Bezugsgrößen. In der Kostenträgerrechnung werden nun die Kostengrößen wieder zusammengefügt.

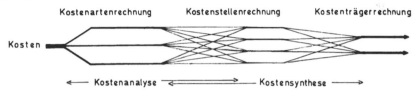

Kostenartenrechnung   Kostenstellenrechnung   Kostenträgerrechnung

Kosten

←— Kostenanalyse —→   — Kostensynthese —→

Abb. 29

Diese Darstellung entspricht den *Schmalenbach*schen sich teilenden, verbindenden und sich wieder teilenden Kostensträngen [*Schmalenbach*, 1963, S. 301]. Diese müssen gebildet werden, da sich die Kostenarten nicht unmittelbar den Erzeugnissen belasten lassen.

Während die Kostenartenrechnung und die Kostenstellenrechnung eine Kostenanalyse betreiben, ist das Vorgehen der Kostenträgerrechnung synthetischer Art. Grundsätzlich stehen für die Kostenträgerrechnung die jeweils einfachen und modifizierten Formen der Divisions- und Zuschlagskalkulation zur Verfügung [*Vormbaum*, S. 45–57].

6.2 Die Divisionskalkulation

6.2.1 Die kumulative Divisionskalkulation

Die Divisionskalkulation ermittelt die Stückkosten durch eine einzige oder mehrere aufeinanderfolgende Divisionen der Kosten durch Leistungen. Voraussetzung dafür aber ist, daß die in dem Dividend enthaltenen gesamten Kosten den in dem Divisor enthaltenen Leistungen direkt zugeordnet werden können. Die Stückselbstkosten k_s ergeben sich durch die Division der gesamten Kosten K durch die Produktions- und Absatzmenge x jeweils des gleichen Zeitraums.

$$k_s = \frac{K}{x} \ .$$

Die Divisionskalkulation basiert dabei auf dem Proportionalitätsprinzip, dessen Fundamentalprinzip wie folgt lautet:

$$K = k \cdot M$$

mit: k = Maßeinheitskosten

M = Anzahl der Maßeinheiten .

Die Kosten werden über die Maßeinheiten auf die Erzeugnisse verteilt. Dabei wird unterstellt, daß die Kosten im proportionalen Verhältnis zur Maßeinheit stehen [*Rummel*, 1949]. Die Maßeinheiten stellen hier die Erzeugnisse dar. Die Maßeinheitskosten entsprechen den Stückselbstkosten k_s.

Von Kortzfleisch [1970a, Sp. 419f.] nennt folgende Voraussetzungen für die Anwendung der Divisionskalkulation:

1. Die Leistungseinheiten müssen hinreichend gleich und relativ häufig sein.
2. Die Kosten und Leistungen müssen eindeutig definierbar und abgrenzbar sein.
3. Die Kosten und Leistungen müssen meßbar sein.
4. Die Kosten und Leistungen müssen erfaßbar sein.
5. Die Identität der Periode, in der die Kosten entstehen, mit der Periode, in der die Leistungen erstellt werden, muß gegeben sein.

Die Kostenstellenrechnung und die Kostenträgerstückrechnung sind in ihren vielfältigen Erscheinungsformen aus der Problematik heraus entstanden, die Erzeugnisgemeinkosten auf mehrere heterogene Produkte ,gerecht' zu verteilen. Während sich die Erzeugniseinzelkosten direkt den Erzeugnissen zuordnen lassen, ist dieses bei den Gemeinkosten nicht möglich. Die Divisionskalkulation unterscheidet in ihrer Systematik nicht zwischen Einzel- und Gemeinkosten. In der bisher gezeigten allgemeinsten Form der Divisionskalkulation werden die gesamten, zu einem Ausdruck zusammengefaßten Kostenarten durch die produzierte und zugleich abgesetzte Erzeugnismenge dividiert, um die Stückselbstkosten zu bestimmen.

Deckt sich die Produktionsmenge x_p nicht mit der Absatzmenge x_a, müssen für die Erfolgsermittlung und für den Jahresabschluß für die Aktivierung der Lagerbestände neben den Selbstkosten k_s auch die Herstellkosten k_h ermittelt werden. Dazu sind die gesamten Verwaltungs- und Vertriebskosten K_a von den Herstellkosten K_h entweder in einer vereinfachten Kostenstellenrechnung oder aber schon in der Kostenartenrechnung zu trennen. Die Stückherstellkosten k_h, die Stückverwaltungs- und -vertriebskosten k_a und die Stückselbstkokosten k_s betragen:

$$k_h = \frac{K - K_a}{x_p} \qquad k_a = \frac{K_a}{x_a} \qquad k_s = k_h + k_a \,.$$

In diesem Fall braucht demnach also eine Identität der Periode, in der die Produktion erfolgt, mit der Periode, in der diese produzierten Leistungen abgesetzt werden, nicht vorzuliegen. Beide hier gezeigten Methoden verrechnen sämtliche Kostenarten nach dem gleichen Schlüssel. Eine Differenzierung ist zu empfehlen, wenn die Kostenarten jeweils auf Änderungen der Produktions- und Absatzmenge verschieden reagieren. Dazu werden die Kosten in gegenüber Beschäftigungsänderungen sich gleich verhaltenden Kostengruppen K_1, $K_2, \ldots, K_n$ zusammengefaßt. Die Größen $k_1, k_2, \ldots, k_n$ geben den Anteil der jeweiligen Kostengruppen an einer Erzeugniseinheit an [*von Kortzfleisch*, 1970a, Sp. 423]. Es gilt:

$$k_1 = \frac{K_1}{x_p}, \, k_2 = \frac{K_2}{x_p}, \ldots, k_n = \frac{K_n}{x_p}; k_a = \frac{K_a}{x_a}$$

$$k_h = k_1 + k_2 + \ldots + k_n; k_s = (k_1 + k_2 + \ldots + k_n) + k_a \,.$$

Dieser Ansatz entspricht einer Kostenträgerstückrechnung als primäre Kostenartenrechnung [*Schubert*, 1965; 1969]. Für jedes entstehende Erzeugnis wird „die ‚Kostenentstehung' sozusagen bis zur Grenze des Unternehmens (Außenwelt) hinausgerückt" [*Schubert*, 1965, S. 360f.]. Damit erhält man sogen. primäre Kostenartenbilder pro Erzeugniseinheit. Während dieses Vorgehen bei einer Divisionskalkulation bei einer Einproduktfertigung ohne erheblichen Rechenaufwand möglich ist, erfordert jedoch diese Methodik bei Notwendigkeit einer Kostenstellenrechnung erhebliche Mehrarbeit. Die Endkosten von Kostenstellen sind hier in ihre primären Kostenbestandteile jeweils aufzuspalten. Der unverkennbare Vorteil dieses Vorgehens liegt darin, daß man den Anteil einzelner primärer Kostenarten an den Stückkosten der Erzeugnisse jederzeit schnell erkennen kann. Entscheidungen über Faktoreinsätze sind so besser zu fällen.

Bei den hier gezeigten Methoden der Divisionskalkulation werden die gesamten Kosten ohne Rücksicht auf einen möglichen mehrstufigen Produktionsprozeß und nur für eine synchrone Fertigung einstufig, kumulativ verrechnet. Daher bezeichnet man diese Methoden auch als kumulative Divisionskalkulation, wobei die zuletzt aufgeführte Form eine differenzierte kumulative Divisionskalkulation ist.

6.2.2 Die mehrstufige Divisionskalkulation

Bei mehrstufiger, nicht-synchroner Fertigung, wenn sich durch unregelmäßigen Fertigungsfluß Bewegungen im Bestand der Zwischenlager ergeben, muß die mehrstufige Divisionskalkulation herangezogen werden. Die gesamten Kosten des Fertigungsbereiches werden hierbei nur aufgeteilt in die gesamten Einsatzmaterialeinzelkosten K_{em} vor der ersten Fertigungsstufe und in die sonstigen gesamten Fertigungskosten P. Zu den sonstigen Kosten des Fertigungsbereiches zählen die Löhne, Gehälter, Abschreibungen, Hilfs- und Betriebsstoffe, Reparaturen etc. Diese werden in einer Kostenstellenrechnung auf die einzelnen Stufen $A, B, \ldots, Z$ verteilt und als $P_A, P_B, \ldots, P_Z$ ausgewiesen. Die Stufen sind hier durch eine andere Indizierung gekennzeichnet als die Stellen in der Kostenstellenrechnung. Damit soll zum Ausdruck gebracht werden, daß die Stufenbildung der Stellenbildung nicht genau zu entsprechen braucht. Eine Fertigungsstufe in der mehrstufigen Divisionskalkulation kann mehrere Kostenstellen der Kostenstellenrechnung umfassen — oder umgekehrt.

Bei völlig synchroner, mehrstufiger Fertigung gilt:

$$k_h = k_{em} + \frac{P_A + P_B + \ldots + P_Z}{x_p}$$

x_p drückt die produzierte Ausbringung der letzten Stufe aus. Die Größe k_{em} stellt die Erzeugnismaterialeinsatzeinzelkosten dar. Dabei gilt

$$k_{em} = \frac{K_{em}}{x_p} \, .$$

Bei nicht-sychronem Fertigungsablauf gilt:

$$k_h = k_{em} + \frac{P_A}{m_A} + \frac{P_B}{m_B} + \ldots + \frac{P_Y}{m_Y} + \frac{P_Z}{x_p} \, .$$

Die Größen $m_A, m_B, \ldots, m_Y$ drücken die Teilleistungen (Halbfabrikate) der Stufen $A, B, \ldots, Y$ für die Erstellung des Endproduktes aus. Das Endprodukt ergibt sich erst in der letzten Produktionsstufe Z und wird in x_p Mengeneinheiten gemessen. Nicht-synchrone Fertigung bedeutet, daß die Ausbringungsmengen der einzelnen Stufen nicht miteinander abgestimmt sind. Das führt zu Zwischenstufenlägern und deren Veränderungen. Vorerst wird hier davon ausgegangen, daß eine Mengeneinheit der jeweiligen Teilleistungen einer Mengeneinheit des Endproduktes entspricht.

In komplizierten Fertigungsprozessen ist es möglich, daß mehrere Teilleistungsmengeneinheiten für eine nachfolgende Teilleistungsmengeneinheit oder für eine Einheit des Endproduktes benötigt werden. Es kann aber auch sein, daß eine Teilleistungseinheit in mehrere nachfolgende Teilleistungseinheiten oder in mehrere Endprodukteinheiten eingeht. Auch können in den Abteilungen Mengenverluste oder auch Mengengewinne zu verzeichnen sein. Diese Mengenveränderungen lassen sich durch die Einsatzfaktoren f_A, f_B, ... ausdrücken [*Hennig*, 1928, S. 145ff.; 1950, S. 65–73; *von Kortzfleisch*, 1970a, Sp. 423ff.; *Lücke*, 1968, S. 157f.; 1970a, S. 143f.; *Riehl*, S. 107ff.]. Es gilt:

$$f_{B(C,D,...)} = \text{in die Stufe } B \ (C, D, \dots) \text{ einzusetzende Mengen an Teil-}$$
leistungen der Vorstufe A (B, C, ...) zur Erstellung einer Mengeneinheit der Teilleistung der Stufe B (C, D ...)

$$f_B = \frac{\text{aus } A \text{ in } B \text{ eingebrachte Teilleistungen } m_A}{\text{aus } B \text{ ausgebrachte Teilleistungen } m_B} .$$

Die Größe f_{Aj} drückt den mengenmäßigen Anteil des Einzelmaterials der Werkstoffart j an einer Mengeneinheit der Teilleistung der Stufe A aus.

$$f_{Aj} = \frac{\text{in } A \text{ eingebrachte Einzelmaterialmengen der Art } j}{\text{aus } A \text{ ausgebrachte Teilleistungen } m_A} .$$

Hennig und *Lücke* wollen mit der Definition des f-Faktors primär Mengenverluste und -gewinne in den einzelnen Stufen erfassen. Im Rahmen der mehrstufigen leistungsgruppenweisen Totalrechnung drückt *von Kortzfleisch* mit der Größe f den Mengenanteil der jeweiligen Teilleistung am Endprodukt aus; im Rahmen der erweiterten mehrstufigen kostengruppen- und leistungsgruppenweisen Totalrechnung ermittelt *von Kortzfleisch* mit der Größe f den Anteil des Vorstufenproduktes am Folgeprodukt [*von Kortzfleisch*, 1970a, Sp. 423ff.]. Letzteres entspricht der hier gebrachten Definition.

Die Werte der Einzelmaterialien werden mit q_j angegeben. Die Stückherstellkosten k_h ergeben sich bei einem einstufigen Prozeß wie folgt:

$$k_h = \sum_{j=1}^{\bar{j}} q_j f_{Aj} + \frac{P_A}{x_p}$$

$q_j f_{Aj}$ stellt die Einzelmaterialkosten der Werkstoffart j für die Teilleistung der Stelle A dar. P sind sämtliche Kosten des Produktionsbereiches mit Ausnahme der Einzelmaterialkosten. Bei einem einstufigen Fertigungsprozeß ist P gleich P_A.

Für einen zweistufigen Prozeß gilt:

$$k_h = \left(\sum_{j=1}^{\bar{j}} q_j f_{Aj} + \frac{P_A}{m_A} \right) f_B + \frac{P_B}{x_p} \, .$$

Für einen dreistufigen Prozeß gilt:

$$k_h = \left[\left(\sum_{j=1}^{\bar{j}} q_j f_{Aj} + \frac{P_A}{m_A} \right) f_B + \frac{P_B}{m_B} \right] f_C + \frac{P_C}{x_p} \, .$$

Für einen vierstufigen Prozeß gilt:

$$k_h = \left\{ \left[\left(\sum_{j=1}^{\bar{j}} q_j f_{Aj} + \frac{P_A}{m_A} \right) f_B + \frac{P_B}{m_B} \right] f_C + \frac{P_C}{m_C} \right\} f_D + \frac{P_D}{x_p} \, .$$

Ausmultipliziert ergibt sich:

$$k_h = \sum_{j=1}^{\bar{j}} q_j f_{Aj} f_B f_C f_D + \frac{P_A}{m_A} f_B f_C f_D + \frac{P_B}{m_B} f_C f_D + \frac{P_C}{m_C} f_D + \frac{P_D}{x_p} \, .$$

Die Kalkulationsformel bei Z-stufiger Fertigung lautet:

$$k_h = \sum_{j=1}^{\bar{j}} q_j f_{Aj} f_B f_C \cdots f_Z + \frac{P_A}{m_A} f_B f_C \cdots f_Z$$

$$+ \frac{P_B}{m_B} f_C f_D \cdots f_Z + \ldots + \frac{P_Y}{m_Y} f_Z + \frac{P_Z}{x_p}$$

$$k_h = \sum_{j=1}^{\bar{j}} q_j f_{Aj} \prod_{a=B}^{Z} f_a + \sum_{a=A}^{Y} \frac{P_a}{m_a} \prod_{a^*=a+1}^{Z} f_{a^*} + \frac{P_Z}{x_p} \, .$$

Diese Form der Divisionskalkulation ist anwendbar für eine Monoproduktion

1. mit mehrstufiger Fertigung,
2. mit Mengengewinnen und -verlusten in den einzelnen Stufen,
3. mit nicht-synchroner Fertigung und somit Zwischenlagerbewegungen und
4. mit dem hauptsächlichen Materialeinsatz vor (in) der ersten Stufe.

Zur Verdeutlichung sei ein in Abbildung 30 skizziertes Beispiel betrachtet. Aus vier Werkstofflägern $WL_1, \ldots, WL_4$ werden vier Werkstoffarten in der ersten Stufe A eingesetzt und bearbeitet. Der gesamte Fertigungsgang erstreckt sich über die vier Stufen $A, \ldots, D$. Da die Fertigung nicht synchron erfolgt, ergeben sich in den Zwischenlägern ZL Lagerbestandsveränderungen ΔB. Es gilt:

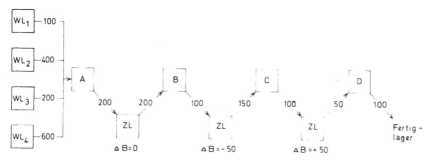

Abb. 30

Aus Abbildung 30 lassen sich folgende in der Tabelle 18 angegebene Werte ersehen:

$f_{A1} = 0,5$	$q_1 = 2$	$m_A = 200$		$P_A = 2000$
$f_{A2} = 2,0$	$q_2 = 1$	$m_B = 100$	$f_B = 2,0$	$P_B = 500$
$f_{A3} = 1,0$	$q_3 = 2$	$m_C = 100$	$f_C = 1,5$	$P_C = 500$
$f_{A4} = 3,0$	$q_4 = 2$	$x_p = 100$	$f_D = 0,5$	$P_D = 1000$

Tab. 18

Die Stückherstellkosten des Endproduktes betragen:

$$k_h = \sum_{j=1}^{4} q_j f_{Aj} \prod_{a=B}^{D} f_a + \sum_{a=A}^{C} \frac{P_a}{m_a} \prod_{a^*=a+1}^{D} f_{a^*} + \frac{P_D}{x_p}$$

$$k_h = (2 \cdot 0,5 + 1 \cdot 2 + 2 \cdot 1 + 2 \cdot 3)\, 2 \cdot 1,5 \cdot 0,5 +$$

$$\frac{2000}{200} \cdot 2 \cdot 1,5 \cdot 0,5 + \frac{500}{100} \cdot 1,5 \cdot 0,5 + \frac{500}{100} \cdot 0,5 + \frac{1000}{100}$$

$$k_h = 16,5 + 15 + 3,75 + 2,5 + 10$$

$$k_h = 47,75$$

Erfolgt hingegen der Einsatz des Einzelmaterials kontinuierlich über sämtliche Stufen hinweg, so sind bei der allgemeingültigen Kalkulationsformel diese noch zu berücksichtigen. Die Größen $k_{emA}, k_{emB}, \ldots, k_{emY}, k_{emZ}$ geben die weiteren Kosten für Einzelmaterialien in den Stufen $A, B, \ldots, Y, Z$ an, bezogen jeweils auf die Leistungsmengeneinheit der Stufe $A, B, \ldots, Y, Z$. Nur in der Endstufe entspricht die Leistungsmengeneinheit dem Fertigerzeugnis. Es gilt bei Z-stufiger Fertigung:

$$k_h = \sum_{j=1}^{\bar{j}} q_j f_{Aj} f_B f_C \ldots f_Z + \left(\frac{P_A}{m_A} + k_{emA}\right) f_B f_C \ldots f_Z$$

$$+ \left(\frac{P_B}{m_B} + k_{emB}\right) f_C f_D \ldots f_Z + \ldots + \left(\frac{P_Y}{m_Y} + k_{emY}\right) f_Z + \left(\frac{P_Z}{x_p} + k_{emZ}\right)$$

$$k_h = \sum_{j=1}^{\bar{j}} q_j f_{Aj} \prod_{a=B}^{Z} f_a + \sum_{a=A}^{Y} \left[\left(\frac{P_a}{m_a} + k_{ema}\right) \prod_{a^*=a+1}^{Z} f_{a^*} \right] + \left(\frac{P_Z}{x_p} + k_{emZ}\right) .$$

Die Größe k_{emA} wird gleich Null sein, wenn die Einzelmaterialien der ersten Stufe A mit dem ersten Summanden berücksichtigt werden.

6.2.3 Die Äquivalenzziffernrechnung

Voraussetzung für die Anwendung der bisherigen Formen der Divisionskalkulation war die Monoproduktion. Die Äquivalenzziffernrechnung ist eine modifizierte Divisionskalkulation für eine Mehrproduktfertigung, bei der die verschiedenen Erzeugnisse fertigungstechnisch weitgehend ähnlich und vergleichbar sind. Mit Hilfe von Äquivalenzziffern als Umrechnungsfaktoren sollen die Erzeugnisse rechnerisch vereinheitlicht werden, damit die Divisionskalkulation zur Anwendung kommen kann. Die Äquivalenzziffern werden gebildet, indem die Gegebenheit o_e eines Erzeugnisses e als Einheitsobjekt die Verhältnisziffer 1 erhält, und man die Gegebenheiten $o_1, o_2, \ldots, o_{\bar{i}}$ der anderen Erzeugnisse dazu ins Verhältnis setzt [*von Kortzfleisch*, 1970b, Sp. 42].

$$\ddot{a}_1 = o_1/o_e \, ; \ddot{a}_2 = o_2/o_e \, ; \ldots ; \ddot{a}_e = o_e/o_e \, ; \ldots ; \ddot{a}_{\bar{i}} = o_{\bar{i}} / o_e \, .$$

Die Ziffer $\ddot{a}_2$ gibt die Kostenbelastung des Erzeugnisses 2 in Relation zu den Kosten des Erzeugnisses e an. $\ddot{a}_2 = 1,5$ bedeutet, daß das Produkt 2 mit den 1,5-fachen Kosten des Erzeugnisses e zu belasten ist. Die Ursache für diese Mehrbelastung und somit für diese Äquivalenzziffer kann in höherwertigen Rohstoffen oder längeren Fertigungszeiten liegen.

Die gesamten Herstellungskosten K_h – hierbei nicht aufgeteilt in Einzel- und Gemeinkosten, Material- und Fertigungskosten – werden durch die mit den Äquivalenzziffern zu homogenen Recheneinheiten gewichteten Produktmengen dividiert. Der Kostenwert pro Erzeugnis ergibt sich durch Multiplikation dieses Quotienten r mit der Äquivalenzziffer des jeweiligen Produktes.

$$r = \frac{K_h}{x_1 \cdot \ddot{a}_1 + x_2 \cdot \ddot{a}_2 + \ldots + x_e \cdot \ddot{a}_e + \ldots + x_{\bar{i}} \cdot \ddot{a}_{\bar{i}}}$$

$$k_{h1} = r \cdot \ddot{a}_1 \, ; k_{h2} = r \cdot \ddot{a}_2 \, ; \ldots ;$$

$$k_{he} = r \cdot \ddot{a}_e \, ; \ldots ; k_{h\bar{i}} = r \cdot \ddot{a}_{\bar{i}} \, .$$

Diese Grundform der Äquivalenzziffernrechnung kann verfeinert werden. Die Rechnung soll berücksichtigen,

1. daß ein mehrstufiger Fertigungsprozeß mit nicht-synchroner Fertigung d.h. mit Zwischenlagerbewegungen, besteht und
2. daß die Wertigkeit der Erzeugnisse nicht anhand einer Pauschalkennziffer ausgedrückt werden soll. Die Äquivalenzziffern werden in jeder Fertigungsstufe für jede Kostenart (-engruppe) einzeln ermittelt.

Die Fertigungsstruktur ist durch folgende Leistungsmatrix $\mathbf{F_{is}}$ gekennzeichnet:

$$\mathbf{F_{is}} = \begin{pmatrix} m_{11} \cdots m_{1s} \cdots m_{1\bar{s}} \\ \vdots \qquad \vdots \qquad \vdots \\ m_{i1} \cdots m_{is} \cdots m_{i\bar{s}} \\ \vdots \qquad \vdots \qquad \vdots \\ m_{\bar{i}1} \cdots m_{\bar{i}s} \cdots m_{\bar{i}\bar{s}} \end{pmatrix} \, .$$

Der erste Index kennzeichnet die Erzeugnisart i, der zweite Index die Fertigungsstufe s.

Die Kostenstruktur ist durch folgende Matrix $\mathbf{K_{js}}$ gegeben:

$$\mathbf{K_{js}} = \begin{pmatrix} K_{11} \ldots K_{1s} \ldots K_{1\bar{s}} \\ \cdot \qquad \cdot \qquad \cdot \\ \cdot \qquad \cdot \qquad \cdot \\ \cdot \qquad \cdot \qquad \cdot \\ K_{j1} \ldots K_{js} \ldots K_{j\bar{s}} \\ \cdot \qquad \cdot \qquad \cdot \\ \cdot \qquad \cdot \qquad \cdot \\ \cdot \qquad \cdot \qquad \cdot \\ K_{\bar{j}1} \ldots K_{\bar{j}s} \ldots K_{\bar{j}\bar{s}} \end{pmatrix}$$

Der erste Index kennzeichnet die Kostenart j, der zweite Index die Fertigungsstufe s.

Für jede der $\bar{s}$ Fertigungsstufen werden die Äquivalenzziffern für die einzelnen Erzeugnisse im Hinblick auf die Beanspruchung einer jeden Kostenart (-gruppe) getrennt ermittelt. Für die Stufe s gilt folgende Matrix $\mathbf{\ddot{A}_{ijs}}$:

$$\mathbf{\ddot{A}_{ijs}} = \begin{pmatrix} \ddot{a}_{11s} \cdots \ddot{a}_{i1s} \cdots \ddot{a}_{\bar{i}1s} \\ \cdot \qquad \cdot \qquad \cdot \\ \cdot \qquad \cdot \qquad \cdot \\ \cdot \qquad \cdot \qquad \cdot \\ \ddot{a}_{1js} \cdots \ddot{a}_{ijs} \cdots \ddot{a}_{\bar{i}js} \\ \cdot \qquad \cdot \qquad \cdot \\ \cdot \qquad \cdot \qquad \cdot \\ \cdot \qquad \cdot \qquad \cdot \\ \ddot{a}_{1\bar{j}s} \cdots \ddot{a}_{i\bar{j}s} \cdots \ddot{a}_{\bar{i}\bar{j}s} \end{pmatrix} .$$

Der erste Index kennzeichnet die Leistungsart i, der zweite Index die Kostenart j und der dritte Index die Fertigungsstufe s.

Innerhalb jeder Fertigungsstufe werden nun die Kosten arten- oder gruppenweise auf die Leistungseinheiten verteilt. Die Kostenwertigkeit der einzelnen Leistungen in bezug auf jede Kostenart beispielsweise der Stufe 1 wird in $\mathbf{\ddot{A}_{ij1}}$ angegeben. Bei der Ermittlung und Aufstellung dieser Äquivalenzziffern kann ausgegangen werden von den Produktionskoeffizienten der diese Kosten hervorrufenden Produktionsfaktoren. Die Kostenermittlung für die einzelnen Produkte erfolgt also stufen- und kostenartenweise. Das Ergebnis läßt sich in folgender Matrix $\mathbf{k_{is}}$ darstellen:

$$
\mathbf{k_{is}} = \begin{pmatrix}
k_{11} \ldots k_{1s} \ldots k_{1\bar{s}} \\
\cdot \qquad \cdot \qquad \cdot \\
\cdot \qquad \cdot \qquad \cdot \\
\cdot \qquad \cdot \qquad \cdot \\
k_{i1} \ldots k_{is} \ldots k_{i\bar{s}} \\
\cdot \qquad \cdot \qquad \cdot \\
\cdot \qquad \cdot \qquad \cdot \\
\cdot \qquad \cdot \qquad \cdot \\
k_{\bar{i}1} \ldots k_{\bar{i}s} \ldots k_{\bar{i}\bar{s}}
\end{pmatrix} .
$$

Die Matrix $\mathbf{k_{is}}$ gibt die Leistungsstückkosten k_{is} an. Der erste Index kennzeichnet die Leistungsart i, der zweite Index kennzeichnet die Fertigungsstufe s. Die Leistungen der Stellen 1 bis $(\bar{s}-1)$ stellen Vorprodukte der Endleistung in der Stelle $\bar{s}$ dar. Treten in dem Fertigungsprozeß keine Mengenveränderungen auf, d.h. also entspricht eine Mengeneinheit einer Vorleistung einer Mengeneinheit des Endproduktes, so können die Erzeugnisstückkosten k_i durch eine Horizontaladdition wie folgt ermittelt werden. Es gilt:

$$
k_i = k_{i1} + k_{i2} + \ldots + k_{is} + \ldots + k_{i\bar{s}}
$$

$$
k_i = \sum_{s=1}^{\bar{s}} k_{is} \quad \text{mit } i = 1, 2, \ldots, \bar{i} .
$$

Die einzelnen Kosten k_{is} für die Leistungsart i pro Leistungsmengeneinheit in der Fertigungsstelle s werden wie folgt ermittelt:

$$
k_{is} = k_{i1s} + k_{i2s} + \ldots + k_{ijs} + \ldots + k_{i\bar{j}s} .
$$

k_{ijs} gibt die Kostenwerte an, die in der Stufe s von der Kostenart j auf eine Leistungsmengeneinheit m_{is} der Art i der Stelle s entfallen. Zu deren Ermittlung werden die Kosten K_{js} der Kostenart j in der Fertigungsstufe s dividiert durch die homogenisierte Leistungsmenge der Stufe s. Diese Homogenisierung erfolgt durch eine Gewichtung der heterogenen Leistungseinheiten m_{is} mit den Gewichtungsfaktoren (Äquivalenzziffern) $\ddot{a}_{ijs}$. Diese gewichteten Ausdrücke lassen sich dann addieren. Der Quotient r_{js} bringt den Kostenwert der Kostenart j in der Stufe s pro Rechnungseinheit zum Ausdruck. Es gilt:

$$
r_{js} = \frac{K_{js}}{m_{1s} \cdot \ddot{a}_{1js} + m_{2s} \cdot \ddot{a}_{2js} + \ldots + m_{\bar{i}s} \cdot \ddot{a}_{\bar{i}js}} .
$$

Die Belastung der Leistung i mit Kosten der Art j in der Stelle s als Gesamtkosten K_{ijs} oder als Stückkosten k_{ijs} wird wie folgt ermittelt:

$$k_{ijs} = r_{js} \cdot \ddot{a}_{ijs} \qquad K_{ijs} = k_{ijs} \cdot m_{is} \ .$$

Für sämtliche Kosten innerhalb der Stelle s gilt:

$$k_{is} = k_{i1s} + k_{i2s} + \ldots + k_{i\bar{j}s} \qquad k_{is} = \sum_{j=1}^{\bar{j}} k_{ijs} \ .$$

Da gilt:

$$k_i = \sum_{s=1}^{\bar{s}} k_{is},$$

gilt:

$$k_i = \sum_{s=1}^{\bar{s}} \sum_{j=1}^{\bar{j}} k_{ijs} \qquad k_i = \sum_{s=1}^{\bar{s}} \sum_{j=1}^{\bar{j}} r_{js} \ddot{a}_{ijs} \qquad \text{mit } i = 1, 2, \ldots, \bar{i} \ .$$

Für die Behandlung eines Beispiels seien folgende Daten gegeben:

$$\mathbf{F_{is}} = \begin{pmatrix} 100 & 200 & 100 \\ 50 & 100 & 50 \\ 100 & 150 & 150 \end{pmatrix} \quad \mathbf{K_{js}} = \begin{pmatrix} 1000 & 1050 & 1150 \\ 487{,}5 & 250 & 150 \\ 300 & 475 & 500 \end{pmatrix}$$

$$\ddot{\mathbf{A}}_{\mathbf{ij1}} = \begin{pmatrix} 1 & 2 & 3 \\ 1 & 0{,}5 & 2 \\ 1 & 1 & 0{,}5 \end{pmatrix} \quad \ddot{\mathbf{A}}_{\mathbf{ij2}} = \begin{pmatrix} 1 & 4 & 3 \\ 1 & 0 & 2 \\ 1 & 2 & 0{,}5 \end{pmatrix}$$

$$\ddot{\mathbf{A}}_{\mathbf{ij3}} = \begin{pmatrix} 1 & 0{,}5 & 3 \\ 1 & 1 & 1 \\ 1 & 2 & 2 \end{pmatrix} \ .$$

Gesucht sind die Leistungskostenwerte pro Mengeneinheit der Leistungsart 2 aus folgender Matrix k_{is}. Dabei wird davon ausgegangen, daß bei dieser mehrstufigen Fertigung keine Mengengewinne und keine Mengenverluste auftreten. Eine Mengeneinheit für die entsprechende Leistungsart der Vorstufen entspricht einer Mengeneinheit des Endproduktes der Erzeugnisart.

$$\mathbf{k_{is}} = \begin{pmatrix} k_{11} & k_{12} & k_{13} \\ k_{21} & k_{22} & k_{23} \\ k_{31} & k_{32} & k_{33} \end{pmatrix} \ .$$

Es sind folgende Rechnungen erforderlich:

$$r_{js} = \frac{K_{js}}{m_{1s} \cdot \ddot{a}_{1js} + m_{2s} \cdot \ddot{a}_{2js} + \ldots + m_{\bar{i}s} \cdot \ddot{a}_{\bar{i}js}}$$

Werden die jeweiligen Werte eingesetzt, so gilt:

$$r_{11} = \frac{1000}{100 \cdot 1 + 50 \cdot 2 + 100 \cdot 3} = 2$$

$$r_{21} = \frac{487{,}50}{100 \cdot 1 + 50 \cdot 0{,}5 + 100 \cdot 2} = 1{,}5$$

$$r_{31} = \frac{300}{100 \cdot 1 + 50 \cdot 1 + 100 \cdot 0{,}5} = 1{,}5$$

$$r_{12} = \frac{1050}{200 \cdot 1 + 100 \cdot 4 + 150 \cdot 3} = 1$$

$$r_{22} = \frac{250}{200 \cdot 1 + 100 \cdot 0 + 150 \cdot 2} = 0{,}5$$

$$r_{32} = \frac{475}{200 \cdot 1 + 100 \cdot 2 + 150 \cdot 0{,}5} = 1$$

$$r_{13} = \frac{1150}{100 \cdot 1 + 50 \cdot 0{,}5 + 150 \cdot 3} = 2$$

$$r_{23} = \frac{150}{100 \cdot 1 + 50 \cdot 1 + 150 \cdot 1} = 0{,}5$$

$$r_{33} = \frac{500}{100 \cdot 1 + 50 \cdot 2 + 150 \cdot 2} = 1$$

$$k_{21} = r_{11} \ddot{a}_{211} + r_{21} \ddot{a}_{221} + r_{31} \ddot{a}_{231}$$
$$k_{22} = r_{12} \ddot{a}_{212} + r_{22} \ddot{a}_{222} + r_{32} \ddot{a}_{232}$$
$$k_{23} = r_{13} \ddot{a}_{213} + r_{23} \ddot{a}_{223} + r_{33} \ddot{a}_{233}$$

$$\left.\begin{array}{l} k_{21} = 2 \cdot 2 + 1{,}5 \cdot 0{,}5 + 1{,}5 \cdot 1 = 6{,}25 \\ k_{22} = 1 \cdot 4 + 0{,}5 \cdot 0 + 1 \cdot 2 \quad\;\; = 6 \\ k_{23} = 2 \cdot 0{,}5 + 0{,}5 \cdot 1 + 1 \cdot 2 \;\; = 3{,}5 \end{array}\right\} \quad \underline{k_2 = 15{,}75}$$

Sofern in komplizierten Fertigungsprozessen eine Teilleistungsmengeneinheit nicht mehr mengenmäßig der entsprechenden Endproduktmengeneinheit entspricht, sofern also im Fertigungsprozeß Mengengewinne und Mengenverluste auftreten, ist diese Kalkulationsmethode zu verfeinern analog den im Kap. 6.2.2 aufgezeigten Möglichkeiten.

6.3 Die Zuschlagskalkulation

6.3.1 Grundlagen der Zuschlagskalkulation

Bei einem sehr heterogenen Fertigungsprogramm können die Unterschiede zwischen den einzelnen Produkten so groß sein, daß man die Erzeugnisse nicht mehr auf homogene Mengenbezugsgrößen umrechnen kann. Mit Einführung der Zuschlagskalkulation wird erst die Aufteilung der Kosten in Einzel- und Gemeinkosten erforderlich. Die Zuschlagskalkulation basiert auf dieser Trennung der Kosten in Einzel- und Gemeinkosten. Die Erzeugniseinzelkosten können definitionsgemäß dem Erzeugnis wesensmäßig direkt zugeordent werden. Sie werden für die einzelnen Erzeugnisse differenziert erfaßt. Die Summen der für eine Erzeugnisart angefallenen Einzelkosten lassen sich durch die Erzeugnismenge dividieren. Dadurch erhält man die entsprechenden Einzelkosten pro Erzeugnisstück. Für das Erzeugnis i gilt:

$$\frac{\text{gesamte Materialeinzelkosten } K_{emi}}{\text{produzierte Erzeugnisse } x_{pi}} = \begin{array}{l}\text{Materialeinzel-}\\ \text{stückkosten } k_{emi}\end{array}$$

$$\frac{\text{gesamte Fertigungseinzelkosten } K_{efi}}{\text{produzierte Erzeugnisse } x_{pi}} = \begin{array}{l}\text{Fertigungseinzel-}\\ \text{stückkosten } k_{efi}\end{array}$$

$$\frac{\text{gesamte Vertriebseinzelkosten } K_{eai}}{\text{abgesetzte Erzeugnisse } x_{ai}} = \begin{array}{l}\text{Vertriebseinzel-}\\ \text{stückkosten } k_{eai}\end{array}$$

Bei entsprechenden Zahlenaufschreibungen lassen sich die Materialeinzelstückkosten k_{emi} des Produktes i anhand des jeweiligen Materialverbrauches w_{ji} der Materialart j für die Erstellung einer Mengeneinheit der Produktart i ermitteln. Dabei ist hier auszugehen von dem Bruttomaterialverbrauch, der um den Abfall, Verschnitt und Ausschuß größer ist als die endgültig im Produkt enthaltene Nettomaterialmenge [*Kilger*, 1970a, S. 229ff.] (vgl. Kap. 4.3.1). Es gilt:

$$k_{emi} = \sum_{j=1}^{\bar{j}} w_{ji} \cdot q_j \; .$$

In ähnlicher Weise werden die Fertigungseinzelstückkosten ermittelt. Diese setzen sich zusammen aus den Lohnkosten und den möglichen als Einzelkosten erfaßbaren Abschreibungen. Die Einzellohnkosten k_{efli} der Produktmengeneinheit i lassen sich a) anhand der gezahlten Vorgabeminuten t_{ji} der Arbeitsart j beim Stückakkord oder b) anhand des Geldsatzes g_{ji} der Arbeitsart j beim Geldakkord ermitteln (vgl. Kap. 4.3.2).

Es gilt:

a) $k_{efli} = \sum_{j=1}^{\bar{j}} t_{ji} \cdot mq_j$

$$(i = 1, 2, \ldots, \bar{i})$$

b) $k_{efli} = \sum_{j=1}^{\bar{j}} g_{ji}$

Werden Abschreibungen nach der Leistung und Inanspruchnahme des Aggregates berechnet, und die Betriebsmittelkosten so als Erzeugniseinzelkosten erfaßt, so müssen die Fertigungseinzelkosten um die anteiligen Abschreibungen als Abschreibungseinzelkosten k_{efai} der Erzeugniseinheit der Art i erhöht werden (vgl. Kap. 4.3.3).

$$k_{efai} = \sum_{j=1}^{\bar{j}} pe_{ji} \cdot A_{PEj}$$

pe_{ji} stellt den Verbrauch an Potentialeinheiten der Betriebsmittelart j für die Fertigung einer Einheit des Erzeugnisses i dar. A_{PEj} ist der Abschreibungsbetrag pro Potentialeinheit der Betriebsmittelart j.

Für die Ermittlung der gesamten Fertigungseinzelstückkosten k_{efi} gilt:

a) $k_{efi} = \sum_{j=1}^{\bar{j}} t_{ji} \cdot mq_j + \sum_{j=1}^{\bar{j}} pe_{ji} \cdot A_{PEj}$

b) $k_{efi} = \sum_{j=1}^{\bar{j}} g_{ji} + \sum_{j=1}^{\bar{j}} pe_{ji} \cdot A_{PEj}$

Liegen neben diesen Fertigungseinzelkosten weitere Einzelkosten als Sondereinzelkosten der Fertigung vor, so sind die Fertigungseinzelkosten um diese zu erhöhen.

Sondereinzelkosten stellen einen Verzehr dar, der über den gewöhnlich als Einzelkosten verrechneten Verbrauch von Arbeitsleistungen und Werkstoffen hinausgeht und der dem diesen Verzehr verursachenden Kostenträger direkt zurechenbar ist. Einzelerfassung und direkte Zurechnung schließen auch den Fall ein, daß diese Kosten zunächst für mehrere Erzeugnisarten oder mehrere Mengeneinheiten einer Erzeugnisart anfallen und erst später — vielleicht sogar erst innerhalb der Kostenstellenrechnung — als Einzelkosten aus der Gemeinkostenverrechnung herausgenommen werden [*Bergner*, Sp. 1596]. Zu den Sondereinzelkosten der Fertigung zählen u.a. Forschungs-, Entwicklungs- und Versuchskosten, Kosten für Materialanalysen und Kosten für Spezialwerkzeuge oder -vorrichtungen. Diese Sondererzeugniseinzelstückkosten der Fertigung k_{esfi} sind in die Einzelkosten der Herstellung mit einzubeziehen.

Somit ist der Kostenträger bisher belastet mit den Erzeugniseinzelkosten der Herstellung k_{ehi}:

$$k_{ehi} = k_{emi} + k_{efi} + k_{esfi}.$$

Hinzu kommen die Vertriebseinzelstückkosten k_{eai} und mögliche Vertriebseinzelsonderkosten k_{esai}. Die gesamten Einzelstückkosten k_{ei} betragen:

$$k_{ei} = k_{emi} + k_{efi} + k_{esfi} + k_{eai} + k_{esai}.$$

In den nachfolgenden Betrachtungen werden diese Sondereinzelkosten teilweise nicht mehr berücksichtigt.

Eine Belastung mit Erzeugnisgemeinkosten ist noch nicht erfolgt. Da sich Erzeugnisgemeinkosten ihrem Wesen nach einem Erzeugnis nicht direkt zuordnen lassen, sämtliche Kostenarten der causa finalis entsprechend aber auf die Kostenträger verteilt werden müssen, gilt es, für die Gemeinkosten irgendeinen Verteilungsmodus zu finden, der eine möglichst gerechte Kostenverteilung erlaubt.

Die Verteilung dieser Gemeinkosten ist möglich auf der Grundlage
1. der Produktmenge: Diese Methode entspricht der Divisionskalkulation. Sie ist nur bei Mono- oder Sortenproduktion anwendbar;
2. der Materialmenge: Diese Methode belastet die materialintensiven Erzeugnisse eines Produktprogramms den lohnintensiven Erzeugnissen gegenüber zu stark;
3. der Fertigungsstunden: Diese Methode belastet die lohnintensiven Erzeugnisse eines Produktprogramms den materialintensiven Erzeugnissen gegenüber zu stark;
4. der Materialeinzelkosten: vgl. 2.
5. der Fertigungseinzelkosten: vgl. 3.,
6. der gesamten Einzelkosten usw.

Bei diesen Verfahren werden die Gemeinkosten K_g in Relation zu der gewählten Bezugsbasis BB gesetzt.

$$z = K_g/BB \, .$$

Der Zuschlagssatz z ergibt den Gemeinkostensatz pro Bezugsbaseneinheit.
Die Belastung des Erzeugnisses i mit Gemeinkosten k_{gi} erfolgt entsprechend
der Zuordnung von Bezugsbaseneinheiten bb_i auf das Erzeugnis i:

$$k_{gi} = z \cdot bb_i \, .$$

Die Zuschlagskalkulation basiert also auch auf dem Proportionalitätsprinzip
(vgl. Kap 6.2.1).

$$K = k \cdot M \rightarrow K_g = k_g \cdot M \, .$$

Die Maßeinheiten sind hier allerdings nicht nur die Anzahl der Erzeugnismengeneinheiten, sondern in der Regel die Erzeugniseinzelkosten. Die Gemeinkosten stehen hierbei rechnungstechnisch im proportionalen Verhältnis
zu den Einzelkosten.

Nach Möglichkeit sollen die Kosten auf der Grundlage einer relativ breiten
und großen Bezugsbasis verteilt werden; denn je geringer die Bezugsbasis im
Verhältnis zum zu verteilenden Kostenbetrag ist, desto fehlerhafter ist die Verteilung der Gemeinkosten, die auf der Grundlage dieser fehlerhaften Bezugsbasis erfolgt.

Grundsätzlich bestehen zwei Möglichkeiten einer Zuschlagskalkulation. In
der summarischen Zuschlagskalkulation werden sämtliche Gemeinkosten
,summarisch', d.h. ohne eine weitere Untergliederung mit Hilfe eines einzigen
Zuschlagssatzes verrechnet. In der elektiven bzw. differenzierten Zuschlagskalkulation werden die Gemeinkosten gruppenweise gegliedert. Dazu wird die
Kostenstellenrechnung herangezogen. Die einzelnen Gruppen werden dann jeweils unter Verwendung mehrerer Zuschlagssätze und mehrerer Bezugsbasen
verrechnet.

6.3.2 Die summarische Zuschlagskalkulation

Im einfachsten Fall ist die Verteilung sämtlicher Gemeinkosten auf der
Grundlage nur einer Bezugsbasis möglich. Der summarische Zuschlagssatz z_s
ist:

$$z_s = \frac{\text{sämtliche Gemeinkosten pro Periode}}{\text{Bezugsbasis}} \, .$$

Werden die insgesamt angefallenen Fertigungseinzelkosten K_{ef} als Bezugsbasis für die Verteilung sämtlicher Gemeinkosten K_g herangezogen, so ergeben
sich die auf die Produktmengeneinheit der Art i entfallenden anteiligen Ge-

meinkosten k_{gi} und damit auch die Stückselbstkosten k_{si} des Erzeugnisses i auf der Basis eines Zuschlagssatzes z_{sFL} wie folgt:

$$z_{sFL} = K_g/K_{ef} \qquad k_{gi} = k_{efi} \cdot z_{sFL}$$

$$k_{si} = k_{emi} + k_{efi} + k_{sefi} + k_{eai} + k_{efi} \cdot z_{sFL} \, .$$

Die Wahl der Bezugsgröße hängt von der Art des Betriebes, seinem Produktionsprogramm und seiner Fertigungsstruktur ab. Die alleinige Heranziehung der Fertigungseinzelkosten bringt eine kostenrechnerische Begünstigung der materialintensiven Produkte mit sich, während die alleinige Heranziehung der Materialeinzelkosten deren Benachteiligung nach sich ziehen würde. Aus diesem Grunde wird man hier die gesamten Herstelleinzelkosten mit Ausnahme der Sonderkosten als Bezugsbasis heranziehen. Es gilt für die Ermittlung von k_{si} auf der Basis eines Zuschlagssatzes z_{sh}:

$$z_{sh} = \frac{K_g}{K_{em} + K_{ef}}$$

$$k_{si} = (k_{emi} + k_{efi})(1 + z_{sh}) + k_{esfi} + k_{eai} + k_{esai} \, .$$

Diese summarische Zuschlagskalkulation erfordert zwar eine Aufteilung der Gesamtkosten in Einzelkosten und Gemeinkosten. Eine differenzierte Kostenstellenrechnung ist jedoch nicht notwendig, da die Gemeinkosten pauschal verrechnet werden. Darin liegt auch die Ursache für die Ungenauigkeit dieser Methode. Diese Form der summarischen Zuschlagskalkulation mit der einheitlichen, zusammengefaßten Verteilung aller Gemeinkosten (Material-, Fertigungs-, Verwaltungs- und Vertriebsgemeinkosten) ist vom System her nur bei der absatzsynchronen Fertigung erlaubt, da hier alle Gemeinkosten auf die gleiche Mengenbasis (Produktions- und Absatzmenge) zu verteilen sind.

6.3.3 Die elektive Zuschlagskalkulation

Die elektive Zuschlagskalkulation trennt die Gemeinkosten in Material-, Fertigungs-, Verwaltungs- und Vertriebsgemeinkosten (K_{gm}, K_{gf}, K_{gv}, K_{ga}) und verteilt diese Kosten auf der Grundlage der in diesen Bereichen anfallenden Einzelkosten bzw. auf der Grundlage der gesamten Herstell- oder/und Vertriebskosten. Die Größen K_{gm}, K_{gf}, K_{gv} und K_{ga} entsprechen den jeweiligen Endkosten ESK der Endkostenstellen ‚Material‘, ‚Fertigung‘, ‚Verwaltung‘ und ‚Vertrieb‘ (vgl. Abbildung 28). Die jeweiligen Einzelkosten bzw. die gesamten Herstell- und Vertriebskosten müssen in statistischer Nebenrechnung erfaßt werden.

Für den Materialgemeinkostenzuschlagssatz z_m und für den Fertigungsgemeinkostenzuschlagssatz z_f gilt:

$$z_m = K_{gm}/K_{em}; \quad z_f = K_{gf}/K_{ef}$$

Die Stückherstellkosten k_{hi} betragen dann:

$$k_{hi} = k_{emi}(1 + z_m) + k_{efi}(1 + z_f) \; .$$

Die Vertriebsgemeinkosten und die Verwaltungsgemeinkosten werden auf der Grundlage der Kostenwerte der abgesetzten Erzeugnismengen verteilt; hier wird davon ausgegangen, daß die produzierten, aber nicht abgesetzten Produkte keine Vertriebskosten, aber auch keine Verwaltungskosten verursachen. Letztere Annahme ist in der Praxis jedoch nicht immer anzutreffen.

Der Zuschlagssatz z_a für die Vertriebsgemeinkosten ergibt sich durch Gegenüberstellung der Vertriebsgemeinkosten K_{ga} und der Herstellkostenwerte der abgesetzten Erzeugnisse. Dabei gilt:

$$z_a = \frac{K_{ga}}{\sum\limits_{i=1}^{\bar{i}} x_{ai} k_{hi}} \; .$$

Die Stückvertriebskosten k_{ai} der Produktart i setzen sich zusammen aus den anteiligen Stückvertriebsgemeinkosten k_{gai} und möglichen Stückvertriebseinzelkosten k_{eai}. Es gilt:

$$k_{ai} = k_{hi} z_a + k_{eai} \; .$$

Aus Vereinfachungsgründen werden hierbei die Erzeugnisse, die in der Vorperiode erstellt worden sind und in der Abrechnungsperiode vom Lager genommen werden, mit den Herstellkosten der Abrechnungsperiode bewertet.

Der Zuschlagssatz z_v für die Verwaltungsgemeinkosten ergibt sich durch Gegenüberstellung der Verwaltungsgemeinkosten K_{gv} und der Herstell- und Vertriebskosten der abgesetzten Erzeugnisse. Es gilt:

$$z_v = \frac{K_{gv}}{\sum\limits_{i=1}^{\bar{i}} x_{ai}(k_{hi} + k_{ai})} \; .$$

Somit betragen dann die Stückselbstkosten k_{si}:

$$k_{si} = \{[k_{emi}(1 + z_m) + k_{efi}(1 + z_f)](1 + z_a) + k_{eai}\}(1 + z_v) \ .$$

Bei absatzsynchroner Fertigung lassen sich die Zuschlagssätze z_a und z_v vereinfacht ermitteln. Hier gilt:

$$\sum_{i=1}^{\bar{i}} x_{ai} k_{hi} = \sum_{i=1}^{\bar{i}} x_{pi} k_{hi} = K_{em} + K_{gm} + K_{ef} + K_{gf}$$

$$z_a = \frac{K_{ga}}{K_{em} + K_{gm} + K_{ef} + K_{gf}}$$

bzw.

$$\sum_{i=1}^{\bar{i}} x_{ai}(k_{hi} + k_{ai}) = \sum_{i=1}^{\bar{i}} x_{pi}(k_{hi} + k_{ai}) = K - K_{gv}$$

$$z_v = \frac{K_{gv}}{K - K_{gv}}$$

In Abweichung zu diesen Methoden lassen sich die Verwaltungsgemeinkosten auch auf der Basis der Herstellkosten der abgesetzten Erzeugnisse den Erzeugnissen anlasten [*Kilger*, 1969, S. 482]; bei einer atypischen Kostenstruktur sind auch spezielle Schlüssel unter Zugrundelegung der Fertigungskosten, der Materialkosten usw. möglich [*Kilger*, 1969, S. 482ff.]. Ähnliche Modifizierungen lassen sich auch bei der Verteilung der Vertriebsgemeinkosten finden [*Kilger*, 1969, S. 485ff.].

Bei Berücksichtigung von Sondereinzelkosten gilt zu beachten, daß im Regelfall die Gemeinkosten nicht auf gleichzeitiger Grundlage der Sondereinzelkosten verteilt werden. Daher werden die Sondereinzelkosten außerhalb dieser Zuschlagskalkulation geführt. Es gilt demnach folgende Staffelform:

Materialeinzelkosten	
+ Materialgemeinkosten	
+ Fertigungseinzelkosten	+ Sonderfertigungseinzelkosten
+ Fertigungsgemeinkosten	
= Herstellkosten	
+ Vertriebsgemeinkosten	
+ Vertriebseinzelkosten	+ Sondervertriebseinzelkosten
+ Kosten der Verwaltung	
= Selbstkosten	

Diese Form der elektiven Zuschlagskalkulation erlaubt eine genauere Kostenverteilung als die summarische Form. Die Gemeinkostenzuschlagssätze werden im dritten Teil des Betriebsabrechnungsbogens auf statistischem Wege ermittelt. Die Endkosten der Kostenbereiche ‚Material‘, ‚Fertigung‘ ‚Vertrieb‘ und ‚Verwaltung‘ werden den entsprechenden Bezugsgrößen gegenübergestellt.

Bei einem fertigungstechnisch sehr heterogenen Produktionsprogramm genügt diese Form der elektiven Zuschlagskalkulation jedoch nicht. Die Produkte durchlaufen jeweils verschiedene Fertigungsstellen. Aufgrund dieser Tatsache ist es falsch, allen Produkten den gleichen Gemeinkostenzuschlag zuzuordnen. Aus diesem Grund wird der gesamte Fertigungsbereich in mehrere Fertigungsstellen $H_1, H_2, \ldots H_{\bar{s}}$ geteilt. In der Kostenstellenrechnung werden die Fertigungsgemeinkosten über die Stellen verteilt und im Betriebsabrechnungsbogen als deren Endkosten als $K_{gfH_1}, K_{gfH_2}, \ldots, K_{gfH_{\bar{s}}}$ ausgewiesen. Die Fertigungseinzelkosten werden gleichfalls nach Fertigungsstellen getrennt und den entsprechenden Gemeinkosten zur Ermittlung der differenzierten Zuschlagssätze im Betriebsabrechnungsbogen gegenübergestellt. Die Größe K_{efH_s} kennzeichnet die Summe der Fertigungseinzelkosten, die zwar als Einzelkosten dem Kostenträger direkt zugerechnet werden können, aus kalkulationstechnischen Gesichtspunkten aber doch in die Kostenstellenrechnung einbezogen werden. Die Größe $k_{efH_s i}$ kennzeichnet die Fertigungseinzelkosten der Erzeugnismengeneinheit der Art i, die zwar dem Erzeugnis direkt zugerechnet werden können, die aber fertigungstechnisch innerhalb der Kostenstelle s anfallen. Es gilt:

$$z_{f1} = \frac{K_{gfH_1}}{K_{efH_1}}, \quad z_{f2} = \frac{K_{gfH_2}}{K_{efH_2}}, \ldots, z_{f\bar{s}} = \frac{K_{gfH_{\bar{s}}}}{K_{efH_{\bar{s}}}} .$$

Die Stückselbstkosten des Produktes i ergeben sich wie folgt:

$$k_{si} = \{[k_{emi}(1+z_m) + k_{efH_1 i}(1+z_{f1}) + k_{efH_2 i}(1+z_{f2})$$

$$+ \ldots + k_{efH_{\bar{s}}i}(1+z_{f\bar{s}})](1+z_a) + k_{eai}\}(1+z_v) .$$

6.3.4 Die Maschinen- und Handarbeitsplatzkostenrechnung

Bei einer sehr heterogenen Kostenstruktur des gesamten Fertigungsbereiches dürfen die Gemeinkosten nicht mit einem für den gesamten Bereich geltenden pauschalen Gemeinkostenzuschlag verrechnet werden. Daher wurde eine Stellenuntergliederung mit jeweils speziellen Zuschlagssätzen vorgenommen. Sehr häufig weisen die teilweise nach verantwortungsgemäßen Gesichtspunkten aufgegliederten Kostenstellen stark heterogene Kostenstrukturen auf, die eine Kostenverrechnung auf homogener Bezugsbasis verbieten. Diese Heterogenität der Kostenstruktur kann hervorgerufen werden durch [*Berger*, 1970a, Sp. 952f.]:

a) verschiedene Verrichtungen in einer Kostenstelle,
b) verschiedene Tätigkeitsarten (Hand- oder Maschinenarbeit) in einer Kostenstelle und
c) verschiedene Maschinentypen bei gleichen Funktionen innerhalb einer Kostenstelle.

Um diese Heterogenität der Kostenstellen kostenrechnerisch zu berücksichtigen, erfährt die differenzierte Zuschlagskalkulation eine weitere Verfeinerung, indem die Fertigungsstelle H_s in mehrere Maschinen- und Handarbeitskostenplätze H_{s1}, H_{s2}, ..., $H_{s\bar{s}}$ (einfache Drehbänke, Karusselldrehbänke, Arbeiterhandarbeitsplätze, Facharbeiterhandarbeitsplätze) aufgeteilt wird. Die Grundkonzeption der Kostenrechnung sieht hier eine zweistufige Zurechnung der Gemeinkosten auf das Stück vor [*Berger*, 1970a, Sp. 952ff.; *Goldammer*, S. 587ff.; *Haasis*, S. 69–76; *Kilger*, 1970a, S. 506ff.; *Mellerowicz*, 1970, S. 14ff.; *Neumayer*, S. 1ff.; *Rummel*, 1954, S. 52ff.; *Swenson*, S. 465ff.]. Die dem Kostenplatz direkt zugeschlagenen Kosten werden über eine platzbezogene Bezugsbasis dem Erzeugnis angelastet. Innerhalb der gesamten Kostenstelle verbleiben noch Restkosten, die den Kostenplätzen nicht individuell zugerechnet werden können. Diese Restgemeinkosten werden wie bisher über einen pauschalen Stellensatz verrechnet.

Mit zunehmender Mechanisierung und Automatisierung des Fertigungsprozesses werden variable Kosten weitgehend durch fixe Kosten verdrängt [*Lücke*, 1962, S. 313ff.]. Dabei wird im allgemeinen der Anteil der Erzeugniseinzelkosten an den gesamten Fertigungskosten immer kleiner, während der Anteil der Erzeugnisgemeinkosten an den gesamten Fertigungskosten immer größer wird. Würde man nun noch die Gemeinkosten auf der Grundlage der Einzelkosten als Verteilungsbasis den Erzeugnissen anlasten, d.h. würde man die Fertigungsgemeinkosten den Produkten auf der Basis der Fertigungseinzelkosten anlasten, so wäre die Kalkulation fehlerhaft.

Die Zuschlagsgrundlage ‚Einzelkosten' ist bei dieser Kostensubstitution für die Verteilung der Gemeinkosten zu schmal geworden. Untersuchungen haben zudem gezeigt, daß Variationen von Gemeinkosten weitgehend auf veränderte Fertigungszeiten zurückzuführen sind. In der Platzkostenrechnung werden daher die platzindividuellen Kosten nicht mehr auf der Grundlage von Einzelkosten, sondern auf der Grundlage von Fertigungszeiten umgelegt.

Die Gemeinkosten des zu der Fertigungsstelle s gehörenden Arbeitsplatzes ss betragen $K_{gfH_{ss}}$. Diese werden dividiert durch die gesamten Fertigungszeiten dieses Platzes $T_{H_{ss}}$. Daraus ergibt sich der Maschinenstundenkostensatz dieses Platzes. Er wird bezeichnet mit h_{ss}. Es gilt:

$$h_{ss} = \frac{K_{gfH_{ss}}}{T_{H_{ss}}} \; .$$

Diese gesamten Arbeitsplatzkosten werden nun entsprechend der jeweiligen Fertigungszeiten der Produkte auf diese verteilt. Mit der Größe t_{ssi} wird die Fertigungszeit des Erzeugnisses i auf dem Platz ss bezeichnet. Die Restgemeinkosten der Stelle s werden mit RK_{gfH_s} bezeichnet. Ihre Verteilung erfolgt wie bei der traditionellen Zuschlagskalkulation auf der Grundlage der Fertigungseinzelkosten. Der Zuschlagssatz für die gesamte Kostenstelle s wird mit rz_{fs} bezeichnet. Dieser beträgt:

$$rz_{fs} = \frac{RK_{gfH_s}}{K_{efH_s}} \; .$$

Die Selbstkosten des Produktes i ergeben sich dann wie folgt; dabei wird die Stelle H_2 in drei Arbeitsplätze aufgeteilt:

$$k_{si} = \Big\{ \{k_{emi}(1+z_m) + k_{efH_1 i}(1+z_{f1}) + [(t_{21i}h_{21} + t_{22i}h_{22}$$
$$+ t_{23i}h_{23}) + k_{efH_2 i}(1+rz_{f2})] + \ldots + k_{efH_s i}(1+z_{fs})\}$$
$$(1+z_a) + k_{eai} \Big\}(1+z_v)$$

Voraussetzung für diese differenzierte Kalkulation als Platzkostenrechnung ist eine sehr detaillierte Kostenstellenrechnung mit anfangs erheblichem organisatorischen Mehraufwand. Gegenüber der bisherigen Methodik der Zuschlagskalkulation mit einigen wenigen Globalsätzen hat jedoch diese Platzkostenrechnung auf der Basis von Fertigungszeiten und Zeitkostensätzen den Vorteil der größeren Kostenklarheit, ohne nun wesentlich mehr Abrechnungsarbeiten zu verursachen [*Harrmann*, 1962; 1972].

6.4 Die Kalkulation von Kuppelprodukten

Bei der Kuppelproduktion ist jeder Produktmenge x_1 eine eindeutig bestimmte Menge x_2 zugeordnet und umgekehrt. Dieses technische Zuordnungs- bzw. Ausbringungsverhältnis x_1/x_2 ist bei *von Stackelberg* mit „Produktionsrichtung" bezeichnet [*von Stackelberg*, 1932, S. 55 u. S. 58; *Lücke*, 1970a,

S. 234–238]. Die Produktionsrichtungen können fest oder aber auch begrenzt variabel sein [*Schneider, E.*, 1967a, S. 13]. Beispiele für Kuppelprodukte sind in der Kokerei (Koks, Gas, Teer etc.) und beim Hochofen (Roheisen, Gichtgas und Schlacke) zu finden [*Lesourne*, 315; *Lücke*, 1970a, S. 234].

Die Fertigungsstruktur bei der Kuppelproduktion weist für die Kuppelprodukte bis zum split-off-point einen gemeinsamen Produktionsprozeß auf [*Weblus*, S. 51]. Nach diesem gemeinsamen Produktionsweg können für jede Erzeugnisart getrennte Fertigungswege folgen. Es gilt folgende Abbildung 31:

$$K^* \qquad\qquad K_1 \longrightarrow x_1$$
$$\nearrow \qquad\qquad K_2 \longrightarrow x_2$$

Abb. 31   split-off-point

Diese zwangsläufige, teilweise auf naturgesetzlichen Verhältnissen beruhende Verbundenheit schließt eine ursachgemäße Ermittlung der Kosten für die komplementären Erzeugnisse aus. Die Kosten des gemeinsamen Fertigungsganges K^* sind nur auf die Kuppelproduktion als Ganzes oder im Rahmen der kumulativen Divisionskalkulation auf ein sog. Ausbringungspäckchen verteilbar. In der Literatur sind grundsätzlich zwei Kalkulationsmethoden vertreten, die aber beide nach dem Prinzip der Kostendivision erfolgen. Das sind die Verteilungsmethode und die Restwert- oder Subtraktionsmethode [*Angermann*, 1955, S. 650–655; *Beste*, 1960, Sp. 3628–3635; *Riebel*, 1970, Sp. 994–1006].

Zuerst sei die Verteilungsmethode betrachtet.

In einer einfachen Durchschnittsrechnung werden diese verbundenen (Kuppel-)Kosten K^* durch die Summe der einzelnen Teilprodukte dividiert. Die Heterogenität der Produkte wird in der folgenden Rechnung nicht berücksichtigt. Die Addition beider Produktmengen x_1 und x_2 ergebe $\bar{x}$. Die verbundenen Erzeugnisstückkosten k^* würden dann wie folgt lauten:

$$k^* = k^*/\bar{x} \to k^* = k_1 \, ; k^* = k_2 \ .$$

Unter Berücksichtigung von Weiterverarbeitungskosten K_1 und K_2 gilt:

$$k_{h1} = K^*/\bar{x} + K_1/x_1 \qquad k_{h2} = K^*/\bar{x} + K_2/x_2.$$

Dimensionsschwierigkeiten bei unterschiedlichen Erzeugnissen und die Vernachlässigung jeden Versuchs einer möglichen Kostenzurechnung lassen diese Methode als unbrauchbar erscheinen. Bei Differenzierung in Haupt- und Nebenprodukte werden die verbundenen Kosten nach der Tragfähigkeit auf die

Produkte verteilt. Anhaltspunkte für die Tragfähigkeit sind die Marktwerte der Erzeugnisse. Rechentechnisch bedient man sich hier der Verfahren der Äquivalenzziffernrechnung (vgl. Kap. 6.2.3).

$$r^* = \frac{K^*}{x_1 \cdot \ddot{a}_1 + x_2 \cdot \ddot{a}_2}$$

$$k_1^* = r^* \cdot \ddot{a}_1 \quad k_2^* = r^* \cdot \ddot{a}_2 \ .$$

Unter Berücksichtigung von Weiterverarbeitungskosten K_1 und K_2 gilt:

$$k_{h1} = r^* \cdot \ddot{a}_1 + K_1/x_1 \qquad k_{h2} = r^* \cdot \ddot{a}_2 + K_2/x_2 \ .$$

Neben diesen Verteilungsmethoden hat sich vor allem die Restwert- oder Subtraktionsmethode durchgesetzt. So werden z.B. die Erlöse beim Nebenprodukt von den gesamten verbundenen Kosten subtrahiert und stellen eine Kostenminderung des Hauptproduktes dar. Auf eine Feststellung der Kosten des Nebenproduktes wird hier verzichtet. Die Produktart 1 (2) entspricht dem Hauptprodukt (Nebenprodukt). Für die Kalkulation des Hauptproduktes gilt:

$$k_1^* = \frac{K^* - N}{x_1} \ .$$

Zur Bestimmung von N gibt es jedoch mehrere Möglichkeiten:
1. N ist der Erlös des Nebenproduktes: $N = x_{a2} p_2$. Hier ergeben sich Schwierigkeiten, wenn die produzierten Nebenprodukte nicht in der gleichen Periode abgesetzt werden.
2. N ist der Ertrag des Nebenproduktes: $N = x_{a2} p_2 + (x_{p2} - x_{a2}) q_2$. Da die Lagerbestände nicht mit dem Marktpreis bewertet werden, wird p_2 um kalkulatorische Größen — wie kalkulatorischer Gewinn, Sicherheitsabschläge etc. — verringert zu q_2.
3. Entstehen nach dem split-off-point noch Weiterverarbeitungskosten für das Nebenprodukt, so sind diese für N zu berücksichtigen.

$$N = x_{a2} p_2 + (x_{p2} - x_{a2}) q_2 - K_2 \ .$$

4. In dem Preis p_2 können anteilige Vertriebskosten k_{a2} und ein kalkulatorischer Gewinnanteil g_2 einbezogen werden. Dann gilt:

$$N = x_{a2} (p_2 - k_{a2} - g_2) + (x_{p2} - x_{a2}) q_2 - K_2$$

Für den Fall, daß: $(p_2 - k_{a2} - g_2) = q_2$, gilt:

$$N = x_{p2} \cdot q_2 - K_2 .$$

Mit dieser Restwertmethode werden in die Kostenrechnung neben rein fertigungsbetrieblichen Faktoren auch absatzmarktbezogene Größen berücksichtigt. Diese bipolare Betrachungsweise ist wiederzufinden in der Deckungsbeitragsrechnung.

Die Verteilungsmethode und die Restwertmethode erscheinen jeweils für verschiedene Arten von Kuppelproduktionstypen praedestiniert. Während die Verteilungsmethode dann heranzuziehen ist, wenn im gemeinsamen Kuppelprozeß gleichwertige, zumindest nahezu gleichwertige Produkte gefertigt werden, ist die Restwertmethode für den Fall geschaffen, wenn neben nur einem Hauptprodukt ein oder auch mehrere Nebenprodukte erzeugt werden. Ein allgemeingültiges Verfahren soll an Hand folgenden Modells entwickelt werden.

In der industriellen Praxis treten Fälle auf, bei denen in einem gemeinsamen Kuppelprozeß mehrere Hauptprodukte in den Mengen x_{pi}^h mit ($i = 1, 2, \ldots, \bar{i}$) und mehrere Nebenprodukte in den Mengen x_{pj}^n mit ($j = 1, 2, \ldots, \bar{j}$) zugleich gefertigt werden. Für die Hauptprodukte sind die Stückkosten als Stückherstellkosten k_{hi}^h bzw. als Stückselbstkosten k_{si}^h zu bestimmen; denn die Hauptprodukte sind der eigentliche Zweck der betrieblichen Tätigkeit. Die Hauptprodukte haben den wesentlichen Teil der gemeinsamen Fertigungskosten zu tragen; dieses ist bei der Preispolitik zu berücksichtigen. Die Trennung zwischen Haupt- und Nebenprodukten ist allerdings nicht immer genau vorzunehmen.

In dem allen Produkten gemeinsamen Kuppelprozeß entstehen die Kosten K^*. Nach dem split-off-point durchlaufen die Erzeugnisse jeweils noch produktspezifische Fertigungsgänge mit den jeweiligen Kosten K_{hi}^h für die Hauptproduktart i und den Kosten K_{hj}^n für die Nebenproduktart j. Die spezifischen Vertriebskosten für produktartenindividuelle Absatzwege betragen K_{ai}^h für die Hauptproduktart i und K_{aj}^n für die Nebenproduktart j. Die Absatzmengen der Erzeugnisse werden mit x_{ai}^h und x_{aj}^n berücksichtigt. Verwaltungskosten entstehen nicht.

Die Erlöse der Nebenprodukte stellen unter Berücksichtigung der produktspezifischen Weiterverarbeitungs- und Vertriebskosten eine Minderung der Kosten des Kuppelprozesses dar, die von den Hauptprodukten zu tragen sind. Hier kommt die Restwertmethode zur Anwendung. Die Kostenminderung N wird unter Berücksichtigung eines absoluten stückbezogenen kalkulatorischen Gewinns g_j^n des Nebenproduktes j und einer möglichen nicht absatz-synchronen Fertigung wie folgt ermittelt:

$$N = \sum_{j=1}^{\bar{j}} \left[\underbrace{x_{aj}^n \left(p_j^n - g_j^n \right)}_{A} + \underbrace{\left(x_{pj}^n - x_{aj}^n \right)}_{B} \underbrace{\left(p_j^n - k_{aj}^n - g_j^n \right)}_{C} - K_{hj}^n - K_{aj}^n \right].$$

Die Größe A stellt den Umsatz des Nebenproduktes j abzüglich eines kalkulierten kalkulatorischen Gewinnsatzes incl. Risikoabschlages dar. B ist die entsprechende Lagerbestandsveränderung bei nicht absatz-synchroner Fertigung; die Größe C gibt den Wertansatz für Lagerbestände an; mangels exakter Stückherstellkosten k_{hj}^n wird hier der mutmaßliche Absatzpreis um die entsprechenden Stückvertriebskosten und um einen kalkulatorischen Gewinnsatz incl. Risikoabschlag vermindert. Wegen der in der Regel geringen Bedeutung der Nebenprodukte werden jedoch hier kalkulatorische Gewinne nicht immer angesetzt.

Zur Ermittlung der restlichen Kuppelprozeßkosten RK^* wird dieser Deckungsbeitrag N als Beitrag der Nebenprodukte zur Deckung von Kuppelprozeßkosten K^* von diesen in Abzug gebracht

$$RK^* = K^* - N.$$

Diese restlichen Kosten werden dann auf die zu kalkulierenden Hauptprodukte entsprechend der Tragfähigkeit verteilt. Hier kommt die Verteilungsmethode in Verbindung mit der Äquivalenzziffernrechnung zur Anwendung. Dabei werden hier die Äquivalenzziffern weniger auf der Grundlage fertigungstechnischer Kennzahlen (wie Fertigungszeiten), als vielmehr auf der Grundlage absatzpolitischer Gesichtspunkte (Kostentragfähigkeit nach Marktstärke) gebildet.

Für die Rechnungseinheit gilt der Kostenwert r^*:

$$r^* = \frac{RK^*}{\sum_{i=1}^{\bar{i}} x_{pi}^h \, \ddot{a}_i}.$$

Unter Berücksichtigung von Weiterverarbeitungskosten K_{hi}^h und Vertriebskosten K_{ai}^h bilden sich für die Hauptprodukte i die Stückherstellkosten k_{hi}^h und die Stückselbstkosten k_{si}^h wie folgt:

$$k_{hi}^h = r^* \, \ddot{a}_i + K_{hi}^h / x_{pi}^h \qquad k_{si}^h = k_{hi}^h + K_{ai}^h / x_{ai}^h.$$

Mögliche Verwaltungskosten als generelle Gemeinkosten lassen sich auf der Grundlage der Vertriebskosten verteilen. Vertriebskosten werden dann um anteilige Verwaltungskosten erhöht.

Diese Methode gilt für alle Fertigungsstrukturen der Kuppelproduktion. Bei nur einem Hauptprodukt und einem oder mehreren Nebenprodukten entspricht dieser Rechengang der normalen Restwertmethode. Entstehen mehrere Hauptprodukte ohne gleichzeitige Nebenprodukte, sind also alle Kuppelprodukte Hauptprodukte, so entfällt der Deckungsbeitrag N; der Rechengang wird hier zur einfachen Verteilungsmethode. Bei mehreren Hauptprodukten und bei mehreren Nebenprodukten gestattet diese hier entwickelte Vorgehensweise für die Hauptprodukte die erforderliche Kalkulation; Nebenprodukte werden nicht kalkuliert.

6.5 Der Einfluß der Fertigungsstruktur auf die Kostenträgerstückrechnung

Die industrielle Fertigungsstruktur ist gekennzeichnet durch das industrielle Produktionsprogramm und dessen betriebliche Fertigung. In der Literatur unterscheidet man zwischen der Einproduktfertigung und der Mehrproduktfertigung. Bei der Mehrproduktfertigung unterscheidet man fertigungstechnisch gesehen zwischen der unverbundenen und der verbundenen Produktion; letztere wird untergliedert in die fertigungstechnisch gesehene kumulative und alternative Fertigung. Die unverbundene Fertigung liegt vor, wenn ein Industriebetrieb in mehreren Betriebsstätten voneinander unabhängig verschiedene Erzeugnisse produziert. Dabei sei verwiesen auf die parallele Produktion [*von Stackelberg*, 1951, S. 32] und auf die produktionsmäßige Unabhängigkeit [*Schneider, E.*, 1967a, S. 13]. Die kumulative Fertigung ist die Kuppel- oder Koppelproduktion [*Angermann*, 1952, S. 15ff.; *Schneider, E.*, 1967a, S. 13]. Mit der Fertigung des einen Gutes ist gleichzeitig die Produktion eines Kuppelproduktes verbunden. Eine Alternativfertigung liegt vor, wenn mehrere alternativ zu fertigende Erzeugnisse aus (teilweise) gleichen Werkstoffen oder auf (teilweise) gleichen Fertigungsanlagen produziert werden. Bei gegebenen betrieblichen Kapazitäten ist mit der Mehrproduktion des einen Gutes eine Minderfertigung des anderen Erzeugnisses verbunden [*Schneider, E.*, 1967a, S. 12]. Als Beispiel hierfür ist u.a. die Sortenproduktion zu nennen. Dabei handelt es sich um Produkte, die in ihrer Herstellungs- und Rohstoffart miteinander verwandt sind. Eine Serienfertigung hingegen kann einer Alternativfertigung und einer unverbundenen Produktion entsprechen. Letzteres ist gegeben, wenn mehrere Erzeugnisse in unterschiedlichen Fertigungsgängen in begrenztem Umfang hergestellt werden. Der Charakter der Alternativfertigung ist gegeben, wenn die einzelnen Serien teilweise doch die gleichen Fertigungsgänge passieren. Die Sortenfertigung ist zu finden in der Zigarettenproduktion, die Serienfertigung in der Automobilindustrie [*Beste*, 1966, S. 144ff.; *von Kortzfleisch*, 1966, S. 63–65; *Riebel*, 1963].

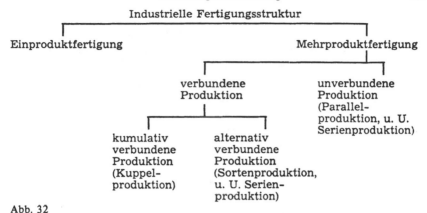

Abb. 32

Jedem Produktionsverfahren wird aufgrund seiner Eigenart ein bestimmtes Kalkulationsverfahren zugeordnet [*Kosiol*, 1964, S. 110f.; *Vormbaum*, S. 63–72]. Die Divisionskalkulation ist nur gut geeignet bei einer Einprodukt-fertigung in Massenproduktion bzw. bei einer unverbundenen Mehrfachproduk-tion oder Parallelproduktion. Bei mehrstufiger, nicht-synchroner Stufenferti-gung kann so die mehrstufige Divisionskalkulation zur Anwendung gelangen. Bei einer Sortenfertigung kann die zur Äquivalenzziffernrechnung modifizierte Divisionskalkulation durchgeführt werden. Die verschiedenen Kostenwertigkei-ten aufgrund verschiedener Rohstoffe und/oder Fertigungszeiten werden ko-stenrechnerisch durch die Äquivalenzziffern berücksichtigt. Bei der Sortenfer-tigung läßt sich auch noch die Zuschlagskalkulation anwenden. Diese muß aber herangezogen werden bei der Serienfertigung und bei Einzelfertigungen. Gera-de die Einzelfertigung weist eine so differenziert heterogene Fertigungs- und Erzeugnisstruktur auf, daß eine gerechte Kostenverteilung nur mit der elekti-ven Zuschlagskalkulation oder nur mit der Platzkostenrechnung möglich ist. Bei der Kuppelproduktion als kumulative verbundene Mehrfachfertigung kom-men die Restwert- oder die Verteilungsmethode als modifizierte Form der Di-visionskalkulation zur Anwendung.

6.6 Die Kostenträgerzeitrechnung (kurzfristige Erfolgsrechnung)

6.6.1 Die Grundlagen der Kostenträgerzeitrechnung

Es gehört zu den Aufgaben der Unternehmensrechnung, am Ende eines je-den Wirtschaftsjahres durch Gegenüberstellung von Aufwendungen und Ertrā-gen innerhalb der Gewinn- und Verlustrechnung bzw. durch Eigenkapitalver-gleich innerhalb der Bilanz den Erfolg des Unternehmens zu ermitteln. Für *Kilger* [1962, S. 25ff.; 1976, S. 392] ist die Methode der Erfolgsermittlung innerhalb der Unternehmensrechnung aber nicht geeignet, den Erfolg des Betriebes als Ergebnis der betrieblichen Leistungserstellung und Leistungsverwertung, d.h. das eigentliche Betriebsergebnis zu ermitteln. Die Erfolgsrechnung in der Unternehmensrechnung beinhaltet neutrale Aufwendungen und neutrale Erträge, die in keinem Zusammenhang zur betrieblichen Leistungserstellung und Leistungsverwertung stehen; sie vernachlässigt die kalkulatorischen Größen; ferner ist die Abrechnungsperiode zu lang, eine aktive Beeinflußung des Betriebsergebnisses ist nur bei kürzeren Abrechnungs- und damit Kontrollperioden möglich [*Schmalenbach,* 1937, S. 6].

Diese Mängel haben zu der Entwicklung der Kostenträgerzeitrechnung im Sinne einer kurzfristigen Erfolgsrechnung geführt, deren Aufgaben nach *Haberstock* [1975, S. 138] vor allem darin bestehen,

1. eine laufende kurzfristige, in der Regel monatliche Ermittlung und Kontrolle des Betriebsergebnisses aus der Gegenüberstellung von Kosten und Leistungen zu gewährleisten und
2. Zahlenmaterial für dispositive Zwecke bereitzustellen.

In der Literatur wird gewöhnlich diese Stufe im betrieblichen Rechnungswesen mit der Aufgabe der Ermittlung des Betriebsergebnisses als Kostenträgerzeitrechnung bezeichnet. *Haberstock* [1975, S. 139] weist so ausdrücklich darauf hin, daß bei strenger Betrachtung der Begriff ‚Kostenträgerzeitrechnung‘ lediglich den Abschluß einer periodischen Kostenrechnung beinhaltet. Zur Ermittlung des Betriebsergebnisses ist die Einbeziehung von Leistungsgrößen notwendig. Damit wird die Kostenträgerzeitrechnung zu einer integrierten Kosten- und Leistungsrechnung. Der Begriff ‚Kostenträgerzeitrechnung‘ stellt nur eine Seite der Betriebsergebnisrechnung dar.

Mit dem Gesamtkostenverfahren und mit dem Umsatzkostenverfahren haben sich zwei mögliche Systeme für die Betriebsergebnisrechnung herauskristallisiert. Beide Verfahren führen zu dem gleichen Betriebsergebnis; sie unterscheiden sich jedoch wesentlich in der organisatorischen Durchführung sowie in der Darstellung und Analyse des Betriebserfolges. Gerade dieses ist aber ein wesentliches Kriterium zur Beurteilung der Vorgehensweise.

6.6.2 Das Gesamtkostenverfahren

Die älteste Form der kurzfristigen Betriebserfolgsrechnung entspricht in ihrem Aufbau der Aufwands- und Ertragsrechnung der Finanzbuchhaltung. Der einzige Unterschied besteht darin, daß statt der Gesamterträge lediglich die Betriebserträge berücksichtigt werden, und daß von diesen statt der Aufwendungen die Gesamtkosten subtrahiert werden; da bei dieser Methode auf dem Betriebsergebniskonto die nach Kostenarten differenzierten Gesamtkosten erscheinen, bezeichnet man sie als das Gesamtkostenverfahren.

Der Betriebsertrag läßt sich in den Umsatz aus den verkauften Erzeugnissen und in die zu Herstellkosten bewerteten Lagerbestandsveränderungen der Halb- und Fertigfabrikate zerlegen. Bezeichnet man den Umsatz mit U, die produzierte Menge einer Erzeugnisart i mit x_{pi}, die Absatzmenge einer Erzeugnisart i mit x_{ai}, die Herstellkosten pro Stück mit k_{hi} und die Kostenartenbeträge mit K_j, so läßt sich bei $\bar{i}$ Erzeugnissen und $\bar{j}$ Kostenarten der Betriebserfolg G_B wie folgt ausdrücken:

$$G_B = U + \sum_{i=1}^{\bar{i}} (x_{pi} - x_{ai}) k_{hi} - \sum_{j=1}^{\bar{j}} K_j$$

Buchhalterisch gesehen werden im Gesamtkostenverfahren sämtliche Kostenarten direkt von der Kostenartenrechnung auf das Betriebsergebniskonto übertragen.

Die Erlöse werden von den Erlöskonten auf das Betriebsergebniskonto übernommen. Lagerbestandszunahmen stellen Ertragsposten, Lagerbestandsabnahmen stellen als Werteverzehr Kostenposten dar und werden dementsprechend abgeschlossen. Es gilt:

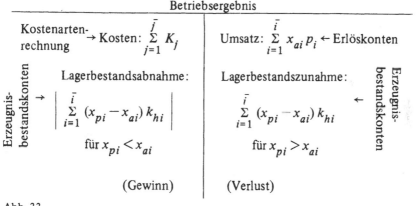

Abb. 33

Ein großer Vorteil des Gesamtkostenverfahrens ist die große Einfachheit des rechnerischen Aufbaus. Die Abrechnung läßt sich leicht in das Kontensystem der doppelten Buchführung einbauen. Ohne Berücksichtigung von Lagerbestandsveränderungen ist eine detaillierte Kostenstellen- und Kostenträgerstückrechnung nicht erforderlich, da die Kosten unmittelbar von der Kosten-

artenrechnung aus übernommen werden. Die Einbeziehung von Lagerbestands-
bewegungen und deren wertmäßiger Erfassung erfordert eine Bewertung der
Erzeugnisse und damit doch wieder bei Betrieben mit einem differenzierten
Leistungsprogramm eine Kostenstellen- und -trägerrechnung [*Beste*, 1962,
S. 313].

Diese kann auf statistischem Wege außerhalb des Kontenplanes vorgenommen werden. Die Lagerbestandsbewegungen werden durch körperliche Inven-
turen und durch Gegenüberstellung der Bestände zu Beginn und am Ende der
Abrechnungsperiode ermittelt [*Beste*, 1962, S. 302ff.; *Kilger*, 1962, S. 29–33].

Der Informationsgehalt des Gesamtkostenverfahrens ist besonders kritisch
zu untersuchen. Die Gliederung und der Aufbau der Erfolgsrechnung nach dem
Gesamtkostenverfahren ist unlogisch und nicht geeignet für detaillierte Aussagen. Nach der Aufgliederung der Kosten kann man hier von einer kostenartenorientierten Erfolgsrechnung sprechen [*Kosiol*, 1964, S. 272]. Die Ertragsrechnung hingegen ist hier erzeugnisartenorientiert, da die Umsätze und Bestandsveränderungen nach Erzeugnissen getrennt ermittelt werden. Beim Gesamtkostenverfahren stehen sich auf der Kostenseite und auf der Ertragsseite
nach jeweils verschiedenen Kriterien geordnete Größen gegenüber, die sich
nicht entsprechen. „Die nach Kostenarten gegliederte kurzfristige Erfolgsrechnung läßt nicht erkennen, welche Erzeugnisse die Erfolgslage besonders gün-
stig beeinflußt haben und bei welchen Produkten Verluste entstanden sind.
Das Gesamtkostenverfahren ist daher in Mehrproduktunternehmungen weder
für die Erfolgsanalyse noch als Grundlage für die Verkaufssteuerung geeignet. Als Methode der kurzfristigen Erfolgsrechnung kann das Gesamtkostenverfahren vielmehr nur für die Einproduktunternehmungen oder in besonders einfach gelagerten Fällen der Sortenproduktion als ausreichend angesehen werden" [*Kilger*, 1962, S. 33].

6.6.3 Das Umsatzkostenverfahren

In der kurzfristigen Erfolgsrechnung wird nach dem Umsatzkostenverfahren
der Betriebserfolg durch Gegenüberstellung des Umsatzes mit den für diesen Umsatz angefallenen Kosten ermittelt. Zur Ableitung der Erfolgsgleichung für das
Umsatzkostenverfahren aus der des Gesamtkostenverfahrens werden die gesamten Kosten K aufgeteilt, hier in die Herstellkosten (Material- und Fertigungskosten) K_h und die Verwaltungs- und Vertriebskosten K_a. Es gilt:

$$K = K_h + K_a \qquad K = \sum_{i=1}^{\bar{i}} x_{pi} k_{hi} + \sum_{i=1}^{\bar{i}} x_{ai} k_{ai} \,.$$

Ausgehend vom Gesamtkostenverfahren gilt nach *Kilger* [1960, S. 306; 1962, S. 36–38]:

$$G_B = \sum_{i=1}^{\bar{i}} x_{ai}\, p_i + \sum_{i=1}^{\bar{i}} (x_{pi} - x_{ai})\, k_{hi} - \sum_{i=1}^{\bar{i}} x_{pi}\, k_{hi} - \sum_{i=1}^{\bar{i}} x_{ai}\, k_{ai}$$

$$G_B = \sum_{i=1}^{\bar{i}} x_{ai} p_i + \sum_{i=1}^{\bar{i}} x_{pi}\, k_{hi} - \sum_{i=1}^{\bar{i}} x_{ai}\, k_{hi} - \sum_{i=1}^{\bar{i}} x_{pi}\, k_{hi} - \sum_{i=1}^{\bar{i}} x_{ai}\, k_{ai}$$

$$G_B = \sum_{i=1}^{\bar{i}} x_{ai} p_i - \sum_{i=1}^{\bar{i}} x_{ai}\, k_{hi} - \sum_{i=1}^{\bar{i}} x_{ai}\, k_{ai}; \text{ mit: } k_{hi} + k_{ai} = k_{si}$$

$$G_B = \sum_{i=1}^{\bar{i}} x_{ai} p_i - \sum_{i=1}^{\bar{i}} x_{ai}\, k_{si}$$

$$\boxed{G_B = \sum_{i=1}^{\bar{i}} x_{ai} (p_i - k_{si})} \quad .$$

Das Betriebsergebniskonto hat dabei folgende Gestalt:

Betriebsergebnis

	Kosten:	Umsatz:	
Bestandskonten für Fertigerzeugnisse →	$\sum_{i=1}^{\bar{i}} x_{ai} k_{si}$	$\sum_{i=1}^{\bar{i}} x_{ai} p_i$	← Erlöskonten
	(Gewinn)	(Verlust)	

Abb. 34

Während die Erfolgsrechnung beim Gesamtkostenverfahren die Kosten- und Ertragsposten nach jeweils verschiedenen Kriterien unterteilt hat, weist das Umsatzkostenverfahren eine homogen-strukturierte Erfolgsrechnung auf. Die Kosten sind hier nicht artenmäßig der Kostenartenrechnung entsprechend untergliedert, sondern im Zuge der differenzierten Kostenstellen- und Kostenträgerrechnung auf die Erzeugnisse verteilt. Das Betriebsergebnis läßt sich differenzieren nach Erzeugnissen. Lagerbestandsveränderungen erscheinen im Betriebsergebnis nicht [*Hennig*, 1949, S. 272; *Kilger*, 1962, S. 38].

Das Umsatzkostenverfahren bedingt eine vollkommen integrierte Kosten- und Leistungsrechnung mit den ausgebauten Phasen der Kostenarten-, Kostenstellen- und Kostenträgerrechnung. Sämtliche Periodenkosten werden in der Kostenartenrechnung erfaßt. Die abgespaltenen Erzeugnisgemeinkosten werden in die Kostenstellenrechnung übernommen. Mit dem Betriebsabrechnungsbogen werden im Zuge der innerbetrieblichen Leistungsverrechnung hier die Endkosten der Endkostenstellen ermittelt. Als Vorstufe zur Kostenträgerrechnung werden auf den (Schluß-) Konten der Kostenstellenrechnung die auf die Erzeugnisse zu verrechnenden Gemeinkosten — nach Kostenstellen untergliedert — geführt; daneben werden auch die von der Kostenartenrechnung übernommenen (Material-, Fertigungs- und Vertriebs-) Einzelkosten hier ausgewiesen.

Die Erzeugniskonten werden mit den Werten der produzierten Mengeneinheiten belastet. Diese Stückherstellkosten werden in der Kostenträgerrechnung unter Heranziehung der verschiedenen Kalkulationsverfahren ermittelt. Zugleich werden die entsprechenden Kostenstellenkonten entlastet.

Auf der Grundlage einer laufend geführten Lagerbuchführung werden die Absatzmengen der Erzeugnisse in der Abrechnungsperiode ermittelt. Somit lassen sich nach der Skontrationsmethode (vgl. Abschnitt 4.3.1) die Endbestände an produzierten, aber nicht abgesetzten Produkten feststellen. Diese Bestandsdaten haben jedoch Sollcharakter. Sie können um außerordentliche, in der Lagerbuchführung nicht erfaßte Abgänge (z.B. Diebstahl) von den inventurmäßig ermittelten Istbeständen abweichen. Diese so auftretenden Differenzen werden nachträglich als neutrale Werteverzehre (Aufwendungen) für die Ermittlung des Betriebserfolges eliminiert.

Die abgesetzten Mengen der Erzeugnisse werden dem Betriebsergebniskonto mit den entsprechenden Selbstkosten belastet. Dazu müssen in der Kostenträgerrechnung die Verwaltungs- und Vertriebskosten auf die entsprechenden Erzeugnisse auf der Grundlage der Herstellkosten verteilt werden. Insofern baut das Umsatzkostenverfahren auf die Ergebnisse der Kostenträgerstückrechnung auf; diese gilt dabei als Vorstufe zur Kostenträgerzeitrechnung. Mit der Belastung des Betriebsergebniskontos werden einerseits die Erzeugniskonten mit den Herstellkosten der abgesetzten Produkte, andererseits die Kostenstellenkonten mit den hier noch verbliebenen Verwaltungs- und Vertriebskosten entlastet. Auf den Kostenstellenkonten entstehen keine Salden, da es sich hier wie in der Kostenartenrechnung um reine technisch bedingte Verrechnungskonten handelt. Die Salden der Kostenträgerkonten geben nach Übereinstim-

mung mit den Ergebnissen der Inventur die zu aktivierenden wertmäßigen Endbestände der einzelnen Erzeugnisse an.

Die Erlöse werden von den Erlöskonten auf das Betriebsergebniskonto übernommen.

Der Aufbau des Umsatzkostenverfahrens spiegelt sich in der Abbildung 35
wider.

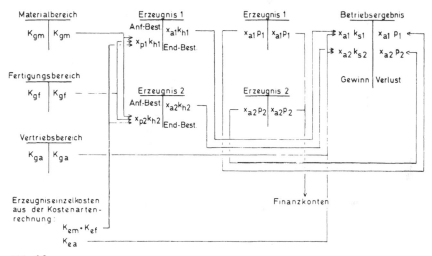

Abb. 35

Die homogene Gliederungsstruktur der Erfolgsrechnung weist einen höhe-
ren Informationsgehalt auf als die Erfolgsrechnung beim Gesamtkostenverfahren. Neben dem Ausweis des gesamten Betriebsergebnisses wird auch durch
die ertrags- (erlös-) und kostenmäßige Gliederung nach Erzeugnissen der Er-
folgsbeitrag jedes einzelnen Erzeugnisses gesondert hervorgehoben. Das ist
wichtig für sortimentspolitische Maßnahmen des Betriebes [*Huch*, 1970, S. 5].
Bei Mehrproduktfertigung ist das Umsatzkostenverfahren dem Gesamtkostenverfahren vorzuziehen. Bei sehr vielen Erzeugnisarten aber bringt diese ‚erzeug-
nisindividuelle' Erfolgsrechnung organisatorische Schwierigkeiten mit sich
[*Kilger*, 1962, S. 45]. Ein weiterer Vorteil ist darin zu sehen, daß das Betriebsergebnis ohne eine inventurmäßige Erfassung der Halb- und Fertigfabrikate-
bestände ermittelt werden kann. Allerdings läßt sich dieses System nur schwer
in die doppelte Buchhaltung einfügen; doch wird dabei eine genaue Abrechnung garantiert. Organisatorisch erleichtert wird die rechnerische Durchführung
des Umsatzkostenverfahrens in statistisch-tabellarischer Form [*Kilger*, 1962,
S. 45]. Die Abstimmung mit der Finanzbuchhaltung muß dann aber noch in
einer besonderen Rechnung erfolgen.

6.7 Die Unzulänglichkeit der Vollkostenrechnung

Die Kostenrechnung will unter dem Gesichtspunkt des Verursachungsprinzips eine möglichst verursachungsgerechte Verteilung der gesamten Kosten auf die Erzeugnisse als Kostenträger anstreben. Als Kriterien kommen hier nur die causa efficiens (Zurechnung entsprechend Ursache und Wirkung) und die causa finalis (Zurechnung entsprechend Mittel und Zweck) in Frage, da nur diese Prinzipien die wirklichen Beziehungen berücksichtigen [vgl. Kap. 2.3 und 2.4; *Ehrt*, S. 6; *Kühnemund*, S. 237–243].

Vertreter der traditionellen Kostenrechnung wollen der causa finalis entsprechend sämtliche Kosten auf die Erzeugnisse verteilen. Finalität liegt vor, wenn ein gegenwärtiger Zustand durch die Zukunft bestimmt wird bzw. wenn von einem späteren Vorgang ein vorhergehender abhängig ist. In diesem Sinne ist der augenblickliche Kostenanfall bestimmt durch das zukünftig angebotene Produktionssortiment. Da über den Umsatz die Kosten wenigstens zu decken sind und das Preisgerüst des Absatzes einen Entscheidungsparameter des Unternehmens darstellung und die Preisbestimmung zum Teil auf der Grundlage der Kosten erfolgt, wird mit der causa finalis die Verteilung der Kosten auf die Erzeugnisse gerechtfertigt.

Bei allen in der Kostenstellen- und Kostenträgerrechnung entwickelten Verfahren zeigt sich deren bedingte Brauchbarkeit. Eine ursachgemäße Zurechnung der Erzeugniseinzelkosten ist auf die Produkte ohne weiteres möglich. Die Erzeugnisgemeinkosten stellen wiederum Stelleneinzelkosten und Stellengemeinkosten dar; erstere lassen sich direkt auf die Stellen zuordnen, letztere lassen sich nur mit Hilfe von Schlüsseln verteilen. Hinsichtlich der Kostenstellen wird zwischen Allgemeinen und Hilfs-Kostenstellen und Hauptkostenstellen unterschieden. Die Kosten der Allgemeinen und Hilfs-Kostenstellen lassen sich oft nur durch Schlüsselungen auf die Hauptkostenstellen verteilen. Die Endkosten setzen sich nun aus primären und sekundären Kosten zusammen, deren kostenstellenweise Ermittlung also nur durch Schlüsselungen erreicht wird. Eine Verteilung der Endkosten auf die Erzeugnisse ist problemlos, wenn die Kostenstellen jeweils nur von einer Produktart passiert werden. In der Regel ist dieses aber nicht der Fall; es hat eine weitere Schlüsselung auf die einzelnen Erzeugnisse zu erfolgen. Wie anhand der Verfahren der Kostenträgerstückrechnung gezeigt wurde, ist eine solche sich kumulierende Schlüsselung bei der Monoproduktion mit der summarischen Divisionskalkulation nicht notwendig, doch liegt in der Mehrzahl aller Fälle eine Mehrfachfertigung vor. Die hier notwendige Zuschlagskalkulation erfordert eine Schlüsselung in der Stellen- und Trägerrechnung. Das Hauptproblem ist also die Schlüsselung.

Zur Durchführung der Zuschlagskalkulation muß in der Kostenrechnung an mehreren Stellen geschlüsselt werden, und zwar

1. in der Kostenstellenrechnung
   a) bei der Verteilung der primären Stellengemeinkosten auf die Kostenstellen und
   b) bei der Verteilung der sekundären Stellengemeinkosten auf die Kostenstellen und
2. in der Kostenträgerstückrechnung bei der Verteilung der Erzeugnisgemeinkosten.

Die Schlüsselungen lassen sich schematisch mit der Abbildung 36 darstellen. Die Schraffierungen symbolisieren die durch Schlüsselungen ermittelten Werte.

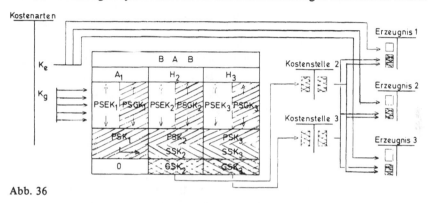

Abb. 36

Durch die vielfachen Schlüsselungen verschleiert das Kalkulationsschema der Zuschlagskalkulation die Kostenstruktur. Damit kann die Kostenrechnung kein quantitatives Spiegelbild des Betriebsgeschehens sein. Dieses ist bedingt durch zwei systemimmanente Fehler [*Riebel*, 1964, S. 555f.].

a) In der Durchschnittsrechnung werden dem Proportionalitätsprinzip entsprechend fixe Kosten proportionalisiert und rechentechnisch den variablen Kosten gleichgestellt.

b) Die Leistungsverbundenheit in den Betrieben wird verleugnet, wenn Gemeinkosten, die für mehrere Produkte anfallen, in der Kalkulation doch einzelnen Erzeugnissen zugeschlagen werden.

Um diese Verschleierung der eigentlichen Kostenstruktur zu verhindern, müßte bei sämtlichen Kostendaten zu erkennen sein, welche Kostenelemente in diesen Werten enthalten sind. Zielt eine Kostenstellenrechnung auf eine Kostenkontrolle einzelner Abteilungen ab, so müßte aus den Gesamtkosten dieser Stelle ersichtlich sein, wie groß davon der Anteil der Stelleneinzel- und Stellengemeinkosten, der Primär- und der Sekundärkosten, der variablen und fixen Kosten ist. In der Kostenträgerrechnung muß bei den Selbstkosten deren Zusammensetzung aus den einzelnen Kostenelementen ebenso erkennbar sein.

Das erfordert aber eine getrennte Durchrechnung aller möglichen Kostenelemente — wie variable und fixe Kosten, Einzel- und Gemeinkosten — von der
Kostenartenrechnung über die Kostenstellenrechnung bis zur Kostenträgerrechnung. Das würde aber einen allzu großen Rechenaufwand hervorrufen.

Wenn man auch das Prinzip einer Zuschlagskalkulation als Vollkostenrechnung akzeptiert, so hängt deren Brauchbarkeit nun nahezu ausschließlich davon ab, „inwieweit es gelingt, einen hohen Grad von Proportionalität zwischen
Gemeinkosten und Zuschlagskosten und Zuschlagsbasis zu erreichen, wozu
noch ein vertretbares Größenverhältnis zwischen Einzel- und Gemeinkosten
kommen muß" [*Mellerowicz*, 1970, S. 11]. Diese Wahrung des Proportionali-
tätsprinzips ist um so wichtiger, wenn die Kostenverteilung in der Kostenarten-,
-stellen- und -trägerrechnung auf der Grundlage von Erfahrungssätzen der Vergangenheit erfolgen soll. Es ist dabei durchaus nicht zwingend, daß ein Erzeugnis mit hohen Einzelkosten auch entsprechend hohe Gemeinkosten, mit hohen
Herstellkosten auch entsprechend hohe Vertriebs- und Verwaltungskosten verursacht [*Mellerowicz*, 1970, S. 12]. Weiterhin steigt die Fehlermöglichkeit mit
steigendem Verhältnis der Gemeinkosten zur Schlüsselgröße bzw. zur Zuschlagsbasis. Da im Zuge des technischen Fortschritts und der damit zunehmen-
den Technisierung des Fertigungsprozesses bei gleichzeitiger Ausnutzung von
Kostendegressionen wachsender Kapazitäten der Anteil der Gemeinkosten
(Abschreibungen und Zinsen) steigt, während die Einzelkosten (Löhne) sinken, erhöht sich damit jeweils der Verteilungsfaktor. Fehler in der Bezugsgrös-
senermittlung werden dadurch sehr stark vervielfacht [*Mellerowicz*, 1970,
S. 12].

Preisstellungen auf der Grundlage von Durchschnittskosten sind außerdem
in vielen Fällen unternehmenspolitisch falsch. Je mehr die betriebliche Kapazität ausgenutzt wird, um so geringer ist die Belastung eines einzelnen Produktes mit Gemeinkosten; dabei wird davon ausgegangen, daß der größte Teil
der Gemeinkosten Fixkostencharakter hat. Mit zunehmender Kapazitätsaus-
lastung sinken die Stückkosten, damit die Preise; der Betrieb kalkuliert sich
immer mehr in die Vollbeschäftigung hinein. Umgekehrt steigen die Stückkosten bei zurückgehender Beschäftigung, damit steigen die Preise, damit geht
die Nachfrage zurück. Durch diese Kalkulation kann man sich immer mehr
aus dem Absatzmarkt herausziehen.

Früher wurde diese preispolitische Aufgabe der Kostenrechnung durch Ge-
staltungsvorschläge von Wirtschaftsverbänden und durch staatliche Preisbildungsvorschriften unterstützt (vgl. Kap. 1.4). Aber auch in der Betriebswirtschaftslehre wurde lange Zeit fast ausschließlich von der kostenwirtschaft-
lichen Preisbildung ausgegangen [*Schäfer*, 1966, S. 336f.]. In einer freien
Marktwirtschaft bilden sich die Preise jedoch nur durch das jeweilige Angebot
und die jeweilige Nachfrage unter Berücksichtigung vielseitiger Beeinflussungs-

möglichkeiten – wie Werbung, Service, Produktgestaltung etc. [*Dorn*, 1964, S. 465f.]. Hier sei verwiesen auf das von *Gutenberg* [1968, S. 123ff.] konzipierte absatzpolitische Instrumentarium und auf die von *Leitherer* [S. 14f.] dargelegten Aktionsmöglichkeiten. Damit fällt der Kostenrechnung grundsätzlich nur die Aufgabe der Preisbegrenzung als Preisuntergrenze im Absatzbereich und als Preisobergrenze im Beschaffungsbereich zu [*Raffée*]. Der eigentlichen Preisbestimmung dient die Kostenrechnung nur noch in Ausnahmefällen.

Das nach preispolitischen Gesichtspunkten aufgebaute System der Vollkostenrechnung kann daher weder die preispolitischen Zwecke erfüllen, noch kann es produktions- und kostentheoretisch eindeutig begründet werden.

7. Die Teilkostenrechnung

7.1 Die Grundlagen des ‚direct costing‘

Die in letzter Zeit entwickelten und zum großen Teil auf dem Prinzip der Teilkostenrechnung aufbauenden Kostenrechnungssysteme versuchen, die strukturellen Widersprüche zwischen der Kostentheorie und der traditionellen Kostenrechnung zu beheben. Auf der Grundlage der neueren Produktions- und Kostentheorie mit der auf dem System der Verbrauchsfunktionen basierenden *Gutenberg*-Produktionsfunktion vom Typ B wird im ‚direct costing‘ versucht, in der Kostenrechnung das strenge Verursachungsprinzip als causa efficiens zu realisieren.

Der causa efficiens entsprechend dürfen die Erzeugnisse in einer Kostenträgerrechnung nur mit den Grenzkosten belastet werden. Die neuere Produktions- und Kostentheorie unterscheidet zwischen einem variablen und fixen Teil des Kostenverlaufes. Dem variablen Teil entsprechen die variablen Kosten. Nach der Produktionsfunktion vom Typ B [*Gutenberg*, 1969, S. 314ff.] verhalten sich diese bei Beschäftigungsschwankungen proportional in direkter Abhängigkeit von der produzierten Erzeugnismenge entsprechend den Verbrauchswerten der Verbrauchsfunktion. Die fixen Kosten hingegen leiten sich aus den nicht teilbaren Produktionsfaktoren (Potentialfaktoren) ab, die bei Beschäftigungsschwankungen unverändert bleiben [*Jacobs*, S. 23]. Die variablen Stückkosten sind bei linearem Kostenverlauf über den gesamten Kostenbereich hinweg konstant. Die der causa efficiens entsprechend zu verrechnenden Grenzkosten sind gleich den variablen Stückkosten. Demnach entspricht die Verrechnung der variablen Kosten auf die diese hervorrufenden Erzeugnisse dem strengen Verursachungsprinzip.

Während die variablen Kosten den Erzeugnissen direkt zugeordnet werden, werden die fixen Kosten ‚en bloc‘ verrechnet und dem Betriebsergebniskonto pauschal belastet. Dieses entspricht dem Vorgehen des ‚direct costing' bzw. der Grenzkostenrechnung [*Börner; Kilger*, 1970a; *Mellerowicz*, 1970, S. 75– 140; RKW.].

Die Kostenträgerrechnung im ‚direct costing' ist durch zwei mögliche Rechnungsrichtungen gekennzeichnet. Dieses sind die progressive und die retrograde Rechnungsart. Die progressive Kalkulation ist in erster Linie anzutreffen in der traditionellen Vollkostenrechnung, in der sukzessiv in der Kostenartenrechnung beginnend die Stückselbstkosten insgesamt ermittelt werden. Die retrograde Kalkulation ist dadurch gekennzeichnet, daß vom gegebenen Marktpreis ausgegangen wird und davon die Kosten sukzessiv in Abzug gebracht werden. Im ‚direct costing' wird progressiv und retrograd gerechnet. Letzteres entspricht der Bezeichnung der Deckungsbeitragsrechnung. In der Deckungsbeitragsrechnung wird davon ausgegangen, daß sich die Absatzpreise am Markt bilden. Sie sind unabhängig von den Ergebnissen einer Kostenrechnung.

In einer progressiven Kalkulation werden die Erzeugnisse mit den variablen Kosten belastet. Zu den variablen Kosten gehören einerseits die Erzeugniseinzelkosten, andererseits aber auch die variablen Erzeugnisgemeinkosten. Letztere verlangen für ihre Erfassung eine detaillierte Kostenstellenrechnung, wie sie auch für die Vollkostenrechnung erforderlich ist. Hier werden dann allerdings innerhalb der Betriebsabrechnung und speziell auch innerhalb der innerbetrieblichen Leistungsverrechnung die variablen Gemeinkosten in bezug auf die Beschäftigung der jeweiligen Kostenstellen weiterverrechnet. Die fixen Kosten werden nicht weiterverrechnet; sie werden ‚en bloc' auf dem Betriebsergebniskonto im Soll erfaßt.

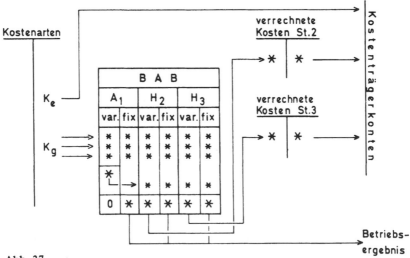

Abb. 37

Die Erfolgsrechnung ist durch den retrograden Weg charakterisiert. Der sich am Markt gebildete Preis des Erzeugnisses i wird mit p_i bezeichnet. Hiervon werden die entsprechenden variablen Stückkosten k_{vi} abgezogen. Die Differenz ergibt für das Produkt i pro Mengeneinheit den Bruttogewinn oder Deckungsbeitrag d_i. Wird dieser multipliziert mit der abgesetzten Menge x_{ai}, so ergibt dieses für die gesamte Produktart i den Deckungsbeitrag D_i. Von den addierten Deckungsbeiträgen D_i der Produktart i mit ($i = 1, 2, \ldots \bar{i}$) werden die nicht zugerechneten Fixkosten K_f abgezogen. Die Differenz ergibt den Nettoerfolg G_B als Nettogewinn oder Nettoverlust.

$$\left.\begin{aligned} x_{a1}\,(p_1 - k_{v1}) &= D_1 \\ x_{a2}\,(p_2 - k_{v2}) &= D_2 \\ \cdot \qquad\qquad &\quad \cdot \\ \cdot \qquad\qquad &\quad \cdot \\ \cdot \qquad\qquad &\quad \cdot \\ x_{a\bar{i}}\,(p_{\bar{i}} - k_{v\bar{i}}) &= D_{\bar{i}} \end{aligned}\right\} \quad - K_f = G_B \,.$$

Nach dem Umsatzkostenverfahren errechnet sich das Betriebsergebnis nach dem ‚direct costing' wie folgt:

$$\boxed{\; G_B = \sum_{i=1}^{\bar{i}} x_{ai}\,(p_i - k_{vi}) - K_f \;}$$

Das Betriebsergebniskonto hat bei dem ‚direct costing' nach dem Umsatzkostenverfahren folgendes Aussehen:

Betriebsergebnis

kalkulierte Kosten der abgesetzten Mengen:	Umsatz:
	$\sum\limits_{i=1}^{\bar{i}} x_{ai}\,p_i$ ← Erlöskonten
Erzeugnisbestandskonten → $\sum\limits_{i=1}^{\bar{i}} x_{ai} k_{vi}$	
fixe Kosten:	
Betriebsabrechnungsbogen → K_f	
(Gewinn)	(Verlust)

Abb. 38

Zwischen den Ergebnissen der Erfolgsrechnung bei der Vollkostenrechnung und der hier gezeigten Deckungsbeitragsrechnung (als Teilkostenrechnung) liegen Unterschiede vor, die auf die verschiedene Verrechnung der Fixkosten zurückzuführen sind. In der Deckungsbeitragsrechnung werden die Bestände und damit auch die Bestandsveränderungen nur mit den variablen Stückherstellkosten k_{vhi} bewertet, die fixen Kosten werden sofort auf das Betriebsergebniskonto übernommen — einerlei, ob sämtliche produzierten Erzeugnisse abgesetzt oder ganz oder teilweise auf Lager genommen worden sind. Dieses ist leicht zu sehen aus dem Aufbau des Betriebsergebnisses bei dem Gesamtkostenverfahren. Nach dem Gesamtkostenverfahren errechnet sich das Betriebsergebnis nach dem ‚direct costing‘ wie folgt:

$$G_B = \sum_{i=1}^{\bar{i}} x_{ai} p_i + \sum_{i=1}^{\bar{i}} (x_{pi} - x_{ai}) k_{vhi} - \sum_{j=1}^{\bar{j}} K_j$$

Für das Betriebsergebniskonto gilt:

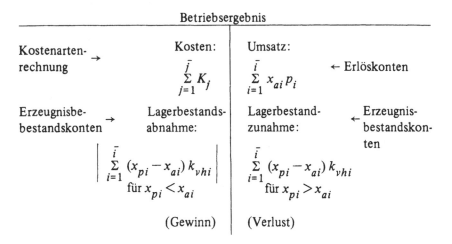

	Betriebsergebnis	
Kostenarten- rechnung →	Kosten: $\sum_{j=1}^{\bar{j}} K_j$	Umsatz: $\sum_{i=1}^{\bar{i}} x_{ai} p_i$ ← Erlöskonten
Erzeugnisbe- bestandskonten →	Lagerbestands- abnahme: $\left| \sum_{i=1}^{\bar{i}} (x_{pi} - x_{ai}) k_{vhi} \right|$ für $x_{pi} < x_{ai}$	Lagerbestand- zunahme: $\sum_{i=1}^{\bar{i}} (x_{pi} - x_{ai}) k_{vhi}$ für $x_{pi} > x_{ai}$ ← Erzeugnis- bestandskon- ten
	(Gewinn)	(Verlust)

Abb. 39

Bezeichnet man das Betriebsergebnis mit G_B und fügt an die einzelnen Größen die Indices $V(v)$ oder T, um zu charakterisieren, ob es sich um Ergebnisse (Größen) der Voll- oder Teil- (Grenz-) kostenrechnung handelt, so kann der Unterschied der Betriebsergebnisse ΔG_B nach *Kilger* [1962, S. 60–63] wie folgt ermittelt werden:

$$\Delta G_B = G_{BV} - G_{BT}$$

$$\Delta G_B = \sum_{i=1}^{\bar{i}} x_{ai} (p_i - k_{si}) - \sum_{i=1}^{\bar{i}} x_{ai} (p_i - k_{vi}) + K_f$$

$$\Delta G_B = K_f + \sum_{i=1}^{\bar{i}} x_{ai} p_i - \sum_{i=1}^{\bar{i}} x_{ai} k_{si} - \sum_{i=1}^{\bar{i}} x_{ai} p_i + \sum_{i=1}^{\bar{i}} x_{ai} k_{vi}$$

$$\Delta G_B = K_f + \sum_{i=1}^{\bar{i}} x_{ai} k_{vi} - \sum_{i=1}^{\bar{i}} x_{ai} k_{si}$$

$$\Delta G_B = K_f - \sum_{i=1}^{\bar{i}} x_{ai} (k_{si} - k_{vi}) \qquad \text{mit:} \; k_{si} = k_{hi} + k_{ai}$$
$$k_{vi} = k_{vhi} + k_{vai}$$

$$\Delta G_B = K_f - \sum_{i=1}^{\bar{i}} x_{ai} (k_{hi} + k_{ai} - k_{vhi} - k_{vai})$$

$$\Delta G_B = K_{fh} - \sum_{i=1}^{\bar{i}} x_{ai} (k_{hi} - k_{vhi}) + \underbrace{K_{fa} - \sum_{i=1}^{\bar{i}} x_{ai} (k_{ai} - k_{vai})}_{= 0,}$$

$$\text{da:} \; K_f = K_{fh} + K_{fa}$$
$$K_{fa} = \sum_{i=1}^{\bar{i}} x_{ai} k_{fai}; k_{fai} = k_{ai} - k_{vai}$$

$$\Delta G_B = K_{fh} - \sum_{i=1}^{\bar{i}} x_{ai} k_{fhi} \qquad \text{mit:} \; k_{hi} - k_{vhi} = k_{fhi}$$

$$K_{fh} = \sum_{i=1}^{\bar{i}} x_{pi} k_{fhi}$$

$$\Delta G_B = \sum_{i=1}^{\bar{i}} (x_{pi} - x_{ai}) k_{fhi} \,.$$

Erklärung der Symbole:

K_{fh} (K_{fa})　= fixe Kosten von Herstellung (Verwaltung und Vertrieb)

k_{fhi} (k_{fai})　= anteilige Stückfixkosten von Herstellung (Verwaltung und Vertrieb) für das Produkt i

K_{vh} (K_{va})   = variable Kosten von Herstellung (Verwaltung und Vertrieb)

k_{vhi} (k_{vai}) = variable Stückkosten von Herstellung (Verwaltung und Vertrieb) für das Produkt i

Die Erfolgsdifferenz besteht aus dem Teil der fixen Herstellkosten, welche auf die Produkte durchschnittlich entfallen, die zwar in der Periode produziert, aber nicht abgesetzt wurden und so auf Lager gingen. Es gilt:

$$G_{BV} > G_{BT}, \text{ wenn generelle Lagerbestandszunahmen vorliegen;}$$

$$G_{BV} < G_{BT}, \text{ wenn generelle Lagerbestandsabnahmen vorliegen;}$$

$$G_{BV} = G_{BT}, \text{ wenn eine generelle absatzsynchrone Fertigung vorliegt.}$$

Betriebe mit stark saisonalen Absatzschwankungen oder Betriebe mit extrem langfristiger Fertigung haben daher besser eine Erfolgsrechnung nach dem Vollkostenprinzip durchzuführen.

Zu Beginn dieser Ausführungen ist darauf hingewiesen worden, daß die Kostenrechnung die Daten für die Bewertung der Halb- und Fertigerzeugnisse für den handels- und steuerrechtlichen Jahresabschluß liefert. Bisher wurden die Bestände mit den Selbstkosten auf Vollkostenbasis bewertet. Bei konsequenter Anwendung des ‚direct costing‘ dürfen die Bestände aber nur zu den variablen Kosten bewertet werden [*Kilger*, 1970a, S. 665–672; *Mellerowicz*, 1970, S. 114–117; *Moews*, S. 202–206; *Plaut*, 1961, S. 476].

Während das Aktiengesetz von 1937 nur Höchstwertvorschriften kannte, ist heute noch nicht eindeutig geklärt, ob § 153 Abs. 2 AktG i.V.m. § 155 AktG als Mußvorschrift oder als Höchstwertvorschrift zu interpretieren ist. Damit ist auch noch ungeklärt, ob in die Herstellungskosten neben den Einzelkosten die anteiligen Gemeinkosten der Herstellung (und der Verwaltung) mit einbezogen werden dürfen oder müssen. Somit ist es auch nicht geklärt, ob eine Bewertung nur zu variablen Kosten ausreichend ist, denn hier bleibt mit den fixen Kosten ein großer Teil der Gemeinkosten außer Ansatz. Da aber eine Bestandsbewertung zu Teilkosten gegenüber einer Bewertung zu Vollkosten eine Verringerung der Vermögenswerte in der Bilanz bedeutet und dieses dem Gläubigerschutz als Leitmaxime des aktienrechtlichen Jahresabschlusses entgegenkommt, steht hier eine Bewertung zu Teilkosten nichts entgegen.

Für die Bewertung in der Steuerbilanz müssen die Gemeinkosten herangezogen werden. Demnach müssen die Halb- und Fertigerzeugnisbestände auch mit den anteiligen fixen Kosten bewertet werden.

Die Betriebe, die der Kostenrechnung das Prinzip des ‚direct costing‘ zugrundelegen, haben für die betriebliche Kostenrechnung und für die Steuerbilanz bzw. auch für die Handelsbilanz verschiedene Systeme anzuwenden. Neben dem ‚direct costing‘ muß auch eine traditionelle Vollkostenrechnung durchgeführt werden. Eine andere Möglichkeit wäre eine pauschale Verrechnung der fixen Kosten ohne eine differenzierte Vollkostenrechnung.

Die Verfahren des ‚direct costing‘ eignen sich inbesondere für die gewinnmaximale Planung und Steuerung vom Produktionsprogramm – sowohl bei freien Kapazitäten, als auch bei betrieblichen Engpässen. Entscheidungskriterien hierzu stellen die Deckungsbeiträge in absoluter Größe oder die in bezug auf Fertigungskapazitäten relativierten Deckungsbeiträge dar [*Böhm/Wille,* S. 87ff.; *Lücke,* 1970a, S. 161–177 und S. 255–267]. *Bussmann* [1963, S. 141f.] zeigt, wie man mit Hilfe des ‚direct costing‘ für die gewinnmaximale Produktionsprogrammgestaltung genauere Ergebnisse bekommt. Dabei darf aber nicht übersehen werden, daß langfristig alle Kosten zu decken sind und so langfristig wirkende Entscheidungen nur auf der Basis von variablen Kosten unternehmenspolitisch falsch sein können [*Mellerowicz,* 1970, S. 104f.].

Für kurzfristige Entscheidungen ist das ‚direct costing‘ den Vollkostenverfahren vorzuziehen. In Zeiten der Unterbeschäftigung genügt eine Deckung der variablen Kosten, denn kurzfristig würden sich auch die fixen Kosten nicht vermeiden lassen. In Zeiten der Vollbeschäftigung wird die Teilkostenrechnung qualitativ und quantitativ erweitert, wenn neben den variablen Kosten noch die Opportunitätskosten (vgl. Kap. 7.7) einbezogen werden. Danach sollten aber bei langfristigen Betrachtungen die Rechnungen durch eine traditionelle Vollkostenrechnung ergänzt werden.

Da das strenge Verursachungsprinzip eine Verrechnung fixer Kosten auf das einzelne Erzeugnis verbietet, wird im ‚direct costing‘ die weitere Analyse und Verteilung fixer Kosten generell unterlassen.

7.2 Das ‚direct costing‘ bei Monoproduktion

Wird in einem Industriebetrieb nur eine Produktart in größerer Anzahl gefertigt, so konnte in der Vollkostenrechnung für die Kostenträgerrechnung die Divisionskalkulation angewendet werden. Die gesamten Kosten wurden bei einfacher Divisionsrechnung auf die gesamte homogene Ausbringung gleichmäßig verteilt. Eine Kostenaufteilung erübrigt sich hier. Eine Kostenstellenrechnung ist bei absatzsynchroner Fertigung nicht erforderlich, wenn Bestände oder Bestandsveränderungen nicht mit Herstellkosten zu bewerten sind. Ähnliches gilt für das ‚direct costing‘. Hier erfolgt ohne Unterscheidung von Einzel- und Gemeinkosten eine Aufspaltung in variable Kosten und fixe Kosten in bezug auf die homogene Ausbringung. Dieses geschieht bereits in der Kostenartenrechnung. Die gesamten variablen Kosten K_v werden dividiert durch die Ausbringung x. Das ergibt die variablen Stückkosten k_v. Diese Größe impliziert die Stückeinzelkosten k_e und die variablen Stückgemeinkosten k_{gv}. Eine proportionale Verteilung der einbezogenen Einzelkosten K_e ist gerechtfertigt unter der Voraussetzung, daß die Einzelkosten pro homogener Erzeugniseinheit konstant sind [*Huch*, 1972c, S. 6].

Erfolgt hingegen die Fertigung nicht absatzsynchron, d.h. treten Lagerbestandsveränderungen an Fertigerzeugnissen auf, so muß übergegangen werden zu einer Kostenstellenrechnung. Diese kann jedoch vereinfacht werden, wenn nur die beiden Bereiche ‚Fertigung‘ und ‚Verwaltung‘ und ‚Vertrieb‘ zu berücksichtigen sind. Die gesamten Kosten K werden den Bereichen als Herstellkosten K_H und als Verwaltungs- und Vertriebskosten K_A zugeschlagen. Hier erfolgt eine Aufspaltung in fixe und variable Kosten. Als Kriterium für die Trennung wird die Beschäftigung der Bereiche herangezogen. Die variablen Herstellkosten K_{Hv} werden über die produzierte Erzeugnismenge x_p, die variablen Verwaltungs- und Vertriebskosten K_{Av} werden über die Absatzmenge x_a verteilt. Die variablen Stückherstellkosten k_{hv}, die variablen Verwaltungs- und Vertriebsstückkosten k_{av} und damit auch die gesamten Stückkosten k_v ergeben sich wie folgt:

$$k_{hv} = K_{Hv} / x_p \quad k_{av} = K_{Av} / x_a \quad k_v = k_{hv} + k_{av} \ .$$

Die fixen Herstellkosten K_{Af} werden als fixe Kosten ‚en bloc‘ verrechnet und von den Deckungsbeiträgen getragen.

7.3 Das ‚direct costing‘ bei Polyproduktion

7.3.1 Die Notwendigkeit einer Kostenstellenrechnung

Bei einer Mehrproduktfertigung fallen die Erzeugnisgemeinkosten für eine heterogene Produktgesamtheit an. Die Ermittlung der Gemeinkosten kann nur in den seltensten Fällen innerhalb einer durch die Äquivalenzziffernrechnung modifizierten Divisionskalkulation ohne Einschaltung einer Kostenstellenrechnung erfolgen.

In der Mehrzahl der Fälle jedoch ist eine Kostenstellenrechnung erforderlich. Hier werden die Erzeugnisgemeinkosten innerhalb einer Primärkostenrechnung auf alle Vor-, Hilfs- und Hauptkostenstellen und von hier aus innerhalb einer Sekundärkostenrechnung nur auf die Hauptkostenstellen verteilt, um anschließend den Kostenträgern angelastet werden zu können. Sämtliche Gemeinkosten werden auf die Hauptkostenstellen verteilt. Die Belastung der Kostenträger mit den Kosten der Kostenstellen erfolgt auf der Grundlage der Stelleninanspruchnahme durch die Erzeugnisse. Zur Anwendung gelangen hier die Formen der Zuschlagskalkulation.

In der Kostenartenrechnung erfolgt nur eine Aufspaltung der jeweiligen Kostenart in Erzeugniseinzel- und Erzeugnisgemeinkosten. Die Erzeugniseinzelkosten K_e gehen als variable Kosten direkt auf die Kostenträger, da sie direkt zurechenbar sind. Die Erzeugnisgemeinkosten K_g werden in der Kostenstellenrechnung verrechnet [*Huch*, 1972c, S. 7ff.].

Die Erzeugnisgemeinkosten K_g werden als Primärstelleneinzelkosten *PSEK* oder als Primärstellengemeinkosten *PSGK* den Vor-, Hilfs- und Hauptkostenstellen angelastet. Erstere sind direkt zurechenbar, letztere müssen auf Schlüsselbasis verteilt werden. Die Primärstellenkosten *PSK* ($= PSEK + PSGK$) sind in bezug auf jede einzelne Kostenstelle h aufzuspalten in variable Primärstellenkosten PSK_{hv} und in fixe Primärstellenkosten PSK_{hf}. Mit ($h = 1, 2, \ldots, \bar{r}$) gilt:

$$
K_g
\begin{array}{l}
PSK_1 \\
\vdots \\
PSK_h \ (= PSEK_h + PSGK_h)
\begin{array}{l}
PSK_{hv} \\
PSK_{hf}
\end{array} \\
\vdots \\
PSK_{\bar{r}}
\end{array}
$$

7.3.2 Die Sekundärkostenrechnung

7.3.2.1 Das Treppenverfahren

Mit der Sekundärkostenrechnung werden den Kostenstellen entsprechend den innerbetrieblichen Leistungsverflechtungen Sekundärkosten *SSK* angelastet. In der Kostenstelle h lassen sich diese Sekundärkosten SSK_h in bezug auf die Beschäftigung der Stelle h aufspalten in variable Sekundärkosten SSK_{hv} und fixe Sekundärkosten SSK_{hf}. Die konsequente Durchführung des ‚direct costing‘ verlangt auch in der Kostenstellenrechnung eine Bewertung der innerbetrieblichen Leistungen nach dem Grenzkostenprinzip mit den variablen Leistungsstückkosten. Der Verrechnungspreis einer Leistungseinheit der Stelle h beträgt q_h. Dieser Preis wird dem Grenzkostenprinzip entsprechend gebildet auf der Grundlage der variablen Primärstellenkosten PSK_{hv} und der variablen Sekundärstellenkosten SSK_{hv} [*Huch*, 1972c, S. 8ff. u. S. 79ff.].

Das Treppenverfahren ermöglicht die kostenmäßige Erfassung innerbetrieblicher Leistungen, indem die Kosten für innerbetriebliche Leistungen von den abgebenden Stellen umgelegt werden auf die im Betriebsabrechnungsbogen nachfolgend plazierten Kostenstellen. Es lassen sich also nur einseitige Leistungsbeziehungen zu nachfolgenden Stellen erfassen. Dementsprechend werden die gesamten Kosten nur auf die Leistungsmenge verteilt, die in diesem System rechnerisch erfaßt werden kann. Lieferungen an vorgeschaltete Stellen und auch der Eigenverbrauch bleiben explizit unberücksichtigt. Für die Leistungen der Stelle h mit ($h = 1, 2, \ldots, \bar{r}$) gilt folgender Verrechnungspreis q_h:

$$q_h = \frac{[PSK_h - PSK_{hf}] + [(m_{1h} - m_{1hf})q_1 + \ldots + (m_{(h-1)h} - m_{(h-1)hf})q_{h-1}]}{M_h - m_{h1} - \ldots - m_{hh}}$$

$$q_h = \frac{[PSK_h - PSK_{hf}] + \left[\sum_{r=1}^{h-1} (m_{rh} - m_{rhf})q_r\right]}{M_h - \sum_{r=1}^{h} m_{hr}} \quad .$$

Im Zähler gibt der erste [ ]-Ausdruck die variablen Stellenprimärkosten, der zweite [ ]-Ausdruck die variablen Stellensekundärkosten an. Letztere beruhen auf dem variablen Verzehr von Leistungen der Stelle r mit ($r = 1, 2, \ldots, h-1$) in der Stelle h. Dieser wird bezeichnet mit m_{rhv}. Diese Größe wird ermittelt, indem von dem gesamten Verbrauch m_{rh} der fixe Verzehr m_{rhf} abgezogen wird. Die Bewertung erfolgt mit q_r. Da im Treppenverfahren die innerbetrieblichen Leistungsverflechtungen nur einseitig an nachfolgende Stellen vorgenommen werden, erfolgt eine Belastung mit Sekundärkosten nur aufgrund von Leistungen von vorgeschalteten Stellen. Dementsprechend werden die Kosten auch nur verrechnet auf die Leistungslieferungen an nachgeschaltete Stellen. Diese betragen, wenn mit M_h die gesamte Leistungsmenge der Stelle h bezeichnet wird:

$$\sum_{r=h+1}^{\bar{r}} m_{hr} = M_h - \sum_{r=1}^{h} m_{hr} \quad .$$

Werden in einer Hauptkostenstelle h neben innerbetrieblichen Leistungen auch Endleistungen x_h erzeugt, so sind diese kostenrechnerisch zu berücksichtigen. Hier gilt:

$$\sum_{r=h+1}^{\bar{r}} m_{hr} + x_h = M_h - \sum_{r=1}^{h} m_{hr} \quad .$$

Die Erzeugnisse sind im Rahmen der Kostenträgerrechnung nur zu belasten auf der Grundlage der gesamten variablen Endkosten der Hauptkostenstellen. Für die Stelle h betragen diese GSK_{hv}. Es gilt:

$$GSK_{hv} = [PSK_h - PSK_{hf}] + \left[\sum_{r=1}^{h-1} (m_{rh} - m_{rhf})q_r\right] - \left[\sum_{r=h+1}^{\bar{r}} m_{hr} q_h\right] .$$

Während die beiden ersten []-Ausdrücke die variablen Kostenbelastungen ausdrücken, zeigt der letzte Summand die Kostenentlastung aufgrund möglicher Leistungsströme an nachgelagerte Stellen.

Nicht zur Kostenträgerrechnung werden weitergegeben die jeweils fixen Stellenkosten von Vor-, Hilfs- und Endkostenstellen. Diese setzen sich zusammen aus:

a) den fixen Stellenprimärkosten $\sum\limits_{r=1}^{\bar{r}} PSK_{rf}$

b) den fixen Stellensekundärkosten $\sum\limits_{r=1}^{\bar{r}} \sum\limits_{h=r+1}^{\bar{r}} m_{rhf} q_r$.

Diese fixen Kosten werden als gesamte Fixkosten von den Deckungsbeiträgen der Erzeugnisse abgezogen.

Diese allgemeinen Aussagen sollen anhand eines Beispiels verdeutlicht werden. Es werden zwei Vorkostenstellen A_1 und A_2 und zwei Hauptkostenstellen H_3 und H_4 betrachtet. Beide Hauptkostenstellen fertigen jeweils ein Endprodukt in den Mengen x_3 und x_4. Das Erzeugnis von der Stelle H_3 wird teilweise noch an die Stelle H_4 zur Weiterverarbeitung abgegeben. Es gelten folgende Darstellungen:

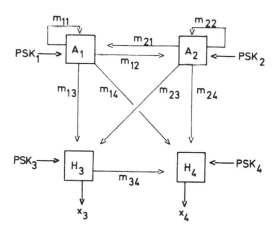

Abb. 40

nach / von	A_1	A_2	H_3	H_4	Markt	M_h
A_1	$m_{11} = 10$ $m_{11/} = 5$	$m_{12} = 10$ $m_{12/} = 10$	$m_{13} = 20$ $m_{13/} = 5$	$m_{14} = 20$ $m_{14/} = 0$	–	60
A_2	$m_{21} = 60$ $m_{21/} = 5$	$m_{22} = 15$ $m_{22/} = 10$	$m_{23} = 40$ $m_{23/} = 20$	$m_{24} = 100$ $m_{24/} = 60$	–	215
H_3	–	–	–	$m_{34} = 50$ $m_{34/} = 0$	$x_3 = 50$	100
H_4	–	–	–	–	$x_4 = 100$	100
PSK	200	100	320	570	$\Sigma = 1190,-$	
PSK/	100	30	60	180		

Tab. 19

Danach gelten folgende Verrechnungspreise:

$$q_1 = \frac{200 - 100}{60 - 10} \qquad\qquad q_1 = 2$$

$$q_2 = \frac{[100 - 30] + [(10 - 10) \cdot 2]}{215 - 60 - 15} \qquad\qquad q_2 = 0,50$$

$$q_3 = \frac{[320 - 60] + [(20 - 5) \cdot 2 + (40 - 20) \cdot 0,50]}{100} \qquad\qquad q_3 = 3$$

$$q_4 = \frac{[570 - 180] + [(20 - 0) \cdot 2 + (100 - 60) \cdot 0,50 + (50 - 0) \cdot 3]}{100}$$

$$q_4 = 6.$$

Der Betriebsabrechnungsbogen läßt sich anhand der Tabelle 20 darstellen:

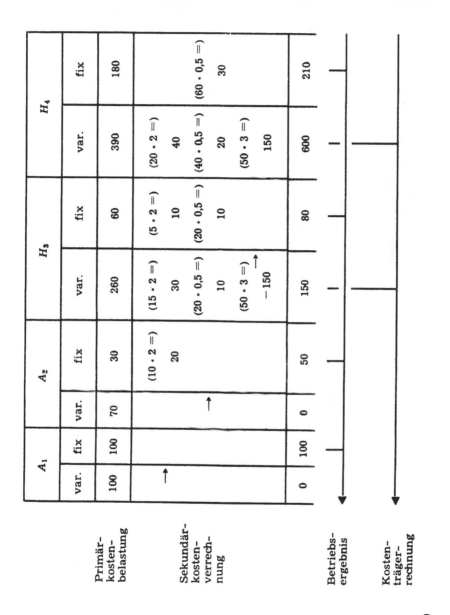

	A_1		A_2		H_3		H_4	
	var.	fix	var.	fix	var.	fix	var.	fix
Primär-kosten-belastung	100	100	70	30	260	60	390	180
Sekundär-kosten-verrech-nung	↑		↑	(10 · 2 =) 20	(15 · 2 =) 30 (20 · 0,5 =) 10 (50 · 3 =) ↑ −150	(5 · 2 =) 10 (20 · 0,5 =) 10	(20 · 2 =) 40 (40 · 0,5 =) 20 (50 · 3 =) 150	(60 · 0,5 =) 30
Betriebs-ergebnis	0	100	0	50	150	80	600	210
Kosten-träger-rechnung								

Tab. 20

Die gesamten Stellenfixkosten betragen DM 440,–; diese sind;

a) die fixen Stellenprimärkosten: $100 + 30 + 60 + 180 = 370$

b) die fixen Stellensekundärkosten: $(0) + (10 \cdot 2) + (\bar{5} \cdot 2 + 20 \cdot 0{,}50)$
$$+ (60 \cdot 0{,}50) = 70$$

Die variablen Endkosten der Hauptkostenstelle H_3 betragen DM 150,– und die der Stelle H_4 betragen DM 600,–. Diese Größen werden in die Kostenträgerrechnung übernommen.

7.3.2.2 Das Kostenstellenausgleichsverfahren als simultane Leistungsverrechnung

Im Gegensatz zum Treppenverfahren werden hier sämtliche Leistungsbeziehungen rechnerisch durch Sekundärkosten erfaßt; auch der Eigenverbrauch wird explizit berücksichtigt. Kostenbestimmend sind aber auch hier wiederum nur die variablen Primärkosten und die variablen Sekundärkosten der Kostenstelle. Für den Verrechnungspreis der Leistungen der Stelle h gilt:

$$q_h = \frac{[PSK_h - PSK_{hf}] + \left[\sum_{r=1}^{\bar{r}} (m_{rh} - m_{rhf})\, q_r\right]}{M_h}$$

$$\text{mit: } M_h = \sum_{r=1}^{\bar{r}} m_{hr} + x_h \quad \text{mit: } h, r = 1, 2, \ldots, \bar{r}.$$

Für vier Kostenstellen gilt in expliziter Schreibweise:

$$(m_{11} + m_{12} + m_{13} + m_{14} + x_1)\, q_1 = PSK_{1v} + m_{11v} q_1 + m_{21v} q_2 + m_{31v} q_3 + m_{41v} q_4$$
$$(m_{21} + m_{22} + m_{23} + m_{24} + x_2)\, q_2 = PSK_{2v} + m_{12v} q_1 + m_{22v} q_2 + m_{32v} q_3 + m_{42v} q_4$$
$$(m_{31} + m_{32} + m_{33} + m_{34} + x_3)\, q_3 = PSK_{3v} + m_{13v} q_1 + m_{23v} q_2 + m_{33v} q_3 + m_{43v} q_4$$
$$(m_{41} + m_{42} + m_{43} + m_{44} + x_4)\, q_4 = PSK_{4v} + m_{14v} q_1 + m_{24v} q_2 + m_{34v} q_3 + m_{44v} q_4 .$$

Daraus folgt:

$$\begin{pmatrix} -\bar{M}_1 & +m_{21v} & +m_{31v} & +m_{41v} \\ +m_{12v} & -\bar{M}_2 & +m_{32v} & +m_{42v} \\ +m_{13v} & +m_{23v} & -\bar{M}_3 & +m_{43v} \\ +m_{14v} & +m_{24v} & +m_{34v} & -\bar{M}_4 \end{pmatrix} \begin{pmatrix} q_1 \\ q_2 \\ q_3 \\ q_4 \end{pmatrix} = \begin{pmatrix} -PSK_{1v} \\ -PSK_{2v} \\ -PSK_{3v} \\ -PSK_{4v} \end{pmatrix} .$$

Dabei gilt:

$$\bar{M}_h = (x_h + m_{h1} + \ldots + m_{h(h-1)} + m_{hhf} + m_{h(h+1)} + \ldots + m_{h\bar{r}})$$

mit: $h, r = 1, 2, \ldots, \bar{r}; \bar{r} = 4.$

Die Lösung eines solchen Gleichungssystems kann wiederum mit dem modifizierten *Gauß*schen Algorithmus erzielt werden (vgl. Kap. 5.5.3.3).
Für die variablen Endkosten der Hauptkostenstelle h gilt:

$$GSK_{hv} = [PSK_h - PSK_{hf}] + \sum_{r=1}^{\bar{r}} (m_{rh} - m_{rhf}) q_r - \sum_{r=1}^{\bar{r}} m_{hr} q_h .$$

Die nicht zur Kostenträgerrechnung weitergegebenen fixen Kosten bilden sich aus:

a) den fixen Stellenprimärkosten: $\sum_{r=1}^{\bar{r}} PSK_{rf}$

b) den fixen Stellensekundärkosten: $\sum_{r=1}^{\bar{r}} \sum_{h=1}^{\bar{r}} m_{rhf} q_r .$

Die Anwendbarkeit dieses Verfahrens und zugleich der Unterschied des Ergebnisses zu dem des Treppenverfahrens soll an dem mit Tabelle 19 gegebenen Beispiel verdeutlicht werden. Das Ausgangstableau lautet:

Tab. 21

−55	55	0	0	−100
0	−210	0	0	− 70
15	20	−100	0	−260
20	40	50	−100	−390

Nach vier Rechenschritten (Tableautransformationen) erhält man das Endtableau:

Tab. 22

1	0	0	0	≈ 2,15
0	1	0	0	≈ 0,33
0	0	1	0	≈ 2,99
0	0	0	1	≈ 5,95

Die Verrechnungspreise sind wie folgt festgelegt:

$$q_1 \approx 2{,}15 \quad q_2 \approx 0{,}33 \quad q_3 \approx 2{,}99 \quad q_4 \approx 5{,}95 \ .$$

Der Betriebsabrechnungsbogen läßt sich anhand der Tabelle 23 darstellen; die Ergebnisse seien kurz erläutert.

Die variablen Endkosten der Hauptkostenstellen H_3 und H_4 betragen:

$$GSK_{3v} = 149{,}42 \quad GSK_{4v} = 595{,}83 \ .$$

Diese Kosten sind in der Kostenträgerrechnung auf die Erzeugnisse zu verteilen. In diesem Fall wurde in der Hauptkostenstelle nur jeweils eine Erzeugnisart produziert, so daß mit der simultanen Methode auch gleichzeitig mit q_3 und q_4 die variablen Stückgemeinkostenwerte der produzierten Endleistungen x_3 und x_4 ermittelt werden. Demnach können aufgrund dieser Verrechnungswerte die Hauptkostenstellen entlastet werden, und zwar:

$$H_3 \text{ mit: } x_3 \, q_3 = 149{,}50$$
$$H_4 \text{ mit: } x_4 \, q_4 = 595.$$

Durch Abrundungen in den Rechnungen können sich kleine Kostenüberoder Kostenunterdeckungen ΔK ergeben. Das betrifft die Spalten der variablen Stellenkosten. Für die Ermittlung dieser Differenzen gilt:

$$\Delta K_h = PSK_{hv} + \sum_{r=1}^{\bar{r}} m_{rhv} \, q_r - \sum_{r=1}^{\bar{r}} (m_{hr} + x_h) \, q_h \ .$$

Diese Kostendifferenzen sind ebenso wie die fixen Kosten pauschal zu verrechnen. Unter- oder Überdeckungen können in den Hauptstellen aber nicht auftreten, wenn die ermittelten Endkosten insgesamt in die Trägerrechnung übernommen werden. Dieses ist dann der Fall, wenn die Kostenbezugsgrößen in der Stellenrechnung nicht die eigentlichen Kostenträger sind. Bei einer Polyproduktion in einzelnen Stellen sind hier beispielsweise Fertigungszeiten homogene Bezugsgrößen.

Die ‚en bloc' zu übernehmenden Stellenfixkosten betragen 444,67; diese sind:

a) die fixen Stellenprimärkosten: $100 + 30 + 60 + 180 = 370$

b) die fixen Stellensekundärkosten: $(5 \cdot 2{,}15 + 5 \cdot 0{,}33) +$
$(10 \cdot 2{,}15 + 10 \cdot 0{,}33) + (5 \cdot 2{,}15 + 20 \cdot 0{,}33) + (60 \cdot 0{,}33) = 74{,}67 \ .$

		A₁		A₂		H₃		H₄	
		var.	fix	var.	fix	var.	fix	var.	fix
I Primär-kosten-belastung	Σ = 1190,-	100,-	100,-	70,-	30,-	260,-	60,-	390,-	180,-
II Sekundär-kosten-belastung durch Leistungen von	A₁	(5 · 2,15 =) 10,75	(5 · 2,15 =) 10,75	—	(10 · 2,15 =) 21,50	(15 · 2,15 =) 32,25	(5 · 2,15 =) 10,75	(20 · 2,15 =) 43,-	—
	A₂	(55 · 0,33 =) 18,33	(5 · 0,33 =) 1,67	(5 · 0,33 =) 1,67	(10 · 0,33 =) 3,33	(20 · 0,33 =) 6,67	(20 · 0,33 =) 6,67	(40 · 0,33 =) 13,33	(60 · 0,33 =) 20,-
	H₃	—	—	—	—	—	—	(50 · 2,99 =) 149,50	—
	H₄	—	—	—	—	—	—	—	—
III Sekundär-kosten-entlastung (analog II) durch Leistungen nach	A₁	—21,50	—	—20,-	—	—	—	—	—
	A₂	—21,50	—	—5,-	—	—	—	—	—
	H₃	—43,-	—	—13,34	—	—149,50	—	—	—
	H₄	—43,-	—	—33,33	—	—	—	—	—
	Σ = 1190,-	0,08	112,42	0	54,83	149,42	77,42	595,83	200,-

+ 0,08

$(-x_3 \cdot q_3)$ —149,50 → − 0,08

$(-x_4 \cdot q_4)$ —595,- → + 0,83

Betriebsergebnis

Kostenträgerrechnung

Tab. 23

Wie bei der Vollkostenrechnung führt auch im ‚direct costing' innerhalb der Kostenstellenrechnung nur die simultane Leistungsverrechnung zu genauen Ergebnissen.

7.3.3 Die Kostenträgerrechnung

Die Kostenträgerrechnung spaltet sich auf in die Kostenträgerstückrechnung und die Kostenträgerzeitrechnung. Beide Rechnungen stellen im ‚direct costing' auf die variablen Stückkosten ab. Hier soll nicht zwischen Herstell- und Verwaltungs- und Vertriebskosten getrennt werden. Die Trennung ist analog den Methoden der Vollkostenrechnung möglich.

Die variablen Stückkosten k_{vi} der Produktart i setzen sich zusammen aus den Stückeinzelkosten k_{ei} und den variablen Stückgemeinkosten k_{gvi} [*Huch*, 1972c, S. 85ff.]. Bei einer Polyproduktion sind die variablen Gemeinkosten nur in einer Kostenstellenrechnung zu ermitteln und für eine verursachungsgerechte Kostenträgerrechnung zu analysieren. Die Erzeugnisse sind zu belasten mit den variablen Gesamtstellenkosten der Hauptkostenstellen, die sie im Betrieb durchlaufen. Werden die Hauptkostenstellen nur von einer Produktart durchlaufen, so können die variablen Endkosten dieser Stelle auf die Erzeugnisse proportional verteilt werden. Passiert die Produktart i die Kostenstellen $h = 3, 5, 6$, so gilt:

$$k_{vi} = k_{ei} + \frac{GSK_{3v} + GSK_{5v} + GSK_{6v}}{x_i} \; .$$

Weist eine Hauptkostenstelle eine heterogene Leistungsstruktur auf, so sind die variablen Stellenkosten über die Stellenbezugsgröße — beispielsweise die Fertigungszeit — entsprechend der Stellenbeanspruchung auf die Erzeugnisse zu verteilen. Bezeichnet man mit T_h die gesamte Fertigungszeit der Stelle h und mit t_{hi} die Fertigungszeit der Produktmengeneinheit der Art i in der Stelle h, so ist k_{vi} mit $h = 2, 4, 7$:

$$k_{vi} = k_{ei} + \frac{GSK_{2v}}{T_2} \cdot t_{2i} + \frac{GSK_{4v}}{T_4} \cdot t_{4i} + \frac{GSK_{7v}}{T_7} \cdot t_{7i} \; .$$

Die Kostenträgerzeitrechnung ermittelt den Betriebserfolg, indem im ersten Schritt die Bruttogewinne d_i der Erzeugniseinheit der Art i, dann der Gesamtbruttogewinn D aller Erzeugnisse und im letzten Schritt der gesamte Nettogewinn ermittelt wird unter Berücksichtigung ‚en bloc' zu verrechnender Kostenüber- und -unterdeckungen.

Das streng verursachungsgerecht durchgeführte ‚direct costing‘ verlangt eine verursachungsgerecht durchgeführte Kostenstellenrechnung mit der simultanen Leistungsverrechnung. Hier sei das angeführte Beispiel betrachtet. Für die Einzelkosten sei angenommen:

$$k_{e3} = 5 \qquad\qquad k_{e4} = 8.$$

Ferner gilt:

$$k_{gv3} = 2{,}99 \qquad\qquad k_{gv4} = 5{,}95 \,.$$

Daraus folgt unter Berücksichtigung der übrigen Daten:

$$
\begin{aligned}
k_{v3} &= 5 + 2{,}99 \qquad\qquad k_{v4} = 8 + 5{,}95.\\
&= 7{,}99 \qquad\qquad\qquad\quad\, = 13{,}95
\end{aligned}
$$

Bei den Marktpreisen

$$p_3 = 12 \qquad\qquad p_4 = 18$$

gilt:

$$
\begin{aligned}
d_3 &= 12 - 7{,}99 \qquad\qquad d_4 = 18 - 13{,}95\\
&= 4{,}01 \qquad\qquad\qquad\quad\; = 4{,}05
\end{aligned}
$$

$$
\begin{aligned}
D &= 50 \cdot 4{,}01 + 100 \cdot 4{,}05\\
&= 605{,}50
\end{aligned}
$$

$$
\begin{aligned}
G_B &= 605{,}50 - 444{,}67 - 0{,}83\\
&= 160.
\end{aligned}
$$

Je ungenauer nun die Kostenstellenrechnung ist, desto größer sind die Verschiebungen zwischen den variablen Stückkosten k_{vi}, den fixen Kosten K_f und den Kostenüber- und -unterdeckungen ΔK und desto ungenauer wird damit die Erfolgsanalyse. Eine Kostenstellenrechnung ist dabei umso genauer durchzuführen, je stärker die gegenseitigen Leistungsbeziehungen sind und je stärker die Inanspruchnahme der innerbetrieblichen Leistungen seitens der Hauptkostenstellen ist, die bei diesen Hauptkostenstellen variablen Kostencharakter aufweisen. Andernfalls wäre es unter Umständen sinnvoll, alle Kosten von Vor- und Hilfsstellen zusammen mit den fixen Kosten der Hauptkosten-

stellen ‚en bloc' zu verrechnen. Hier wäre eine innerbetriebliche Leistungsverrechnung überflüssig. Es gilt für das gewählte Beispiel:

$$k_{gv3}^* = \frac{PSK_{3v}}{x_3} \qquad\qquad k_{gv4}^* = \frac{PSK_{4v}}{x_4}$$

$$= 5,20 \qquad\qquad\qquad = 3,90$$

$$k_{v3}^* = 10,20 \qquad\qquad k_{v4}^* = 11,90$$

$$d_3^* = 1,80 \qquad\qquad\quad d_4^* = 6,10$$

$$D^* = 700 \qquad\qquad\quad K_f^* = 540$$

$$G \;\; = 160.$$

Die größte Vereinfachung wäre bei einer bloßen Zurechnung der Erzeugnis-
stückeinzelkosten k_{ei} auf den Träger gegeben. Sämtliche Gemeinkosten würden
‚en bloc' verrechnet, das Erzeugnis würde nur mit den Einzelkosten belastet.
Eine Kostenstellenrechnung entfiele gänzlich. In diesem Fall handelt es sich
dann allerdings nicht mehr um eine verursachungsgerechte Teilkostenrechnung,
sondern um eine zurechnungsorientierte Teilkostenrechnung (vgl. Kap. 7.5).

7.4 Die Grundlagen der Fixkostendeckungsrechnung

Trotz der großen Vorteile dieses ‚direct costing' betrachtet *Agthe* [1959a,
S. 406] die blockweise Behandlung der gesamten betrieblichen Fixkosten als
einen Rückschritt zu den summarischen Verrechnungsmethoden überkomme-
ner Rechnungsverfahren. *Agthe* und *Mellerowicz* schlagen deshalb eine Aufspaltung des Fixkostenblocks in Teilblöcke vor, die möglichst verursachungsge-
mäß aus den Deckungsbeiträgen der einzelnen Erzeugnisse oder Erzeugnisgruppen zu decken sind. So ist es denkbar, daß gewisse fixe Kosten für bestimmte
Erzeugnisarten, bestimmte Erzeugnisgruppen oder bestimmte Bereiche anfallen und wegfallen würden, wenn die Produktion der entsprechenden Erzeugnisart oder Erzeugnisgruppe oder die Tätigkeit des jeweiligen Bereiches eingestellt
werden würde. So gibt es Erzeugnisfixkosten, Erzeugnisgruppenfixkosten, Kostenstellenfixkosten, Bereichsfixkosten und Gesamtbetriebsfixkosten. Diese
Rechnung ist in der Literatur als Fixkostendeckungsrechnung bekannt [*Agthe*,
1959a, S. 404–418; 1959b, S. 742ff.; *Mellerowicz*, 1970, S. 154–222].

Für diese speziellen fixen Kosten gilt das strenge Verursachungsprinzip der-
art, daß sie betrieblichen Bezugsgrößen zugerechnet werden, von denen sie
direkt verursacht werden und bei deren Auflösung diese Kosten wegfallen würden.

$$x_{a1}\,(p_1 - k_{v1}) = D_1^1$$
$$x_{a2}\,(p_2 - k_{v2}) = D_2^1$$
$$x_{a3}\,(p_3 - k_{v3}) = D_3^1$$
$$x_{a4}\,(p_4 - k_{v4}) = D_4^1$$
$$x_{a5}\,(p_5 - k_{v5}) = D_5^1$$
$$\vdots$$
$$x_{a\bar{i}}\,(p_{\bar{i}} - k_{v\bar{i}}) = D_{\bar{i}}^1$$

$$
\left.
\begin{aligned}
\left.\begin{aligned}
D_1^1 - K_{f1} &= D_1^2 \\
D_2^1 - K_{f2} &= D_2^2
\end{aligned}\right\} &\ -K_{f1/2} = D_{1/2}^3 \\
D_3^1 - K_{f3} &= D_3^2 \ \longrightarrow \\
\left.\begin{aligned}
D_4^1 - K_{f4} &= D_4^2 \\
D_5^1 - K_{f5} &= D_5^2 \\
&\ \vdots \\
D_{\bar{i}}^1 - K_{f\bar{i}} &= D_{\bar{i}}^2
\end{aligned}\right\} &\ -K_{f4/\bar{i}} = D_{4/\bar{i}}^3
\end{aligned}
\right\}\ -K_{fB} = D_B^4 = G_B
$$

Die hier gezeigten Beziehungen skizzieren den Ablauf der Erfolgsrechnung in der Fixkostendeckungsrechnung. Ausgegangen wird von den erzeugnisbezogenen Deckungsbeiträgen. Für die Produkteinheit der Erzeugnisart i beträgt der erzeugnisbezogene Deckungsbeitrag d_i $(= p_i - k_{vi})$. Wird dieser über alle Erzeugnisse dieser Produktart aggregiert, so ergibt das für die gesamte Produktart i den Deckungsbeitrag D_i^1.

Die fixen Kosten $K_{f1}, K_{f2}, \ldots$ werden unmittelbar von den Erzeugnisarten 1, 2, ... verursacht und können so diesen Erzeugnissen direkt zugerechnet werden. Diese jeweiligen fixen Kosten werden berücksichtigt bei der Ermittlung der Produktartendeckungsbeiträge $D_1^2, D_2^2, \ldots$.
Die fixen Kosten $K_{f1/2}, \ldots$ weiterhin lassen sich den Produktgruppen 1/2, ... direkt zurechnen, da sie von ihnen direkt unmittelbar verursacht werden. Bei Eliminierung der jeweiligen Produktgruppe aus dem Fertigungsprogramm würden auch die entsprechenden Fixkosten fortfallen. Durch Einbeziehung dieser Gruppenfixkosten ermittelt man den Deckungsbeitrag. Dieser wird bezeichnet mit $D_{1/2}^3, \ldots$. Ein Teil der fixen Kosten läßt sich nur als fixe Kosten in bezug auf den gesamten Betrieb erfassen. Diese betragen K_{fB}. Rechnerisch haben sie die Stellung der Fixkosten in der einstufigen Deckungsbeitragsrech-

nung. Durch ihre Berücksichtigung ermittelt man das Betriebsergebnis $D_B^4 \ (= G_B)$.

Diese Erweiterung des ‚direct costing' erhöht dessen Aussagefähigkeit, da mit der sukzessiven Bildung von Deckungsbeiträgen Erfolgskennzahlen für die Beurteilung der Wirtschaftlichkeit von Erzeugnissen, Erzeugnisarten, Erzeugnisgruppen, Abteilungen oder letztlich des gesamten Betriebes gewonnen werden.

Unter Zugrundelegung des in Kapitel 7.3 gewählten Beispiels gilt folgende Kostenzurechnung [*Huch*, 1972c, S. 87f.]:

a) Die einzelnen Produkteinheiten sind zu belasten mit ihren variablen Stückkosten. Hier ergibt sich kein Unterschied zum einstufigen ‚direct costing'.
b) Die einzelnen Produktarten sind zu belasten mit von ihnen jeweils insgesamt verursachten fixen Kosten. Diese sind die Kosten, die von den gesamten fixen Kosten wegfallen würden, wenn die Produktion der gesamten Produktart eingestellt werden würde. Da in dem gezeigten Beispiel beide Produktarten jeweils entweder nur die Hauptstelle 3 oder 4 passieren, ist die Produktart 3 mit $K_{f3} = GSK_{3f}$ und die Produktart 4 mit $K_{f4} = GSK_{4f}$ zu belasten.
c) Die betriebsfixen Kosten K_{fB}, die nur mit der Aufgabe der gesamten Betriebsbereitschaft entfallen, sind von den Bruttogewinnen aller Produktarten zu decken. Ihre Behandlung entspricht der Behandlung der fixen Kosten im einstufigen ‚direct costing'.
d) Die Kostenüber- und -unterdeckungen aus der Kostenrechnung werden auch hier wie im einstufigen ‚direct costing' pauschal verrechnet.

Es gilt folgende Erfolgsanalyse:

$$
\begin{array}{ll}
d_3 = p_3 - k_{v3} & \qquad d_4 = p_4 - k_{v4} \\
\quad = 4{,}01 & \qquad \quad = 4{,}05 \\[2mm]
D_3^1 = d_3\,x_3 & \qquad D_4^1 = d_4\,x_4 \\
\quad = 200{,}50 & \qquad \quad = 405 \\[2mm]
D_3^2 = D_3^1 - K_{f3} & \qquad D_4^2 = D_4^1 - K_{f4} \\
\quad = 123{,}08 & \qquad \quad = 205 \\[2mm]
G_B = D_3^2 + D_4^2 - K_{fB} - \Delta K & \\
\quad = 160. &
\end{array}
$$

Für den Fall, daß die innerbetriebliche Leistungsverrechnung entfällt, gilt:

$$d_3^* = 1,80 \qquad\qquad d_4^* = 6,10$$

$$D_3^{1\,*} = 90 \qquad\qquad D_4^{1\,*} = 610$$

$$D_3^{2\,*} = D_3^{1\,*} - PSK_{3f} \qquad\qquad D_4^{2\,*} = D_4^{1\,*} - PSK_{4f}$$

$$\phantom{D_3^{2\,*}} = 30 \qquad\qquad\qquad\quad\ = 430$$

$$G_B^* = D_3^{2\,*} + D_4^{2\,*} - (PSK_1 + PSK_2)$$

$$ = 160.$$

Auch hier konnte gezeigt werden, daß eine verursachungsgerechte Fixkostendeckungsrechnung nur durch Einbeziehung einer verursachungsgerechten innerbetrieblichen Leistungsverrechnung ermöglicht wird. Das für das ‚direct costing‘ Ausgesagte gilt auch hier. Kostenrechnerische Aussagen im Rahmen der Erfolgsanalyse können bei Außerachtlassung der innerbetrieblichen Leistungsverrechnung verfälschte Informationen liefern und dabei Fehlentscheidungen induzieren. Im Hinblick einer Verbesserung der Aussagekraft der Kostenrechnung sind die Methoden des ‚direct costing‘ zu begrüßen. Daß dabei diese aussagefähigeren Methoden einen erhöhten Rechenaufwand erfordern, darf nicht dazu führen, beim ‚direct costing‘ Vereinfachungen in der Rechnung vorzunehmen, die dem System widersprechen und somit die Qualität der durch die Rechnungsergebnisse induzierten Entscheidungen beeinträchtigen können.

7.5 Die Grundlagen der Einzelkostenrechnung

Riebel hat mit seiner Einzelkostenrechnung eine weitere Form der Teilkostenrechnung entwickelt. Die causa efficiens angewendet in den bisherigen Verfahren würde bedeuten, daß die fertiggestellten betrieblichen Leistungen als Ursache für den Kostenanfall als Wirkung in Frage kämen. Da die Kosten aber zeitlich vor den Leistungen anfallen, können betriebliche Leistungen nicht die Ursache der Kosten sein. *Riebel* [1969, S. 49–64] lehnt daher den Kausalitätsbegriff als Kostenzurechnungskriterium generell ab. *Riebel* [1959, S. 213–238; 1964, S. 549–612] belastet die Erzeugnisse selbst nur mit den ihnen direkt zurechenbaren Einzelkosten. Der Unterschied zum direct costing liegt in der Behandlung der variablen Gemeinkosten, um die die Erzeugnisse hier weniger belastet und bewertet werden. *Riebel* [1959, S. 216f.] lehnt eine Kostenunterteilung in fixe und variable Kosten ab, weil diese Aufspaltung auch relativ ist. Diese Unterscheidung kann auf die verschiedenen Einflußfaktoren – wie Kapazitätsausnutzung, Beschäftigungsdauer, Auftragsgröße u.a. – bezogen werden.

Das streng verursachungsgerecht vorgehende ‚direct costing‘ erfordert einen erheblichen Rechenaufwand bei der Verteilung der Gemeinkosten, indem hier zusätzlich zu der Vorgehensweise in der Vollkostenrechnung in jeder Rechnungsstufe eine Kostenaufspaltung in variable und fixe Kosten erforderlich wird. Unter dem Gesichtspunkt, daß ein Teil der Gemeinkosten in bezug auf verschiedene Zurechnungsbasen jeweils variablen Kostencharakter aufweisen kann, werden – gleich der Vollkostenrechnung – auch im ‚direct costing' Gemeinkosten – allerdings variable Gemeinkosten – geschlüsselt. Somit wird dann auch im ‚direct costing' die Leistungsverbundenheit der Gemeinkosten verleugnet, wenn diese – obwohl sie als Gesamtgröße für mehrere Bezugseinheiten in deren Gesamtheit anfallen – in der Kalkulation doch auf jede einzelne Einheit verrechnet werden.

In der Einzelkostenrechnung sollen alle Kosten als Einzelkosten erfaßt werden. Um dieses ermöglichen zu können, wird in diesem System ähnlich der stufenweisen Fixkostenrechnung eine stufenweise Einzelkostenrechnung aufgegriffen. Dabei sind folgende Prinzipien zu beachten [*Riebel*, 1959, S. 218]:
„1. Alle Kosten werden als Einzelkosten erfaßt und ausgewiesen, und zwar so, daß sie in der Hierarchie betrieblicher Bezugsgrößen an der untersten Stelle ausgewiesen werden, an der man sie gerade noch als Einzelkosten erfassen kann.
2. Es wird völlig darauf verzichtet, Gemeinkosten aufzuschlüsseln und sie nach den Prinzipien der traditionellen Kostenrechnung auf die Endkostenstellen und die Kostenträger zu überwälzen.
3. Alle Kosten, die einer Periode nicht eindeutig zurechenbar sind, werden gesondert als ‚Soll-Deckungsbeiträge' oder ‚Deckungsraten' (Amortisations- und Rückstellungsraten) ausgewiesen".

Entsprechend dem ‚direct costing' geht dieses System von einer bipolaren Betrachtungsweise aus. Auf der einen Seite ist der Marktpreis gegeben, auf der anderen Seite werden auch hier Stückkosten ermittelt. Diese Stückkosten basieren aber hier nur auf Einzelkosten, eine Gemeinkostenverrechnung unterbleibt.

Der stückbezogene Deckungsbeitrag der Produktart i als $\bar{d}_i$ ergibt sich aus der Differenz des entsprechenden Marktpreises p_i und der entsprechenden Stückeinzelkosten k_{ei}. Der Deckungsbeitrag der Produktart i über alle Mengeneinheiten beträgt hier $\bar{D}_i$. Für die gesamte Erfolgsanalyse über $\bar{i}$ Produktarten gilt:

$$\left.\begin{aligned}
x_{a1}\,(p_1 - k_{e1}) &= \bar{D}_1 \\
x_{a2}\,(p_2 - k_{e2}) &= \bar{D}_2 \\
&\vdots \\
x_{a\bar{i}}\,(p_{\bar{i}} - k_{e\bar{i}}) &= \bar{D}_{\bar{i}}
\end{aligned}\right\} -K_g = G_B\,.$$

Der Betriebserfolg G_B ergibt sich nach Abzug der gesamten Erzeugnisgemeinkosten K_g von den aggregierten Erzeugnisdeckungsbeiträgen $\bar{D}$.

Diese einstufige Rechnung, bei der die zu einem Block zusammengefaßten Erzeugnisgemeinkosten als Einzelkosten in bezug auf den gesamten Betrieb betrachtet werden können, ist aber nach *Riebel* [1959, S. 218] zu einer stufenweisen Rechnung zu erweitern. Die Erzeugnisgemeinkosten sind analog der stufenweisen Fixkostendeckungsrechnung nach *Agthe* und *Mellerowicz* jeweils als Einzelkosten in bezug auf verschiedene Zuordnungsbasen zu erfassen. So entstehen die Erzeugnisarten-, Erzeugnisgruppen-, Kostenstellen-, Kostenbereichs- und Gesamtbetriebseinzelkosten. Letztere stellen eine nicht weiter aufspaltbare Restgröße dar. Diese Zuordnungen von Erzeugnisgemeinkosten erfordern eine stark vereinfachte Kostenstellenrechnung mit einem entsprechend vereinfachten Betriebsabrechnungsbogen.

In der Kostenstellenrechnung werden die Erzeugnisgemeinkosten im Rahmen der Primärkostenrechnung einzelnen Kostenstellen und Kostenbereichen als Stellen- bzw. Bereichseinzelkosten zugeordnet. Dabei soll ein Bereich mehrere Stellen umfassen. Kosten, die sich hier nicht zuordnen lassen, verbleiben als Einzelkosten in bezug auf den Gesamtbetrieb. Eine strenge Interpretation der Einzelkostenrechnung erlaubt keine Sekundärkostenrechnung im Zuge einer innerbetrieblichen Leistungsverrechnung.

Bei Realisierung einer produktorientierten Organisation [*Weber*, 1968] werden den einzelnen Kostenstellen homogene Produktarten und den Kostenbereichen einzelne Produktgruppen zugeordnet. Damit können die Stellen- und Bereichseinzelkosten als Produktarten- und Produktgruppeneinzelkosten erfaßt werden. Die Erfolgsrechnung entspricht dem Vorgehen der stufenweisen Fixkostendeckung bei nur qualitativen Unterschieden.

Diese hier gezeigte Methode einer Teilkostenrechnung ist einfacher zu handhaben, da der Rechenaufwand geringer ist. Die Frage, welche Teilkostenrechnung für einen gegebenen Betrieb heranzuziehen ist, hängt von den jeweiligen Kostenstrukturen ab.

7.6 Die Kalkulation auf Vollkostenbasis im System der Teilkostenrechnung

Die Teilkostenrechnung ist dadurch charakterisiert, daß hier nur ein Teil der Kosten dem einzelnen Produkt in der Kostenträgerstückrechnung (Kalkulation) angelastet werden kann. So werden im ‚direct costing‘ dem Erzeugnis nur die variablen Stückkosten angelastet, während die fixen Kosten ‚en bloc‘ in der Ergebnisrechnung von der Gesamtmenge aller Deckungsbeiträge aller Produkte zu tragen sind. In der Einzelkostenrechnung trägt die einzelne Erzeugniseinheit nur die Erzeugniseinzelkosten, während hier die Erzeugnisgemeinkosten summarisch erfaßt werden. Eine Ermittlung der Stückherstellkosten und Stückselbstkosten auf Vollkostenbasis ist in diesen Systemen nicht möglich.

In vielen Fällen kann aber auf die Bestimmung dieser Stückkosten nicht verzichtet werden. Dieses gilt für die Ermittlung einer langfristigen Preisuntergrenze [*Huch*, 1976c], für die Festlegung des Angebotspreises bei nicht aus-
reichender Orientierungsmöglichkeit am Absatzmarkt, für die Kalkulation
öffentlicher Aufträge, sofern auch hier Marktpreise fehlen, aber auch für die
Bewertung der Bestände an Halb- und Fertigfabrikaten in der Handels- und
Steuerbilanz. Nach den steuerrechtlichen Vorschriften (§ 6, Abschn. I,
Satz 2 EStG; Abschn. 33 EStR 1965) müssen Bestände mit Herstellkosten bewertet werden. Dabei wird ausdrücklich festgelegt, daß sich diese aus den
Materialkosten einschließlich der notwendigen Materialgemeinkosten und den
Fertigungskosten einschließlich der notwendigen Fertigungsgemeinkosten zu-
sammensetzen. Ferner ist zu entnehmen, daß hier nicht nur die variablen Ko-
sten, sondern auch die fixen Kosten gemeint sind [*Moews*, S. 203]. Sind aber
Vollkostenkalkulationen zwingend notwendig und lassen sich diese nicht in
einer Teilkostenrechnung durchführen, so unterbleibt im Betrieb vielfach die
Teilkostenrechnung, da zwei gleichzeitig geführte Rechnungssysteme für zu
aufwendig erscheinen. Hier aber soll gezeigt werden, daß sich die Vollkostenkalkulation auch auf der Grundlage der Teilkostenrechnung ohne erheblichen
Mehraufwand durchführen läßt. Dabei soll hier nicht zwischen Stückherstellkosten und Stückselbstkosten unterschieden werden. Für die Ermittlung der
Stückkosten auf Vollkostenbasis im System der Teilkostenrechnung wird zuerst das einstufige ‚direct costing‘ herangezogen.

Im einstufigen ‚direct costing‘ sollen zur Ermittlung der Stückkosten k_i der
Erzeugnisart i die anteiligen fixen Kosten auf der Grundlage der hier ermittelten variablen Stückkosten k_{vi} bestimmt werden. Der Zuschlagssatz a zeigt den
Anteil der fixen Kosten an den variablen Kosten; hiermit wird angegeben, wie-
viel fixe Kosten auf variable Kosten von einer Geldeinheit entfallen. Bei der
Verrechnung der fixen Kosten wird rechnerisch eine Proportionalität zwischen den fixen und den variablen Kosten unterstellt. Für k_i gilt:

$$a = K_f/K_v \qquad \text{mit:} \; K_v = \sum_{i=1}^{\bar{i}} x_i \, k_{vi}$$

$$k_i = k_{vi} \, (1 + a) \, .$$

In der einstufigen Einzelkostenrechnung ist die einzelne Produkteinheit
nur mit den Erzeugniseinzelkosten belastet. Dieses ist für die Produktart i die
Größe k_{ei}. Zur Ermittlung der Stückkosten k_i werden analog der summarischen Zuschlagskalkulation (vgl. Kap. 6.3.2) die ‚en bloc‘ erfaßten Gemeinkosten auf der Grundlage der Einzelkosten verteilt. Hier wird eine kostenrechne-

rische Proportionalität zwischen Einzelkosten und Gemeinkosten unterstellt. Für k_i gilt:

$$b = K_g / K_e \qquad \text{mit: } K_e = \sum_{i=1}^{\bar{i}} x_i\, k_{ei}$$

$$k_i = k_{ei}\,(1 + b).$$

Diese globale Verrechnung von fixen Kosten bzw. von Gemeinkosten ist allerdings nur dann vertretbar, wenn die jeweiligen in sich zusammengefaßten variablen Stückkosten bzw. Einzelkosten der Erzeugnisse einen echten Maßstab für die Belastung der Erzeugnisse mit fixen Kosten bzw. mit Gemeinkosten darstellen. Das ist allerdings neben der Monoproduktion nur dann der Fall, wenn in einem Betrieb nur einige Produktarten gefertigt werden, die sich in der Art der verwendeten Einsatzgüter und der angewendeten Fertigungsgänge nur unwesentlich unterscheiden. Mit zunehmender Heterogenität der betrieblichen Fertigungsstruktur werden aber auch die Methoden der einstufigen Teilkostenrechnung unbrauchbar. So wird auch die summarische Verteilung von fixen Kosten und von Gemeinkosten in gleicher Weise hinfällig, wie

Tab. 24

auch hier in der Vollkostenrechnung die Verfahren der Divisionskalkulation
(vgl. Kap. 6.2) und der summarischen Zuschlagskalkulation (vgl. 6.3.2) nicht
mehr zur Anwendung gelangen. Innerhalb der zur Vollkostenrechnung ausgebauten Teilkostenrechnung soll hier vorerst von der Fixkostendeckungsrechnung ausgegangen werden.

In der Fixkostendeckungsrechnung wird der Block der fixen Kosten aufgeteilt, indem die fixen Kosten immer bei der Bezugsgröße erfaßt werden, die
der Basis der Bezugsgrößen-Pyramide (Produktart, Produktgruppe, Kostenstelle, Bereich, Gesamtbetrieb) am nächsten ist und für die die verursachungsgerechte Erfassung der Fixkosten auf den Kostenverursacher erstmals möglich
ist. Hier soll von einem Betrieb mit Mehrfachproduktion und einer Fertigungsstruktur ausgegangen werden, die mit Tabelle 24 angegeben wird.

So bilden die Produktarten 1 und 2 die Produktgruppe A. Die Gruppen A
und B werden in der Kostenstelle I gefertigt. Der Bereich Z umfaßt die Stellen
I und II. Der Gesamtbetrieb wird mit R bezeichnet. Dabei werden analog dieser Gliederung die fixen Kosten aufgespalten in:

Produktartenfixkosten
der Produktarten 1, ..., 12 $: K_{f1}^E, \ldots, K_{f12}^E$

Produktgruppenfixkosten
der Produktgruppen $A, \ldots, F$ $: K_{fA}^G, \ldots, K_{fF}^G$

Kostenstellenfixkosten
der Kostenstellen I, ..., III $: K_{fI}^S, \ldots, K_{fIII}^S$

Bereichsfixkosten
der Bereiche Z und Y $: K_{fZ}^B, K_{fY}^B$

Gesamtbetriebsfixkosten $: K_f^R$.

Die jeweils verschieden zugeordneten Fixkosten werden nun über die Produktarten verteilt, denen ihre Bezugsgrößen direkt zugeordnet werden können.
Die jeweiligen Zuschlagssätze werden gebildet, indem die fixen Kosten in Relation zu den variablen Kostenwerten der zugeordneten Produkte gesetzt werden. Dieses sei an der hier zugrundegelegten Struktur erläutert.

Die Größen $c_1, \ldots, c_{12}$ stellen die Zuschlagssätze für die Verteilung der
Produktartenfixkosten $K_{f1}^E, \ldots, K_{f12}^E$ auf die Erzeugnisse der Arten $1, \ldots, 12$
dar. Für die Produktart 4 gilt:

$$c_4 = \frac{K_{f4}^E}{x_4 \, k_{v4}} \,.$$

Die Größen $d_A, \ldots, d_F$ stellen die Zuschlagssätze für die Verteilung der Produktgruppenfixkosten $K_{fA}^G, \ldots, K_{fF}^G$ auf die Erzeugnisse der Gruppen $A, \ldots, F$ dar. Die Produktart 4 bildet dabei mit der Produktart 3 die Produktgruppe B. Es gilt:

$$d_B = \frac{K_{fB}^G}{x_3 \, k_{v3} + x_4 \, k_{v4}} \; .$$

Die Größen $e_I, \ldots, e_{III}$ stellen die Zuschlagssätze für die Verteilung der Kostenstellenfixkosten $K_{fI}^S, \ldots, K_{fIII}^S$ auf die Erzeugnisse dar, die die Kostenstellen I, $\ldots$, III in Anspruch nehmen. Die Erzeugnisart 4 wird innerhalb der Gruppe B zusammen mit der Erzeugnisart 3 in der Kostenstelle I zusammen mit der Produktgruppe A und deren Erzeugnisarten 1 und 2 gefertigt. Es gilt:

$$e_I = \frac{K_{fI}^S}{x_1 \, k_{v1} + x_2 \, k_{v2} + x_3 \, k_{v3} + x_4 \, k_{v4}} \; .$$

Die Größen f_Z und f_Y stellen die Zuschlagssätze für die Verteilung der Bereichskosten K_{fZ}^B und K_{fY}^B auf die Erzeugnisse dar, welche die Kostenbereiche Z und Y in Anspruch nehmen. Entsprechend der zugrundegelegten Struktur hat die Erzeugnisart 4 zusammen mit den Produktarten 1–3 und 5–8 anteilig die fixen Kosten des Bereiches Z zu tragen. Für die Ermittlung des Zuschlagssatzes gilt hier:

$$f_Z = \frac{K_{fZ}^B}{x_1 \, k_{v1} + x_2 \, k_{v2} + x_3 \, k_{v3} + x_4 \, k_{v4} + x_5 \, k_{v5} + x_6 \, k_{v6} + x_7 \, k_{v7} + x_8 \, k_{v8}} \; .$$

Die restlichen Fixkosten als Fixkosten des Gesamtbetriebes werden über alle Erzeugnisse auf der Grundlage ihrer variablen Kosten verteilt. Der Zuschlagssatz g für die Umlage der Betriebsfixkosten K_f^R bildet sich wie folgt:

$$g = K_f^R / K_v \qquad \text{mit: } K_v = \sum_{i=1}^{12} x_i \, k_{vi} \; .$$

Sollen für die Produktmengeneinheit der Erzeugnisart 4 auf der Grundlage des mehrstufigen ‚direct costing' (Fixkostendeckungsrechnung) und der hier zugrundegelegten Fertigungsstruktur die Stückkosten als Vollkosten ermittelt werden, so gilt für k_4 auf der Grundlage der variablen Stückkosten und der jeweiligen Zuschlagssätze:

$$k_4 = k_{v4} \, (1 + c_4 + d_B + e_I + f_Z + g).$$

Ein hierzu analoges Vorgehen ist auch bei der mehrstufigen Einzelkostenrechnung möglich. Im Rahmen der Fixkostendeckungsrechnung zeigt *Mellerowicz* [1970, S. 176ff.] ein ähnliches Vorgehen für eine progressive Kalkulation. Werden die einzelnen Fixkosten weiterhin aufgespalten in Herstell- und in Verwaltungs- und Vertriebskosten, so wird auch eine gesonderte Ermittlung von Herstell- und Selbstkosten pro Erzeugniseinheit auf Vollkostenbasis ermöglicht.

Das hier gezeigte Verfahren erlaubt eine ‚gerechte‘ und entsprechend der causa finalis auch gemildert verursachungsgerechte Kalkulation der Erzeugnisse zu Vollkosten. Dabei werden die Produkte nur mit den fixen Kosten anteilig belastet, mit denen sie in direkter Beziehung stehen. Diese Methodik der Kostenverteilung steht den Methoden der traditionellen Vollkostenrechnung hinsichtlich der Rechnungsgenauigkeit wohl kaum nach. Zudem liegt hier der große Vorteil, daß innerhalb eines Kostenrechnungssystems sowohl zu Teilkosten als auch zu Vollkosten kalkuliert werden kann. Teilkosten sind so beispielsweise heranzuziehen für kurzfristige innerbetriebliche Entscheidungen, Vollkosten sind ausschlaggebend für die Bewertung im externen Jahresabschluß. Da in den handels- und steuerrechtlichen Vorschriften keine Angaben über notwendige Kalkulationsverfahren gegeben sind, dürfte die hier gezeigte Methodik auch nicht von dieser Seite auf Widerstand stoßen.

7.7 Die Kalkulation mit Opportunitätskosten

Die Teilkostenrechnung nach dem Prinzip des ‚direct costing‘ verrechnet nur die Kosten auf den einzelnen Kostenträger, die von diesem verursacht sind. Und doch läßt diese Rechnung eine Reihe von Kosten unberücksichtigt, die unter dem Gesichtspunkt des Verursachungsprinzips klar und eindeutig dem Produkt zuzuordnen sind. Wenn ein Engpaß im Betrieb vorhanden ist, müssen weitere Kalkulationsüberlegungen angestellt werden. Ein in diese Richtung gehender Ansatz wird als ‚Kalkulation mit Opportunitätskosten‘ bezeichnet (*Kern*, S. 133ff.; *Lücke*, 1970a, S. 256).

Unter Opportunitätskosten sind die Grenzerfolge der anderweitigen (alternativen) Verwendung der Leistungseinheit zu verstehen, die von einem zuwachsenden Produkt verhindert oder verdrängt werden.

Die Opportunitätskosten bemessen sich also nicht nach einem ursprünglichen (Aufwands-)Wert der eingesetzten Faktoren, sondern nach dem entgangenen Nutzen bei deren alternativen Verwendung (Ertrags- oder Deckungsbeitragsentgang). Opportunitätskosten werden dann nicht anfallen, wenn der Betrieb unterbeschäftigt ist, wenn in allen Stufen der Produktion noch freie Kapazität besteht, wenn nirgends Engpässe vorhanden sind – aber vorausgesetzt, daß eine erhöhte Produktion auch abgesetzt wird. Ist das nicht der Fall, dann besteht ein Engpaß beim Absatz, und es muß auch hier wieder mit Opportunitätskosten gerechnet werden. Opportunitätskosten sind also in einem Betrieb mit Kapazitätsengpässen die Grenzerfolge der verdrängten alternativen Verwendung der Leistungseinheit.

Die Rechnung mit Opportunitätskosten beruht auf dem Gedanken, daß in der Vollbeschäftigung die Erzeugung eines Produktes die Erzeugung eines anderen Produktes und dessen Deckungsbeitrag unmöglich macht. Wenn man mit der Fertigung eines Produktes A die knappen Kapazitäten ausfüllt, dann verhindert man damit gleichzeitig die Fertigung des Produktes B und damit hat man wiederum den bei dem Produkt B entstehenden Deckungsbeitrag verhindert. Diese Verhinderung des Deckungsbeitrages bei Produkt B hat das Produkt A durch seine Fertigung verursacht; man muß ihm also nach dem wichtigsten Prinzip der Kostenrechnung, dem Verursachungsprinzip, den entgangenen Deckungsbeitrag des Produktes B belasten – und zwar zusätzlich zu seinen eigenen Grenzkosten, die es ja ebenfalls verursacht hat. Die Opportunitätskostenrechnung belastet also jedes Produkt mit seinen Grenzkosten und mit dem entgangenen Deckungsbeitrag der verdrängten alternativen Produkte. Dieses ist der Gedanke der ‚Standard-Grenzpreisrechnung' nach *Böhm-Wille* [1960, S. 13].

Wie aber kann man rechnerisch der zuwachsenden Produktion die Deckungsbeiträge der verdrängten Produktion belasten? Man muß einen gemeinsamen Nenner finden, auf den man die verdrängte Produktion und die zuwachsende Produktion beziehen kann, und dieser gemeinsame Nenner ist der kapazitätsbegrenzende Faktor, allgemein die Kapazität. Das zuwachsende Produkt verdrängt die alternative Produktion deshalb, weil es die verfügbaren Teilkapazitäten auslastet und diese somit dem alternativen Produkt nicht mehr zur Verfügung stehen. Auf die Einheit dieser Größe muß man die Deckungsbeiträge der verdrängten Produktion – nach Maßgabe ihrer Beanspruchung durch die verdrängte Produktion – beziehen, um sie der zuwachsenden Produktion als Kosten anrechnen zu können.

Zur Verdeutlichung dieser Kalkulation mit Opportunitätskosten seien Ausführungen von *Lücke* [1970a, S. 256f.] wiedergegeben:

Die Produktion des Erzeugnisses i bringt einen Deckungsbeitrag in Höhe von:

$$D_i = (p_i - k_{vi})\, x_i\,.$$

Das Produkt durchläuft das Engpaßaggregat j, dessen gesamte Kapazität T_j Zeiteinheiten beträgt. Der Deckungsbeitrag der Produktart i pro eine Zeiteinheit der Engpaßkapazität j errechnet sich zu:

$$W_{ji} = \frac{D_i}{T_j} \quad (\text{für } i = 1, \ldots, \bar{i}) .$$

W_{ji} ist der Wert der Nutzungseinheit des Produktes i. Der größte Wert W_{ji} kennzeichnet die Produktart, welche pro Engpaßeinheit den größten Deckungsbeitrag ergibt. Dieses Produkt wird in der Produktionsplanung vorrangig behandelt. Wenn das Erzeugnis i durch das Erzeugnis k ersetzt werden soll, muß das Produkt k mindestens den durch die Aufgabe der Produktion des Erzeugnisses i entstehenden Gewinnentgang pro Zeiteinheit aufwiegen; das heißt, ϵ_{jk} ist der von k zu tragende Gewinnentgang bei der Ersetzung von i. Wird W_{ji} mit der Stückzeit t_{jk} des Erzeugnisses k auf dem Aggregat j multipliziert, dann ergibt sich:

$$\epsilon_{jk} = t_{jk} \cdot \frac{D_i}{T_j} .$$

Die Dimensionsgleichung für ϵ_{jk} lautet:

$$\frac{\text{DM Bruttogewinn aus } i}{\text{Produktmenge } k} = \frac{\text{Fertigungsstunden } j}{\text{Produktmenge } k} \cdot \frac{\dfrac{\text{DM Bruttogewinn aus } i}{\text{Periode}}}{\dfrac{\text{Fertigungsstunden } j}{\text{Periode}}}$$

Folgendes Beispiel nach *Kern* erläutert diesen Sachverhalt [*Kern*, S. 137]:

$$D_1 : T_j = 2500 : 120 = 20{,}83 \text{ DM/h} = W_{j1}$$
$$D_2 : T_j = 2400 : 120 = 20{,}00 \text{ DM/h} = W_{j2}$$
$$D_3 : T_j = 2100 : 120 = 17{,}50 \text{ DM/h} = W_{j3} .$$

Die Produktart 1 verdrängt die Produktart 2 und 3 vom Aggregat j ganz oder teilweise.

Die verschiedenen Koeffizienten ϵ_{jk} werden gegenüber der Produktart 1 wie folgt berechnet: Dazu ist $t_{j1} = 0{,}24$, $t_{j2} = 0{,}3$ und $t_{j3} = 0{,}4$ gegeben.

$$\epsilon_{j2} = t_{j2} \cdot \frac{D_1}{T_j} = 0{,}3 \cdot 20{,}83 = 6{,}25$$

$$\epsilon_{j3} = t_{j3} \cdot \frac{D_1}{T_j} = 0{,}4 \cdot 20{,}83 = 8{,}33 .$$

Soll die Produktart 1 an die Stelle der nächstbesseren Alternative (hier Produktart 2) treten, so ergibt sich:

$$\epsilon_{j1} = t_{j1} \cdot \frac{D_2}{T_j} = 0,24 \cdot 20,00 = 4,80 .$$

Damit sind die verdrängten Einheitserfolge gegenüber der jeweils besten Alternative festgestellt. Eine Einheit der Produktart 2 verdrängt DM 6,25. Hingegen verdrängt eine Einheit der Produktart 1 nur DM 4,80.

In der ‚Standard-Grenzpreisrechnung' [*Böhm/Wille*, S. 13] ergibt sich der Standard-Grenzpreis als der eigentliche verursachungsgerecht dem Produkt zugerechnete ‚Kostenwert' k^+_{vjk} aus den variablen Kosten k_{vjk} und den verdrängten Erfolgen je Einheit ϵ_{jk}. Da die variablen Kosten je Einheit bei linearen Kostenverläufen mit den Grenzkosten übereinstimmen und anstatt der verdrängten Erfolge auch von Grenzerfolgen gesprochen wird, läßt sich schreiben:

Standardgrenzpreis = Grenzkosten + Grenzerfolge

$$k^+_{vjk} \qquad = \qquad k_{vjk} \qquad + \qquad \epsilon_{jk}$$

Der Ansatz der Opportunitätskosten ist grundsätzlich erforderlich bei der Planung des Produktionsprogramms. Im Rahmen seiner Überlegungen zu einer ‚pretialen Wirtschaftslenkung' entwickelte *Schmalenbach* [1948] mit dem Begriff der ‚optimalen Geltungszahl' ähnliche Überlegungen [*Lücke*, 1970a, S. 264]. Die optimale Geltungszahl ist ein Lenkpreis zur Optimierung des Produktionsprogramms. Bei unbeschränkten Kapazitäten ist allein der Grenzkostensatz bestimmend für die optimale Geltungszahl, bei betrieblichen Engpässen zieht *Schmalenbach* den Grenznutzen in die optimale Geltungszahl mit ein. Das Zinkgefäße-Beispiel von *Schmalenbach* [1948, Band 1, S. 66] ist in der Literatur vielfach aufgegriffen worden und mit den Methoden der Unternehmensforschung analysiert worden [*Opfermann/Reinermann*, S. 230ff.; *Lücke*, 1970a, S. 264ff.].

8. Die Plankostenrechnung

8.1 Der Informationsgehalt der Istkostenrechnung

Unter der ‚traditionellen' Kostenrechnung wird ein Kostenrechnungssystem verstanden, das durch die Erfassung und Verteilung von tatsächlich angefallenen Istkosten gekennzeichnet ist. So verrechnet die Istkostenrechnung die tatsächlich entstandenen Kosten. In der Vollkostenrechnung werden hier sämtliche im Betrieb tatsächlich angefallenen Kosten erfaßt und auf die Erzeugnisse im Zuge der Kostenträgerrechnung verteilt; in der durch das ‚direct costing' geprägten Teilkostenrechnung werden nur die variablen Kosten den Erzeugnissen angelastet, während die fixen Kosten ‚en bloc' (einstufige Methode) bzw. sukzessiv über verschiedene Bezugsbasen (mehrstufige Fixkostendeckungsrechnung) dem Betriebsergebniskonto angelastet werden. Dabei liefert die Istkostenrechnung unabhängig von der spezifischen Ausprägung lediglich Informationen über die Bestimmung bzw. Kontrolle von Preisen von Erzeugnissen bzw. über Wertansätze für Lagerbestände bei Aufstellung von Bilanzen etc. Gemessen am Informationsbedürfnis der Betriebsleiter sind diese Informationen aber unzureichend – teilweise sogar irreführend. Dabei läßt sich der Grund zu einer Weiterentwicklung der Istkostenrechnung zu einer Plankostenrechnung vor allem anhand der Schwächen dieser Istkostenrechnung beschreiben [*Bea*, S. 525]:

1. Da die Istkostenrechnung tatsächliche Produktionsprozesse aufzeichnet, liegen Informationen über die Kosten erst dann vor, wenn die Produktion abgeschlossen ist. Für die Planung vieler betrieblicher Teilbereiche (etwa Investitionen, Preisstellungen) werden jedoch Angaben über künftige Kosten benötigt. Die Istkostenrechnung vermag zwar Anhaltspunkte in Form einer Beobachtung vergangener Daten zu geben, nicht jedoch eine systematische Planung der Kosten aufgrund einer Analyse des erwarteten mengenmäßigen Verzehrs an Produktionsfaktoren und der Faktorpreisentwicklung.
2. Die Istkostenrechnung bietet keine Möglichkeit für die laufende Kontrolle der Kostenentwicklung. Zwar können aus dem Verlauf der Istkosten gewisse Schlüsse über Veränderungen in der Wirtschaftlichkeit der Produktion gezogen werden, sie lassen sich jedoch im Rahmen der Istkostenrechnung nur durch eine Zusatzrechnung und damit relativ spät gewinnen und liefern zudem keine Informationen über den Anteil der verschiedenen Bestimmungsgründe des Kostenverlaufs an der Kostenentwicklung. Diese Angaben sind jedoch erforderlich, wenn rasch Korrekturen des Produktionsprozesses vorgenommen werden sollen.
3. Die Istkostenrechnung ist mit einem großen Rechenaufwand verbunden. Eine Erfassung der Istkosten verlangt u.a. eine genaue Zuordnung von einzeln erfaßten Istpreisen und Istmengen. Preisänderungen führen damit zu erheblichen rechentechnischen Schwierigkeiten. Die exakte Verteilung der Istkosten hat eine ständige Revision der innerbetrieblichen Verrechnungssätze und der Zuschlagssätze im Rahmen der Selbstkostenkontrolle zur Folge.

Wirksame Kostenkontrollen und die dispositiven Aufgaben der Kostenrechnungen erfordern Plankostenrechnungen.

8.2 Die Aufgaben der Plankostenrechnung

Als Plankostenrechnungen werden mit *Kilger* [1970b, Sp. 1343] alle Verfahren der Kostenrechnung bezeichnet, bei denen für bestimmte Planungsperioden im voraus die Verbrauchsmengen und die Preise aller Kostengüter geplant und hieraus Plankosten abgeleitet werden. In der amerikanischen Literatur werden Plankostenrechnungen als ‚standard cost accounting' oder auch als ‚budgetary control' bezeichnet. Die hieraus abgeleitete deutsche Übersetzung Standardkostenrechnungen hat sich aber nicht durchgesetzt.

Die Bezeichnungen Plankosten bzw. Standardkosten können sowohl für Gesamtkostenbeträge bestimmter Abrechnungsperioden als auch für stückbezogene Kosten verwendet werden.

Der Einbau der Plankostenrechnung in das Rechnungssystem bringt die Vorteile der Kostenverrechnung in der Kalkulation (Kostenträgerrechnung) zum Zweck der Preiskalkulation und die Vorteile der Kostenvorgabe zum Zweck einer wirksamen Kontrolle der Kostenwirtschaftlichkeit. Die Aufgaben der Plankostenrechnung zum Zweck der wirksamen Kostenkontrolle und Kostensteuerung lassen sich mit *Bea* [1972, S. 525f.] anschaulich in Form eines Regelkreises darstellen; *Bea* beschreibt die Aufgaben wie folgt:

Die aus dem Unternehmensplan abgeleitete Führungsgröße gibt dem Regler (etwa dem Leiter einer Kostenstelle) ein bestimmtes Ziel vor. Dieses Ziel kann bereits als Kostenplan konkretisiert sein, es ist aber auch durchaus denkbar, daß die Ziele erst vom Regler über das Rechnungswesen in Kostenpläne übersetzt werden müssen. Entscheidend in diesem Zusammenhang ist, daß dem Regler Angaben über den Plan zur Verfügung stehen. Aus diesem Planansatz leitet nun der Regler die Stellgröße ab, d.h. Anordnungen zur Durchführung des Produktionsprozesses. Ist die Produktion realisiert (Regelstrecke), wird sie rechnerisch erfaßt. Die Ergebnisse dieser Rechnung stellen die Istkosten dar (Regelgröße). Ihre Rückmeldung erlaubt nun den entscheidenden Vergleich zwischen Plan (*P*) und Ist (*I*). Stimmen Plan und Ist überein, braucht die Stellgröße nicht verändert zu werden. Sind Differenzen feststellbar, so werden Reaktionen in der Leitungsstelle ausgelöst (management by exception) [*Huch*, 1975a, S. 98ff.].

Der Regler trifft neue Anordnungen, die auf eine bessere Planerfüllung hinzielen. Denkbar ist auch, daß eine Revision des Unternehmungsplanes und damit der Führungsgröße stattfindet.

Abweichungen vom Plan sind u.a. eine Folge der Störgrößen, die von außen auf den Regelkreis einwirken. Die Plankostenrechnung kann vor allem folgende Störgrößen ermitteln: Preisänderungen, Beschäftigungsänderungen und Verbrauchsänderungen. Die verschiedenen Varianten der Plankostenrechnung unterscheiden sich u.a. im Umfang der Erfassung der Störgrößen. Im folgenden sollen die wichtigsten Formen der Plankostenrechnung untersucht werden.

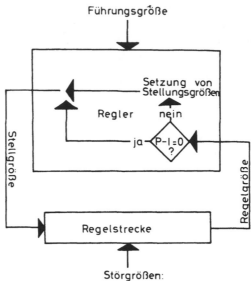

Abb. 41

8.3 Die Planung und Kontrolle von Einzelkosten

Die Kostenplanung erfolgt in der Regel für Planungszeiträume von einem Jahr – und zwar jeweils differenziert nach Monaten. Sie wird mit den übrigen Teilplänen des Betriebes, insbesondere mit der Absatz-, Produktions- und Beschaffungsplanung abgestimmt. Analog zu dem Mengen- und Preisgerüst der Kostengrößen besteht die Kostenplanung aus der (Produktionsfaktor-) Verbrauchsmengenplanung und der (Produktionsfaktor-) Preisplanung. Weiterhin ist mit *Kilger* [1970a; 1970b, Sp. 1348] zwischen der Einzel- und Gemeinkostenplanung zu unterscheiden.

Aufgrund der Möglichkeit einer direkten Zurechnung von Erzeugniseinzelkosten auf die Produkteinheiten erfolgt die Planung von Einzelkosten zunächst pro Produkteinheit [*Weber*, 1974, S. 198ff.]. Liegen die Planeinzelkosten pro Kostenträgereinheit fest, so werden sie mit den geplanten Stückzahlen multipliziert, um die absoluten Plankosten im Sinne von Vorgaben der betreffenden Einzelkostenarten zu erhalten.

Von besonders großer Bedeutung ist in der Regel die Planung der Materialeinzelkosten, deren Höhe oftmals über 50 % der Herstellkosten beträgt. Der Verbrauch von Einzelmaterialien ist produktspezifisch. Bei der Planung werden zunächst Konstruktionszeichnungen, Rezepturen, Stücklisten oder ähnliche Angaben über die Produkte herangezogen, um hieraus die für jedes Produkt gültigen Nettoplaneinzelmaterialmengen abzuleiten. Hierbei handelt es sich dann um die Einzelmaterialmengen, die bei planmäßiger Herstellung effektiv in dem Produkt enthalten sein sollen. In fast allen Fertigungsprozessen muß jedoch mit Materialabfällen gerechnet werden. Daher sind für jede Einzelmaterialart die Abfallursachen und die auch bei planmäßigem Fertigungsablauf unvermeidbaren Ausschußmengen pro Produkt festzulegen. Die Abfallmengenplanung sollte dabei auf exakten Abfallanalysen beruhen, damit keine Unwirtschaftlichkeiten in die Planvorgabe gelangen. Werden die Nettoeinzelmaterialmengen um die geplanten Abfall- und Ausschußprozentsätze erhöht, so erhält man die Bruttoeinzelmaterialmengen, die bei planmäßigem Ablauf des Produktionsprozesses für die Erzeugung der einzelnen Produkte verbraucht werden dürfen. Multipliziert man die Bruttoeinzelmaterialmengen mit den zugehörigen Planpreisen, so erhält man die Bruttoplaneinzelmaterialkosten. Diese bilden erstens die Grundlage für die Plankalkulationen und zweitens die Grundlage für die laufende Kontrolle der Materialeinzelkosten [*Kilger,* 1970a, S. 225ff.].

Die Kosten des Produktionsfaktors Arbeit, die sich den einzelnen Produktarten direkt zuordnen lassen, werden als Einzellohnkosten geplant. Die Ermittlung geplanter Lohnkosten ist älter als die Plankostenrechnung. Die Planung von Lohnkosten geschah bereits im Hinblick auf eine leistungsgerechte Entlohnung [*Böhrs*].

Die Planung der Lohneinzelkosten besteht darin, — differenziert nach Produktarten — für jeden Arbeitsgang die Planarbeitszeiten zu bestimmen. Dabei muß ausgegangen werden vom planmäßigen Arbeitsablauf und von normalen oder geplanten Leistungsgraden. Die Planarbeitszeit läßt sich in verschiedene Teilarbeitszeiten aufgliedern. REFA unterscheidet hier:

a) Rüstzeiten sind Zeiten für die Vorbereitung des eigentlichen Arbeitsvorganges am Produkt — wie Lesen von Plänen und Anordnungen, wie Bereitlegen von Werkzeug und wie Umstellen von Maschinen. Rüstzeiten sind von der Auftragsgröße unabhängig; sie entstehen durch Wechsel von einem Arbeitsgang zu einem andersartigen.

b) Ausführungszeiten sind Zeiten, in denen der Bearbeitungsgang eigentlich ausgeführt wird.

In der Kalkulation werden die Rüstzeiten den Ausführungszeiten prozentual zugeschlagen.

Rüstzeiten und Ausführungszeiten lassen sich wie folgt aufteilen:

a) Grundzeiten sind Teilarbeitszeiten, die bei jeder Wiederkehr eines Arbeitsvorganges regelmäßig wieder anfallen und durch Zeitaufnahmen oder Berechnungen zu planen sind.

b) Verteilzeiten sind Teilarbeitszeiten, die unregelmäßig auftreten und durch
Zeitaufnahme nicht ordnungsmäßig erfaßt werden können. Verteilzeiten
werden prozentual zu den Grundzeiten hinzugeschlagen.

Alle Teilzeiten werden gesondert geplant. Dieses geschieht soweit wie möglich durch Zeitstudien. Mit Hilfe von Zeitmessungen und Leistungsgradschät-
zungen wird die Zeit ermittelt. Die Zeitstudie stellt auf die Arbeitsintensität
ab, die als normal anzusehen ist und mit der ein Arbeiter auf die Dauer ohne
gesundheitliche Schädigung arbeiten kann.

Obwohl es sich bei den Materialeinzelkosten und den Lohneinzelkosten um
direkt dem Erzeugnis zurechenbare Einzelkosten handelt, die nicht den Kostenstellen zugerechnet werden und die so keinen direkten Eingang in die Kostenstellenrechnung gefunden haben, werden sie bei der Planung im Hinblick auf
eine wirkungsvollere Kontrolle über die Kostenstellen verrechnet. Die Planung von Einzelkosten erfolgt demnach auch kostenstellenweise. Die Planeinzelkosten K_{Eh}^P der Kostenstelle h betragen:

$$K_{Eh}^P = \sum_{i=1}^{\bar{i}} \sum_{j=1}^{\bar{j}} v_{jih}^P \, (1 + a_{jih}^P) \, q_j^P \, x_{ih}^P$$

Die Größe v_{jih}^P gibt die geplante Netto-Faktormenge des Produktionsfaktors j (Material im Fertigprodukt laut Stückliste bzw. Grund-Ausführungszeiten
für den für das Produkt notwendigen Arbeitsgang) für das Produkt i an, soweit
die entsprechenden Arbeiten in der Kostenstelle h anfallen. Der Zuschlag a_{jih}^P
gibt die zu planenden Aufschläge für den Produktionsfaktor j in bezug auf das
Produkt i im Hinblick auf die Abfall- und Ausschußprozentsätze bei den Materialien bzw. im Hinblick auf die Rüst- und Verteilzeitenaufschläge bei den
Arbeitszeiten an. Demnach gibt der Ausdruck $v_{jih}^P \, (1 + a_{jih}^P)$ den Brutto-Fak-
torverbrauch des Faktors j für das Produkt i in der Stelle h an.

Im Hinblick auf die Kostenrechnung muß der Faktorverbrauch mit geplanten Bereitstellungswerten q_j^P pro Faktoreinheit (pro Materialeinheit, pro
Lohnstunde) (vgl. Kap. 4.3.1) bewertet werden. Da es sich bei Einzelkosten
grundsätzlich um variable Kosten handelt, die in ihrer Gesamtheit in li-
nearer Abhängigkeit zur Produktmenge stehen, werden die Stückkostenwerte
$v_{jih}^P \, (1 + a_{jih}^P) \, q_j^P$ mit der geplanten Produktmenge x_{ih}^P der Produktart i zur
Erstellung in der Stelle h multipliziert.

Das Ergebnis der Einzelkostenplanung besteht in Kalkulationsansätzen in
bezug auf Verrechnung von Einzelkosten in der Kostenträgerrechnung und in
Kostenstellenplänen als Vorgabe für alle Kostenstellen. Diese Kostenstellenplä-
ne dienen als Grundlage für die laufende Kostenkontrolle (Soll-Ist-Kostenver-
gleich), um die Wirkungsweise (Wirtschaftlichkeit) der Abteilungen und um

die für die Kalkulation verwendeten Planansätze zu kontrollieren. Diese laufende Kostenkontrolle wird in der Regel monatlich durchgeführt.

Aus den Plankosten K_{Eh}^P werden die Sollkosten K_{Eh}^S als unmittelbare Kostenvorgabe für die Abteilung bei alternativen Beschäftigungsgraden vorgegeben. Diese Vorgaben K_{Eh}^S sind von der tatsächlichen Produktmenge x_{ih}^I ($i = 1, \ldots, \bar{i}$) linear wie folgt abhängig:

$$K_{Eh}^S = \sum_{i=1}^{\bar{i}} \sum_{j=1}^{\bar{j}} v_{jih}^P (1 + d_{jih}^P) q_j^P x_{ih}^I .$$

Für den Fall, daß die Planbeschäftigung der Istbeschäftigung entspricht — d.h. $x_{ih}^P = x_{ih}^I$ —, dann sind die Sollkosten K_{Eh}^S gleich den Plankosten K_{Eh}^P.

Die Wirkungsweise der Abteilung und die Richtigkeit der Kalkulationsansätze wird durch Gegenüberstellung von Soll- und Istkosten kontrolliert. Analog zu den Bestimmungsfaktoren der Sollkosten gilt für die tatsächlichen Einzelkosten K_{Eh}^I der Stelle h:

$$K_{Eh}^I = \sum_{i=1}^{\bar{i}} \sum_{j=1}^{\bar{j}} v_{jih}^I (1 + d_{jih}^I) q_j^I x_{ih}^I .$$

Die Abweichungen zwischen Soll- und Istkosten werden als Kostenabweichungen mit ΔK_{Eh} bezeichnet; insgesamt setzt sich ΔK_{Eh} aus drei Komponenten zusammen — aus der Preisabweichung ΔP_{Eh}, aus der Ausbeute — bzw. Leistungsabweichung ΔL_{Eh} und aus der Stücklistenabweichung ΔS_{Eh}. Diese drei Komponenten lassen sich mit Abbildung 42 graphisch wie folgt herauskristallisieren; dazu müssen die Kostenvorgaben in bezug auf unterschiedliche Einflußgrößen durch weitere Indizierung gekennzeichnet sein:

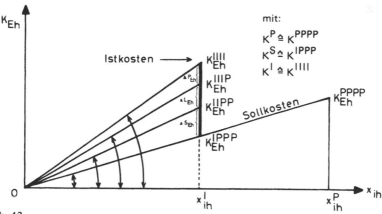

Abb. 42

Der erste Index kennzeichnet die Beschäftigung, der zweite die Stückliste, der dritte die Ausbeute bzw. Leistung und der vierte den Preis des Produktionsfaktors jeweils als Plan- oder Istwert.

In der Plankalkulation sind entsprechend der mit tan α kalkulierten Stückkosten von $v_{jih}^P (1 + a_{jih}^P) q_j^P$ insgesamt die Kosten K_{Eh}^{IPPP} (= Sollkosten bei Istbeschäftigung x_{ih}^I, Planstückliste v_{jih}^P, Planausbeute bzw. Planleistung a_{jih}^P und bei Planpreisen q_j^P) verrechnet.

Die Stücklistenabweichung $\Delta S_{Eh} = K_{Eh}^{IIPP} - K_{Eh}^{IPPP}$ ist darauf zurückzuführen, daß statt des geplanten Material- bzw. Lohnstundenverbrauchs v_{jih}^P aufgrund veränderter Stücklisten bzw. Arbeitsanweisung mit dem Wert v_{jih}^I gearbeitet wird. Es gilt für die Stücklistenabweichung ΔS_{Eh}:

$$\Delta S_{Eh} = \sum_{i=1}^{\bar{i}} \sum_{j=1}^{\bar{j}} (v_{jih}^I - v_{jih}^P)(1 + a_{jih}^P) q_j^P x_{ih}^I .$$

Die Ausbeute- bzw. Leistungsabweichung $\Delta L_{Eh} = K_{Eh}^{IIIP} - K_{Eh}^{IIPP}$ ist darauf zurückzuführen, daß statt der geplanten Produktionsfaktorausbeute a_{jih}^P mit einer anderen Ausbeute a_{jih}^I gearbeitet wird. Dieses ist zurückzuführen a) beim Faktor ‚Material' auf veränderte Ausbeute (Abfall, Verschnitt usw.) und b) beim Faktor ‚Arbeit' auf veränderte Rüstzeiten und Verteilzeiten. In der Arbeitsanweisung wird mit v_{jih} nur der unmittelbare Nettofaktorverbrauch fixiert; Abfälle und Verschnitte beim Material bzw. Rüstzeiten und Verteilzeiten bei der Arbeit werden mit a_{jih} auf v_{jih} prozentual zugeschlagen. So gilt für die Ausbeute- bzw. Leistungsabweichung ΔL_{Eh}:

$$\Delta L_{Eh} = \sum_{i=1}^{\bar{i}} \sum_{j=1}^{\bar{j}} v_{jih}^I (a_{jih}^I - a_{jih}^P) q_j^P x_{ih}^I .$$

Die Preisabweichung $\Delta P_{Eh} = K_{Eh}^{IIII} - K_{Eh}^{IIIP}$ ist darauf zurückzuführen, daß die tatsächlichen Beschaffungspreise q_j^I des jeweiligen Produktionsfaktors von den geplanten Preisen q_j^P abweichen. Diese Preisabweichungen gelten sowohl für Materialien, wenn hier sich die Einkaufspreise entgegen den Markteinschätzungen entwickeln, als auch für Löhne, wenn entweder Arbeitskräfte anderer Lohngruppen eingesetzt werden oder aber der Stundenlohn sich tariflich anders entwickelt hat. So gilt für die Preisabweichung ΔP_{Eh}:

$$\Delta P_{Eh} = \sum_{i=1}^{\bar{i}} \sum_{j=1}^{\bar{j}} v_{jih}^I (1 + a_{jih}^I)(q_j^I - q_j^P) x_{ih}^I .$$

Dabei gilt für die gesamte Kostenabweichung ΔK_{Eh}:

$$\Delta K_{Eh} = K_{Eh}^{IIII} - K_{Eh}^{IPPP}$$

$$= \underbrace{(K_{Eh}^{IIII} - K_{Eh}^{IIIP})}_{\Delta P_{Eh}} + \underbrace{(K_{Eh}^{IIIP} - K_{Eh}^{IIPP})}_{\Delta L_{Eh}} + \underbrace{(K_{Eh}^{IIPP} - K_{Eh}^{IPPP})}_{\Delta S_{Eh}}$$

Die ursprünglichen Plankosten sind im Grunde bei der Kontrollrechnung uninteressant. Sie stellen nur eine Ausgangsgröße dar, um im Zuge einer flexiblen Plankostenrechnung eine Sollkostenkurve abzuleiten, mit der die kalkulierten Plankosten bei unterschiedlichen Beschäftigungsstufen der Abteilung als Vorgabe gegeben werden. Da es sich bei den Erzeugniseinzelkosten um variable Kosten handelt, verläuft die Sollkostenkurve als lineare Kurve vom 0-Punkt zu K_{Eh}^{PPPP}.

8.4 Die Planung und Kontrolle von Gemeinkosten

8.4.1 Die Vollplankostenrechnung

8.4.1.1 Grundlagen der Gemeinkostenplanung und -kontrolle

Die Planung der Gemeinkosten erfolgt analog der Einzelkostenplanung differenziert nach Kostenstellen und Kostenarten [*Weber*, 1974, S. 240ff.]. Noch stärker als bei der Einzelkostenplanung hat hier die Kostenstelleneinteilung so zu erfolgen, daß klar voneinander abgegrenzte Verantwortungsbereiche entstehen und sich für alle Kostenstellen geeignete Maßgrößen der Kostenverursachung festlegen lassen. Im Fertigungsbereich bieten sich zwei Kategorien von Bezugsgrößen an: Für den Fall der Monoproduktion innerhalb der Kostenstelle ist die Produktmenge die beste Bezugsgröße; für den Fall der Mehrfachproduktion muß eine Hilfsgröße herangezogen werden; hier bieten sich Arbeits- bzw. Maschinenstunden als mögliche Bezugsgrößen und damit als die ‚Verursacher' von Kosten an. Im Material-, Verwaltungs- und Vertriebsbereich ist die Bezugsgrößenwahl viel schwieriger als im Fertigungsbereich [*Kilger*, 1970b, Sp. 1351]. In vielen Fällen muß man sich mit Hilfsmaßstäben begnügen; diese können sein: die Summe der Materialkosten für die Materialkostenstellen oder die Summe der Herstellkosten der verkauften Erzeugnisse für die Kostenstellen des Verwaltungs- und Vertriebsbereiches.

Liegen für alle Kostenstellen die Arten der Bezugsgrößen fest, so muß die jeweilige Planbezugsgröße bestimmt werden. Je nach Wahl der Bezugsgröße muß nunmehr die planmäßig im Monatsdurchschnitt zu erwartende Anzahl der Fertigungsstunden festgelegt werden. Dabei neigt man grundsätzlich zu einer sogenannten Kapazitätsplanung. Die Planbezugsgröße wird dann bestimmt durch die mit den vorhandenen Betriebsmittel- und Personalkapazitäten maximal realisierbare Produktmenge oder Fertigungsstunden [*Kilger,* 1970b, Sp. 1351]. Entsprechend dem Gesetz der Dominanz des Minimumsektors [*Gutenberg,* 1969, S. 151f.] können die Planbeschäftigungen der Kostenstellen so festgelegt werden, daß sie dem Engpaß der Gesamtplanung entsprechen. Es kann dann sein, daß die Kapazität der produktiven Faktoren einer Kostenstelle nicht im vollen Umfange benötigt wird. So besteht dann das System aus benutzten und nicht benutzten Mengen von produktiven Faktoren; das Planungsmodell kann also auch Leerkapazitäten von produktiven Faktoren (abundante Faktoren) enthalten [*Gutenberg,* 1969, S. 152].

Bei der Durchführung der Gemeinkostenplanung lassen sich statistische und synthetische Verfahren unterscheiden [*Schwantag,* S. 395]. Bei den Verfahren der analytischen Methode geht man von den Istkosten vergangener Perioden aus und leitet hieraus mit Hilfe statistischer Methoden (Streupunktdiagramme, Hoch-Tief-Punkt-Verfahren und Trendberechnungen) aus vorhandenen Kostenstatistiken entsprechende Kostenvorgaben ab. Bei den synthetischen Methoden dagegen werden die Plankosten unabhängig von den Istkosten früherer Perioden mit Hilfe von Verbrauchsstudien, Berechnungen und Planungsentscheidungen festgelegt. Der Begriff ‚synthetische Methode‘ ist dadurch erklärbar, daß die Plankosten stets aus mehreren Elementen jeweils spezifischer Kostenuntersuchungen zusammengesetzt werden [*Kilger,* 1970a, S. 366; 1970b, Sp. 1351].

Erzeugniseinzelkosten sind grundsätzlich variable Kosten; Erzeugnisgemeinkosten können hingegen sowohl fixen als auch variablen Charakter besitzen. Somit muß im Zuge der Gemeinkostenplanung bei der Bestimmung der Kostenvorgaben in Abhängigkeit von der Beschäftigung eine Kostenauflösung in fixe und variable (proportionale) Bestandteile erfolgen. Hierbei werden diejenigen Kosten als fix angesetzt, die bei einem Beschäftigungsgrad von Null noch anfallen sollen; diese fixen Kosten sind notwendig zur Aufrechterhaltung der Betriebsbereitschaft. Hinsichtlich der Analyse empirischer Kosten in bezug auf ihren fixen und variablen Charakter sind mit der buchtechnischen, mathematischen und der mehrstufigen Methode, sowie mit der Methode mit Hilfe der Regressionsskizze und des Variators verschiedene Verfahren entwickelt worden (vgl. Kap. 2.3).

In der Plankostenrechnung wurde die Beschäftigungsabhängigkeit einer Kostenart sehr oft mit Hilfe des Variators zum Ausdruck gebracht. Unter dem Variator versteht man den Veränderungs-, Elastizitäts- oder Reagibilitätsgrad einer Kostenart bei Schwankungen in der Beschäftigung. Er ergibt sich aus dem Verhältnis der variablen Kosten zu den gesamten Kosten einer Kostenart. Die Verwendung von Variatoren ist nur bei Anwendung der analytischen Gemeinkostenplanung möglich. Wenn man aber dann bei den aus der vorhandenen Kostenstatistik übernommenen Plankosten von vornherein Variatoren für die Kostenaufspaltung annehmen sollte, dann handelt es sich hier um eine wenig exakte Methode der Kostenplanung und Kostenvorgabe [*Kosiol*, 1964, S. 239f.; *Kilger*, 1970a, S. 380f.; *Weber*, 1974, S. 206]. Daher werden heute solch globale Kennziffern nicht mehr sehr oft verwendet, da sie leicht zu einer ungerechtfertigten Schematisierung der Kostenauflösung führen.

Eine exakte Kostenplanung verlangt die synthetische Vorgehensweise. Unabhängig von der spezifischen Vorgehensweise bei Monoproduktion oder bei Mehrfachproduktion wird bei der synthetischen Methode zu Beginn der Kostenplanung eine Aufteilung der fixen und variablen Kosten vorgenommen. Die fixen Kosten werden ,en bloc' für jede Beschäftigungsstufe als Datum übernommen. Die variablen Stückkosten werden ermittelt auf der Grundlage der Vorstudien. Als Resultat der Kostenplanung und Erfassung der tatsächlichen Kosten gilt folgende Abbildung 43:

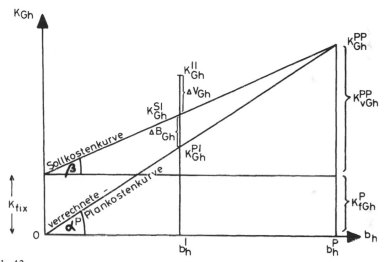

Abb. 43

Die Gemeinkosten K_{Gh} der Stelle h umfassen sämtliche mögliche fixen und variablen Gemeinkosten (vgl. Kap. 4.4). Die Größe K_{Gh}^{PP} gibt die bei einer Planbeschäftigung b_h^P für die Stelle h geplanten Gemeinkosten als Stellenendkosten an, wie sie nach Verteilung der Gemeinkosten auf die Kostenstellen nach Einschaltung des Betriebsabrechnungsbogens in der Kostenstellenrechnung ermittelt werden. Die Beschäftigung wird hier vorerst unabhängig von der jeweiligen Bezugsgröße allgemein mit b bezeichnet. Die Größe tan α^P gibt die geplanten Erzeugnisgemeinkosten an; die Kurve der verrechneten Plankosten gibt die kalkulatorisch verrechneten Gemeinkosten bei alternativen Beschäftigungsstufen an; denn bei einer Vollkostenrechnung werden für die Leistungen einer Kostenstelle die Werte $k^{PP} = \tan \alpha^P$ zugrundegelegt. Mit K_{Gh}^{PI} werden dann die Gemeinkosten der Stelle h angegeben, die bei der Istbeschäftigung b_h^I über den Kalkulationswert $\tan \alpha^P$ kalkulatorisch verrechnet und so über den Marktpreis des kalkulierten Erzeugnisses gedeckt werden.

Die Gemeinkostenplanung dient nun einerseits der Gewinnung von Planstückkosten, andererseits aber auch hier wiederum der Kontrolle der Kostenstelle. Aufgrund der fehlenden Anpassungsfähigkeit von fixen Kosten an veränderte Beschäftigungslagen dient die Sollkostenkurve als Kurve der Kostenvorgaben für die Abteilung bei alternativen Beschäftigungen. Mit K_{Gh}^{SI} werden dann die Gemeinkosten der Kostenstelle h vorgegeben, die bei der jeweiligen Beschäftigung anfallen dürfen — unter der Voraussetzung, daß die variablen Kosten bei Änderung der Beschäftigung proportional angepaßt werden können, während die fixen Kosten unverändert bestehen bleiben.

Im Anschluß an die Gemeinkostenplanung wird dann die Planung der Kostenarten- und Kostenstellenrechnung auch noch als tatsächliche Istkostenrechnung durchgeführt. Dadurch werden die Kostenstellen — ausgehend von der Istkostenartenrechnung mittels eines mit Istkosten durchgeführten Betriebsabrechnungsbogens — mit ihren tatsächlich angefallenen Istkosten bei Istbeschäftigung belastet. Diese Kosten betragen K_{Gh}^{II}. Die Differenz $(K_{Gh}^{II} - K_{Gh}^{PI})$ als Saldo auf dem Kostenstellenkonto wird einer Analyse unterzogen.

Die gesamte Kostenabweichung $(K_{Gh}^{II} - K_{Gh}^{PI})$ wird aufgeteilt in die Beschäftigungsabweichung ΔB_{Gh} $(= K_{Gh}^{SI} - K_{Gh}^{PI})$ und in die Verbrauchsabweichung ΔV_{Gh} $(= K_{Gh}^{II} - K_{Gh}^{SI})$. Die Beschäftigungsabweichung entspricht den Leerkosten [Bredt, 1939, S. 251; Gutenberg, 1969, S. 336]. Die Beschäftigungsabweichung kennzeichnet den Grad der Unterbeschäftigung. Für die Beschäftigungsabweichung gilt:

$$\Delta B_{Gh} = (K_{fGh}^P + k_{vGh}^P \, b_h^I) - (K_{Gh}^{PP} / b_h^P) \; b_h^I$$

$$= (K_{fGh}^P + k_{vGh}^P \, b_h^I) - (K_{fGh}^P / b_h^P + k_{vGh}^P) \, b_h^I$$

$$= K_{fGh}^P \, (1 - b_h^I / b_h^P) \, .$$

Kostenrechnerisch drückt die Beschäftigungsabweichung die Kostenunterdeckung der fixen Kosten aus. Die anteiligen Stückfixkosten werden ermittelt bei der Planbeschäftigung. Es gilt:

$$k_{fh}^P = K_{fh}^P / b_h^P$$

Die tatsächlichen Stückfixkosten k_{fh}^I betragen jedoch:

$$k_{fh}^I = K_{fh}^P / b_h^I .$$

Hierbei wird unterstellt, daß die geplanten fixen Kosten den tatsächlichen fixen Kosten entsprechen.

Die gesamte Unterdeckung ΔB_{Gh} beträgt:

$$\Delta B_{Gh} = b_h^I (k_{fh}^I - k_{fh}^P) .$$

Aufgrund der kleineren Beschäftigung müßten auf die einzelne Erzeugniseinheit mehr anteilige Fixkosten verrechnet werden. Die Differenz $(K_{Gh}^{II} - K_{Gh}^{SI})$ wird in der traditionellen Plankostenrechnung als Verbrauchsabweichung ΔV_{Gh} interpretiert. Bei einem konstanten (Verrechnungs-) Wertgerüst ist diese Kostenabweichung allein zurückzuführen auf eine Veränderung des Mengengerüstes, d.h. auf einen veränderten Güterverbrauch, der von der Kostenstelle zu verantworten ist.

Preisabweichungen lassen sich auch hier bei der Gemeinkostenplanung und -kontrolle in gleicher Weise wie bei der Einzelkostenbetrachtung vornehmen. Im folgenden wird hierauf aber nicht mehr gesondert eingegangen.

Neben Verbrauchs- und Beschäftigungsabweichungen werden bei den variablen Kosten noch weitere spezielle Abweichungen ermittelt. Hierzu gehören in erster Linie die Leistungsabweichung, aber auch Kostenabweichungen infolge außerplanmäßiger Seriengrößen, infolge außerplanmäßiger Bedienungssysteme, Verfahrens- oder Arbeitsablaufabweichungen etc. [*Kilger*, 1970a, S. 432ff.].

8.4.1.2 Die Gemeinkostenplanung und -kontrolle bei Monoproduktion auf der Grundlage von Verbrauchsfunktionen

Der Fall der Monoproduktion innerhalb einer Kostenstelle ist für die Planung und Kontrolle von Gemeinkosten am einfachsten, weil die Wahl der Bezugsgröße problemlos ist. Als Bezugsgröße wird die Leistung der Kostenstelle gemessen, die im Bereich der Fertigung mit den in der Abteilung erstellten bzw. be- oder verarbeiteten Erzeugnismengen einer homogenen Produktart quantifiziert werden kann. Wegen der Schwächen der analytischen Kostenplanung wird hier die synthetische Methode vorgezogen, d.h. in besonderen produktions- und kostentheoretisch fundierten Kostenuntersuchungen werden logisch, deduktiv die Gemeinkosten geplant und vorgegeben.

Wenn es sich bei der vorliegenden Fertigungsstelle um eine Maschinenstelle handelt, bei der Aggregate dominieren, geschieht die Ermittlung der variablen Plangemeinkosten mit Hilfe der Verbrauchsfunktionen. Hier steht die Abhängigkeit der variablen Stückkosten von der Leistung der Abteilung im Vordergrund.

Die Verbrauchsfunktion stellt den Faktorverbrauch v_{jh} des Faktors j für eine Ausbringungseinheit der Kostenstelle in Abhängigkeit von der Leistung d_h der Stelle h dar. Dabei wird diese Leistung d_h im Sinne einer ökonomischen Leistung verstanden und in Ausstoßeinheiten x_h pro Zeiteinheit T_h gemessen [*Kilger*, 1958b, S. 53ff.]. Es stellt sich nun die Frage nach einigen typischen Verläufen der Verbrauchsfunktionen $v_{jh} = v_{jh}\,(d_h)$ [*Lücke*, 1970a, S. 64f.]; es wird von drei Faktorarten ausgegangen, die als typisch unterstellt werden können:

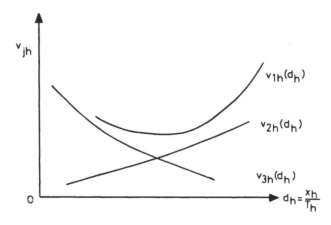

Abb. 44

Aus den Verbrauchsfunktionen der notwendigen variablen Produktionsfaktoren wird die Kurve der variablen Stückkosten k_{vGh} in Abhängigkeit von der Leistung d_h ermittelt, indem die jeweils mit den Faktorpreisen q_j bewerteten Faktormengen $v_{jh}\,(d_h)$ aggregiert werden [*Kilger*, 1958b, S. 61f.]. So gilt für die variablen (Gemein-) Stückkosten:

$$k_{vGh}\,(d_h) = \sum_{j=1}^{\bar{j}} v_{jh}\,(d_h)\,q_j\,.$$

Das Minimum der variablen (Gemein-)Stückkosten wird bei der optimalen Leistungsschaltung $d_{opt\ h}$ erreicht.

Graphisch läßt sich mit Abbildung 45 folgender Verlauf unterstellen:

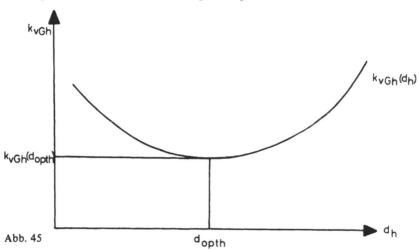

Abb. 45

Aus diesem Zusammenhang ist zu ersehen, daß der variable Gemeinkosten-wert pro Erzeugniseinheit abhängig ist von der jeweiligen Leistungsschaltung der Abteilung.

Nach Planung der fixen Gemeinkosten K_{fh}^P der Kostenstelle h und nach Fixierung der geplanten Leistungsschaltung d_h^P läßt sich unter Zugrundelegung einer Planproduktmenge x_h^P folgendes System mit Abbildung 46 entwickeln:

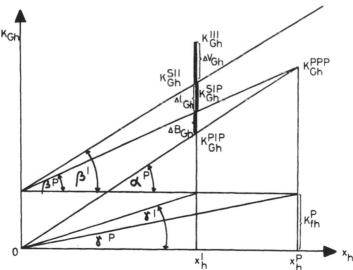

Abb. 46

mit: $\tan \alpha^P = k_{Gh}^P (d_h^P, x_h^P)$

$$\tan \beta^P = k_{vGh}^P (d_h^P); \quad \tan \beta^I = k_{vGh}^I (d_h^I)$$

$$\tan \gamma^P = k_{fh}^P (x^P); \quad \tan \gamma^I = k_{fh}^I (x^I).$$

Für die Kostenkontrolle ist hier wiederum notwendig eine Gegenüberstellung von den bei der Istbeschäftigung x_h^I und bei einer tatsächlichen Leistung d_h^I angefallenen tatsächlichen Istkosten K_{Gh}^{III} und den bei der Istbeschäftigung über $\tan \alpha^P$ kalkulatorisch verrechneten Kosten K_{Gh}^{PIP}. Dabei läßt sich die gesamte Abweichung in die drei Komponenten Verbrauchsabweichung ΔV_{Gh}, Leistungsabweichung ΔL_{Gh} und Beschäftigungsabweichung ΔB_{Gh} aufgliedern; Preisabweichungen bleiben dabei unberücksichtigt. So gilt:

$$\Delta K_{Gh} = K_{Gh}^{III} - K_{Gh}^{PIP}$$

$$= \underbrace{(K_{Gh}^{III} - K_{Gh}^{SII})}_{\Delta V_{Gh}} + \underbrace{(K_{Gh}^{SII} - K_{Gh}^{SIP})}_{\Delta L_{Gh}} + \underbrace{(K_{Gh}^{SIP} - K_{Gh}^{PIP})}_{\Delta B_{Gh}}$$

mit:

K_{Gh}^{PPP} = Plankosten bei Planbeschäftigung und Planleistung

K_{Gh}^{III} = Istkosten bei Istbeschäftigung und Istleistung

K_{Gh}^{PIP} = Plankosten bei Istbeschäftigung und Planleistung

K_{Gh}^{SIP} = Sollkosten bei Istbeschäftigung und Planleistung

K_{Gh}^{SII} = Sollkosten bei Istbeschäftigung und Istleistung.

Dabei gilt für die einzelnen Abweichungen:
Die Beschäftigungsabweichung $\Delta B_{Gh} = K_{Gh}^{SIP} - K_{Gh}^{PIP}$ entspricht den Leerkosten bei der Istbeschäftigung. Dabei gilt:

$$\Delta B_{Gh} = K_{fh}^P (1 - x_h^I / x_h^P)$$

Kostenrechnerisch drückt die Beschäftigungsabweichung die Kostenunterdeckung der fixen Kosten aus. Die anteiligen Stückfixkosten werden ermittelt bei der Planbeschäftigung.

$$k_{fh}^P = K_{fh}^P / x_h^P; \quad = \tan \gamma^P.$$

Die tatsächlichen Stückfixkosten betragen jedoch:

$$k_{fh}^I = K_{fh}^I{}' / x_h^I; \quad = \tan \gamma^I \quad \text{mit: } K_{fh}^P = K_{fh}^I.$$

Die gesamte Beschäftigungsabweichung als Unterdeckung beträgt:

$$\Delta B_{Gh} = x_h^I \left(k_{fh}^I - k_{fh}^P \right).$$

Aufgrund der kleineren Beschäftigung hätten auf die einzelne Erzeugniseinheit mehr anteilige Fixkosten verrechnet werden müssen.

Aufgrund irgendwelcher betrieblicher Dispositionen mußte die Kostenstelle mit einer anderen Leistungsschaltung arbeiten. Die durch diese Maßnahme hervorgerufenen Änderungen der variablen Stückkosten k_{vGh} sind mit der Leistungsabweichung gesondert auszuweisen.

Während K_{Gh}^{SIP} die Sollkosten bei der Istbeschäftigung und bei der geplanten Leistung — entsprechend $\tan \beta^P$ — angibt, sind mit K_{Gh}^{SII} aufgrund der tatsächlichen Leistung — entsprechend $\tan \beta^I$ — die Sollkosten bei Istbeschäftigung und Istleistung angegeben. Die Differenz $(K_{Gh}^{SII} - K_{Gh}^{SIP})$ ergibt die Leistungsabweichung als kostenmäßige Auswirkung veränderter Leistungen. Für die Leistungsabweichung ΔL_{Gh} gilt:

$$\Delta L_{Gh} = x_h^I \left(k_{vGh}^I (d_h^I) - k_{vGh}^P (d_h^P) \right).$$

Die Leistungsschaltung hat auf die Höhe der fixen Kosten keinen unmittelbaren Einfluß. Ein mittelbarer Einfluß kann darin liegen, daß durch eine Verringerung der Leistung bei konstanter Fertigungszeit die Ausbringung sinkt und dadurch eine Beschäftigungsabweichung auftritt.

Die Leistungsabweichung drückt die Kostenveränderungen $(K_{Gh}^{SII} - K_{Gh}^{SIP})$ aus, die durch veränderte Leistungsschaltungen anfallen. Bei den Leistungsabweichungen handelt es sich um echte Mehr- oder Minderkosten bei den variablen Gemeinkosten; diese sind bedingt durch den Verlauf der bewerteten Verbrauchsfunktionen. Während es sich hier also um echte Mehr- oder Minderkosten handelt, liegen bei den Beschäftigungsabweichungen keine absoluten Kostenveränderungen vor. Hier handelt es sich lediglich um kalkulatorische Unter- bzw. Überdeckungen von fixen Kosten, die allerdings auf das Betriebsergebnis ebenso wirksam sind wie die absoluten Kostenveränderungen bei der Leistungsabweichung.

Die restliche Differenz $(K_{Gh}^{III} - K_{Gh}^{SII})$ ergibt dann die eigentliche Verbrauchsabweichung.

Nach *Gutenberg* [1969, S. 318] sind die Verbrauchsmengen weiterhin abhängig von den technischen Eigenschaften der jeweiligen Kostenstelle. Ferner können auch betriebsexterne Eigenschaften Einfluß auf die Kosten der Kostenstelle nehmen. Hier sei hingewiesen auf die Außentemperatur, welche die Heizkosten beeinflussen kann. Eine Analyse dieser Einflußgrößen und ihrer Auswirkungen bringt eine weitere Unterteilung der Verbrauchsabweichung mit sich. Im Endeffekt sollen dann alle Abweichungen den sie hervorrufenden Einflußgrößen zugeordnet werden. Über die diese Einflußgrößen betreffenden Dispositionen vermag die Betriebsleitung die Kosten in ihren eigentlichen sie bedingenden Faktoren zu lenken. Ein solcher Faktor ist der ‚Schlendrian‘ in der Kostenstelle, für den der Abteilungsleiter zur Verantwortung gezogen werden kann.

8.4.1.3 Die Gemeinkostenplanung und -kontrolle bei Mehrfachproduktion auf der Grundlage von Fertigungszeiten

Die Wahl der Produktmenge als Bezugsgröße der Beschäftigung ist nur bei Monoproduktion möglich. Bei der Fertigung mehrerer heterogener Produktarten lassen sich diese heterogenen Produkte nicht zu einer in sich homogenen Produktmenge zusammenfassen. Auch eine Methode unter Heranziehung von Äquivalenzziffern ist hier nicht möglich. Statt der Ausbringungsmengen kommen nach *Weber* [1974, S. 205] als Maßgrößen für die Beschäftigung bzw. für die Verursachung von Gemeinkosten auch Einsatzgrößen wie Fertigungsmaterialverbrauch, Fertigungslöhne, Hilfslöhne, Arbeitsstunden oder Maschinenstunden in Betracht. Aus Gründen der Rechenökonomie sollte für alle Gemeinkostenarten innerhalb einer Kostenstelle der gleiche Maßstab gewählt werden. Nach *Kilger* [1970a, S. 333f.] verwendet die Praxis für Kostenstellen, die mehr oder weniger heterogene Produktionsbeiträge leisten – so z.B. in Betrieben mit Serien- und Einzelfertigung, bei denen in der Kalkulation die Methoden der Zuschlagskalkulation zur Anwendung kommen – die Fertigungszeiten als homogene Bezugsgröße.

Die Summe der Fertigungszeiten reicht als einzige Bezugsgröße nur aus, wenn jede Fertigungsstunde die gleichen variablen Gemeinkosten verursacht – unabhängig davon, für welche Produktart sie angefallen ist [*Kilger*, 1970a, S. 334]. Voraussetzung dafür ist aber auch, daß die Fertigungszeit in sich homogen ist bzw. daß die Arbeitszeiten der verschiedenen Fertigungsbeiträge für alle Produkte prozentual in gleicher Relation zueinander stehen; dabei denkt *Kilger* [1970a, S. 334f.] hier an die verschiedenen Teilzeiten wie Rüstzeiten, Handarbeitszeiten, Maschinenlaufzeiten etc.

Wird als Bezugsgröße der Stelle h die Fertigungszeit T_h gewählt, so gilt für die Planbezugsgröße T_h^{PP} bei Planleistung:

$$T_h^{PP} = \sum_{i=1}^{\bar{i}} x_i^P \, t_{hi}^P \, .$$

Mit x_i^P wird die geplante Produktmenge der Art i gekennzeichnet; die ökonomische Leistung der Stelle h wird mit t_{hi} gemessen; t_{hi}^P ist die geplante Fertigungszeit für die Produkteinheit der Art i. Auf der Grundlage der fixen Gemeinkosten der Abteilung und der variablen Gemeinkosten pro Fertigungszeiteinheit werden die Plan- und Vorgabekosten der Abteilung ermittelt. Mit q_{vh}^P wird der geplante variable Kostensatz pro Fertigungszeiteinheit der Stelle h angegeben. Die Größe q_{vh}^P kann auch ermittelt werden, indem die bei der Planbeschäftigung T_h^{PP} geplanten variablen Gemeinkosten K_{vGh}^P durch T_h^{PP} dividiert werden (vgl. Kap. 7.3.3):

$$q_{vh}^P = K_{vGh}^P / T_h^{PP} \, .$$

Mit q_{vh}^P wird der geplante Faktorpreis des derivativen Produktionsfaktors ,Fertigungszeit der Stelle h' bezeichnet; dieser setzt sich aus mehreren originären Produktionsfaktoren wie Arbeit, Betriebsmittel, Hilfs- und Betriebsstoffe zusammen. Die derivativen Produktionsfaktoren sind das Ergebnis einer Kombination von originären Produktionsfaktoren; somit setzen sich die sekundären Kosten K_{vGh}^P aus mehreren primären Kosten zusammen.
Insgesamt ergibt sich folgendes Kostensystem:

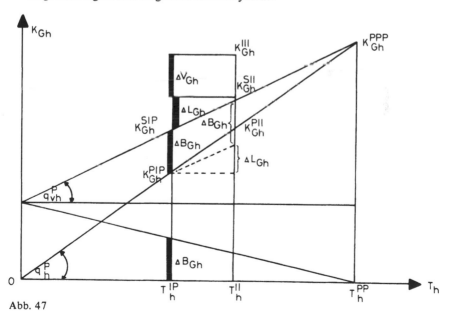

Abb. 47

Bei Vollkostenkalkulation werden über den geplanten Vollkostensatz q_h^P der Fertigungszeiteinheit bei Planleistung und Planbeschäftigung die Gemeinkosten K_{Gh}^{PIP} kalkulatorisch verrechnet und so über den Erzeugnispreis auch gedeckt. Dabei gilt:

$$K_{Gh}^{PIP} = \sum_{i=1}^{\bar{i}} t_{hi}^P x_i^I q_h^P .$$

Dagegen können nach Abschluß der Istkostenrechnung bei Durchführung der Kostenstellenrechnung für die Kostenstelle h insgesamt mit K_{Gh}^{III} die Istkosten bei Istbeschäftigung und Istleistung auftreten. Bei Außerachtlassung von Preisabweichungen läßt sich die gesamte Abweichung ΔK_{Gh} in die drei Komponenten Verbrauchsabweichung ΔV_{Gh}, Leistungsabweichung ΔL_{Gh} und Beschäftigungsabweichung ΔB_{Gh} aufgliedern. So gilt:

$$\Delta K_{Gh} = K_{Gh}^{III} - K_{Gh}^{PIP}$$

$$= \underbrace{(K_{Gh}^{III} - K_{Gh}^{SII})}_{\Delta V_{Gh}} + \underbrace{(K_{Gh}^{SII} - K_{Gh}^{SIP})}_{\Delta L_{Gh}} + \underbrace{(K_{Gh}^{SIP} - K_{Gh}^{PIP})}_{\Delta B_{Gh}}$$

mit:

K_{Gh}^{PPP} = Plankosten bei Planbeschäftigung und Planleistung

K_{Gh}^{III} = Istkosten bei Istbeschäftigung und Istleistung

K_{Gh}^{PIP} = Plankosten bei Istbeschäftigung und Planleistung

K_{Gh}^{SIP} = Sollkosten bei Istbeschäftigung und Planleistung

K_{Gh}^{SII} = Sollkosten bei Istbeschäftigung und Istleistung.

Für die Beschäftigungsabweichung gilt:

$$\Delta B_{Gh} = (K_{fGh}^P + q_{vh}^P T_h^{IP}) - q_h^P T_h^{IP} \qquad \text{mit: } T_h^{IP} = \sum_{i=1}^{\bar{i}} x_i^I t_{hi}^P$$

$$= (K_{fGh}^P + q_{vh}^P T_h^{IP}) - (q_{vh}^P T_h^{IP} + \frac{K_{fGh}^P}{T_h^{PP}} \cdot T_h^{IP})$$

$$= K_{fGh}^P (1 - T_h^{IP} / T_h^{PP}).$$

Kostenrechnerisch drückt die Beschäftigungsabweichung die kalkulatorische Unterdeckung der fixen Kosten aus; es gilt:

$$\Delta B_{Gh} = T_h^{IP} (q_{fh}^I - q_{fh}^P).$$

Für die Leistungsabweichung gilt:

$$\Delta L_{Gh} = (K_{fGh}^P + q_{vh}^P T_h^{II}) - (K_{fGh}^P + q_{vh}^P T_h^{IP})$$

$$= q_{vh}^P (T_h^{II} - T_h^{IP}) \qquad \text{mit: } T_h^{II} = \sum_{i=1}^{\bar{i}} x_i^I t_{hi}^I$$

$$= \sum_{i=1}^{\bar{i}} q_{vh}^P x_i^I (t_{hi}^I - t_{hi}^P).$$

Die Leistungsabweichung drückt die Kostenveränderung ($K_{Gh}^{SII} - K_{Gh}^{SIP}$) aus, die durch veränderte Arbeitszeiten deswegen anfallen, weil die effektiven Arbeitszeiten pro Erzeugniseinheit von den geplanten Stückzeiten abweichen. Formelmäßig sind diese Leistungsabweichungen erfaßt, indem man die Arbeitszeit- bzw. auch spezifische Maschinenlaufzeitdifferenz mit dem proportionalen Zeitkostensatz multipliziert [*Kilger*, 1970a, S. 549ff.]. Bei diesen Leistungsabweichungen handelt es sich um echte Mehr- oder Minderkosten bei den variablen Gemeinkosten, während bei den Beschäftigungsabweichungen keine absoluten Kostenveränderungen, sondern lediglich kalkulatorische Unter- bzw. Überdeckungen von fixen Kosten vorliegen, die allerdings ebenso wirksam sind auf das Betriebsergebnis.

Die restliche Differenz ($K_{Gh}^{III} - K_{Gh}^{SII}$) ergibt dann die Verbrauchsabweichung, die mit dem Charakter einer Restabweichung einer weiteren Analyse bedarf.

8.4.2 Die Grenzplankostenrechnung

Die Analyse der Verbrauchsabweichung, Leistungsabweichung und Beschäftigungsabweichung im Rahmen der flexiblen Plankostenrechnung mit Vollkosten liefert wertvolle Informationen für die Unternehmensleitung. Während die Verbrauchsabweichung und die Leistungsabweichung Unwirtschaftlichkeiten bei der Produktion aufzudecken helfen, zeigen die Beschäftigungsabweichungen die Einflüsse der Produktionsmengenänderung. Das besprochene Kostenrechnungssystem hat allerdings auch einen gewichtigen Nachteil: In den Sollkosten sind die fixen Kosten voll enthalten. Das bedeutet, daß über die Kostenstellenrechnung den Produkteinheiten Kosten zugerechnet werden, die durch diese Produkteinheiten gar nicht verursacht worden sind. Zurechenbar sind lediglich die durch die Produkteinheiten ausschließlich verbrauchten

Produktionsfaktoren, also die Verbrauchsfaktoren, nicht jedoch die Potentialfaktoren, die unabhängig von der Nutzung Kosten in konstanter Höhe verursachen.

Analog zu dem System der Vollkostenrechnung löst so auch die Vollplankostenrechnung das Fixkostenproblem nicht richtig. Fixe Kosten werden
durch die Aufrechterhaltung betrieblicher Kapazitäten verursacht. Diese sind
nur mittelfristig bzw. langfristig disponierbar und sind Objekte typischer Füh-
rungsentscheidungen [*Huch,* 1975b, S. 608f.].

Da nach dem Prinzip des ‚direct costing‘ (vgl. Kap. 7.1) keine fixen Kosten
auf die Erzeugnisse kalkuliert werden, dürfen auch in der Plankalkulation und
so auch in der Plankostenrechnung die Gemeinkostensätze pro Erzeugniseinheit bzw. pro Arbeitsstunde nur die variablen Plangemeinkosten beinhalten.
Damit ändert sich das Prinzip der Grenzplankostenrechnung gegenüber dem
der Vollplankostenrechnung. Wenn die fixen Kosten aus der Betrachtung aus-
geschlossen werden, entfällt die Notwendigkeit einer Unterscheidung zwischen
der Kurve der verrechneten Plankosten und der Sollkostenkurve. Da über die
Erzeugniskalkulation im ‚direct costing‘ auch nur variable Gemeinkosten verrechnet werden, wird hier die Sollkostenkurve identisch mit der Kurve der
verrechneten Plankosten. Im übrigen wird die Kostenplanung und Kostenkontrolle ganz ähnlich durchgeführt, wie es bereits für die Vollplankostenrechnung beschrieben worden ist. Der einzige Unterschied besteht darin, daß in
der Grenzplankostenrechnung Beschäftigungsabweichungen nicht mehr auftreten. Das System der Grenzplankostenrechnung ist mit Abbildung 48 und 49
dargestellt:

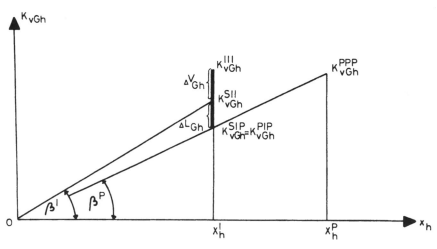

Abb. 48: mit: $\tan \beta^P = k_{vGh}^P \, (d_h^P)$; $\tan \beta^I = k_{vGh}^I \, (d_h^I)$

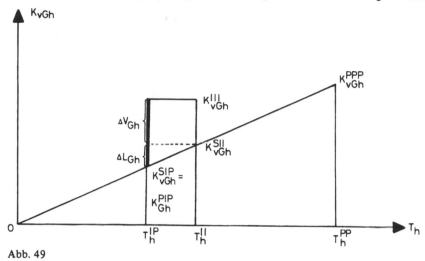

Abb. 49

8.5 Die kurzfristige Erfolgsrechnung bei Anwendung der Plankostenrechnung

Als Erfolgsrechnung ist es die Aufgabe der Kostenträgerzeitrechnung Kriterien zu ermitteln, anhand derer betriebliche Entscheidungen der Vergangenheit beurteilt werden können. Die kurzfristige Erfolgsrechnung hat die Aufgabe, den betrieblichen Erfolg für kürzere Zeiträume im Sinne einer unterjährlichen Erfolgsrechnung mit größtmöglicher — aber auch hinreichender — Genauigkeit zu ermitteln. Der Zweck der kurzfristigen Erfolgsrechnung ist aber nicht allein die Ermittlung des gesamtbetrieblichen Erfolges, sondern vorwiegend der Ausweis und die Analyse der Erfolgsursachen in einer für die betriebliche Entscheidungsvorbereitung geeigneten Form. Als Führungsinstrument ist die kurzfristige Erfolgsrechnung wichtiger als die Jahreserfolgsrechnung, weil sie kurzfristiger Aufschluß über gewinnbeeinflussende Faktoren gibt.

Die auf der Basis von Istkostenrechnungen durchgeführten kurzfristigen Erfolgsrechnungen vermögen einen Überblick über das betriebliche Kosten- und/oder Leistungsgefüge zu geben. Als besonders brauchbar hat sich hier für eine Analyse die Vorgehensweise nach dem Umsatzkostenverfahren innerhalb des Systems des ‚direct costing' erwiesen.

Für kurzfristige Entscheidungen ist es aber darüberhinaus vor allem auch wesentlich, den Wandel im Kosten- und/oder Leistungsgefüge in einer für die betriebliche Entscheidungsvorbereitung geeigneten Form auszuweisen. Dieser Wandel im Kosten- und/oder Leistungsgefüge wird am besten durch Gegenüberstellung von Plan- und Istwerten deutlich. Da die Gewinn- und Verlustrechnung des externen Rechnungswesens für diesen Zweck nicht ausreicht, auch die Methoden der Betriebsergebnisrechnung (Kostenträgerzeitrechnung) auf Istkostenbasis (vgl. Kap. 6.6 und 7.1) nicht genügen, müssen die Ergebnisse der Kostenplanung und Kostenkontrolle miteinbezogen werden [*Unterguggenberger*, S. 173].

Ausgehend von den Methoden der Vollkostenrechnung wurden die Verfahren des Gesamtkostenverfahrens und des Umsatzkostenverfahrens wie folgt definiert:

Gesamtkostenverfahren (Vollkosten):

$$G_B = U + \sum_{i=1}^{\bar{i}} (x_{pi} - x_{ai}) k_{hi} - \sum_{j=1}^{\bar{j}} K_j$$

Umsatzkostenverfahren (Vollkosten):

$$G_B = \sum_{i=1}^{\bar{i}} x_{ai} (p_i - k_{si}) \, .$$

Durch Einbeziehung der Kostenplanung und Kostenkontrolle ergibt sich folgende Modifizierung:

Gesamtkostenverfahren (Vollkosten):

$$G_B = U + \sum_{i=1}^{\bar{i}} (x_{pi} - x_{ai}) k_{hi}^P - K^{PIP} - \Delta K$$

Umsatzkostenverfahren (Vollkosten):

$$G_B = \sum_{i=1}^{\bar{i}} x_{ai} (p_i - k_{si}^P) - \Delta K \, .$$

Hierbei handelt es sich um starke Vereinfachungen. Mit k_{hi}^P werden die geplanten Herstellkosten pro Produkteinheit bezeichnet, K^{PIP} stellt die verrechneten Plankosten bei Istbeschäftigung und Planleistung dar; k_{si}^P kennzeichnet die geplanten Selbstkosten pro Produkteinheit. Mit ΔK werden die gesamten Kostenabweichungen ausgedrückt, und zwar die Preisabweichungen im Einkauf, die Beschäftigungsabweichungen, die Leistungsabweichungen, die Stücklistenabweichungen und die Verbrauchsabweichungen — und dieses jeweils für Einzelkosten und für Gemeinkosten. Diese Abweichungen korrigieren die angesetzten Plankosten zu den tatsächlichen Istwerten.

Dabei stellt sich die Frage, wie sollen diese Kostenabweichungen in der kurzfristigen Erfolgsrechnung ausgewiesen werden [*Kilger*, 1952], damit dem

Postulat der Aktionsorientierung weitestgehend Rechnung getragen wird. Entsprechend der Unterscheidung von Kostenarten-, Kostenstellen- und Kostenträgerrechnung bietet sich grundsätzlich an, die Kostenabweichungen entweder kostenarten-, kostenstellen- oder kostenträgerbezogen auszuweisen.

Die Frage, ob die Kostenabweichung preiskalkulatorisch in die Kostenträgerrechnung im Zuge einer Nachkalkulation als Korrektur der Plankalkulation einzubeziehen ist, wird im allgemeinen generell abhängig von der quantitativen Größe der Abweichung gesehen. Ausschlaggebend für den Ausweis und die Weiterbelastung von Kostenabweichungen kann aber nur eine Explanation der Kostendeviationen sein; dabei lassen sich verschiedene Ursachen unterscheiden [*Dopuch/Birnberg/Demski*, S. 527ff.]:

Unter dem Gesichtspunkt, daß die Kostenplanung nicht unter sicheren Erwartungen erfolgt, lassen sich zufallsbedingte Abweichungen und solche Abweichungen unterscheiden, die auf Verschiebungen im Leistungsgefüge zurückzuführen sind [*Huch*, 1975b, S. 609]. Entsprechen die zufallsbedingten Abweichungen einer statistischen Wahrscheinlichkeitsverteilung, so sind Änderungen in der Kalkulation (Kostenträgerrechnung) nicht erforderlich, da innerhalb des gesamten Planungszeitraums ein Ausgleich zu erwarten ist. Lassen hingegen die Abweichungen vermuten, daß die der Kostenplanung und damit der Plankalkulation zugrunde gelegten Erwartungswerte nicht einer realitätsnahen Wahrscheinlichkeitsverteilung entsprechen, so müssen diese Abweichungen zu einer Revidierung der Produktkalkulation führen. Hierfür ist aber der absolute Wert der Abweichung kein eindeutiges Kriterium.

Die zweite Kategorie von Abweichungen ist auf Verschiebungen im Leistungsprozeß zurückzuführen; diese können durch betriebsexterne und durch betriebsinterne Strukturveränderungen bedingt sein. Sind diese Abweichungen auf langfristig andauernde Strukturveränderungen zurückzuführen, so sind Revidierungen der Kalkulation unbedingt notwendig.

Kostenabweichungen, die nicht kostenträgerspezifisch ausgewiesen werden, lassen sich nun aber kostenstellen- bzw. kostenartenorientiert ausweisen. Kosten sollen nur dann kostenstellenweise kontrolliert werden, wenn der verantwortliche Bereichsleiter über sie selbständig disponieren kann. Voraussetzung für eine solche Kostenkontrolle ist aber, daß diese Kosten den jeweiligen Kostenstellen im Sinne von Aktionsbereichen direkt zugeordnet werden können [*Huch*, 1975b, S. 609]. Diese direkte Zuordnung ist generell möglich bei den Erzeugniseinzelkosten, die der Kostenstelle zugeordnet werden können, in der das Material für das Produkt be- bzw. verarbeitet wird bzw. in der die Arbeitsverrichtungen bei Einzellöhnen anfallen. Weiterhin ist diese direkte Zuordnung auch möglich bei den Stelleneinzelkosten. Hierzu gehören grundsätzlich die Personalkosten, also Löhne und Gehälter mit den entsprechenden Nebenkosten, ferner Fremdleistungen, die die Kostenstellen in Anspruch nehmen. Weiterhin trifft die Möglichkeit einer direkten Zuordnung auch für Hilfsmaterialien, Bürobedarf, Spesen, Telefon, Porto etc. zu, doch kommt man hier schnell an die wirtschaftlichen Grenzen einer direkten Zuordnung. So sollte ein kostenstellenorientierter Ausweis von Kostenabweichungen in der kurzfristigen Erfolgsrechnung also nur bei solchen Kosten erfolgen, die sich für den Fall der Erzeugniseinzelkosten und bei den Erzeugnisgemeinkosten für den Fall der Stelleneinzelkosten organisatorisch möglich und im Hinblick auf die Höhe der Abweichungen auch ökonomisch sinnvoll einzelnen Kostenstellen zuordnen lassen.

Lassen sich Kostenabweichungen aus technisch-organisatorischen Gründen oder auch aus wirtschaftlichen Gründen nicht einzelnen Kostenstellen direkt zurechnen, so ist hier die kostenartenorientierte Kontrolle und der kostenartenbezogene Ausweis in der kurzfristigen Erfolgsrechnung allein sinnvoll. Das gilt aus technischen Gründen nur für die Stellengemeinkosten, aus wirtschaftlichen Gründen können alle Kategorien in Betracht kommen. Dieser Ausweis gilt grundsätzlich für Abschreibungen, Zinsen, die Mehrzahl der Versicherungsprämien, Steuern, Gebühren und Beiträge. Diese Kosten lassen sich zudem auch meistens mittelfristig nicht beeinflussen.

Bei diesen Möglichkeiten eines kostenträger-, kostenstellen- und auch kostenartenorientierten Ausweises von Kostenabweichungen in der kurzfristigen Erfolgsrechnung werden die Rechnungen von Gesamtkostenverfahren und Umsatzkostenverfahren wie folgt modifiziert:

Gesamtkostenverfahren (Vollkosten):

$$G_B = U + \sum_{i=1}^{\bar{i}} (x_{pi} - x_{ai})(k_{hi}^P + \Delta k_{hi}) - \sum_{r=1}^{\bar{r}} (K_r^{PIP} + \Delta K_r) - \sum_{j=1}^{\bar{j}} \Delta K_j$$

Umsatzkostenverfahren (Vollkosten):

$$G_B = \sum_{i=1}^{\bar{i}} x_{ai}(p_i - k_{si}^P - \Delta k_{si}) - \sum_{r=1}^{\bar{r}} \Delta K_r - \sum_{j=1}^{\bar{j}} \Delta K_j.$$

Dabei werden mit Δk_{hi} und Δk_{si} die kostenträgerbezogenen, mit ΔK_r die kostenstellenbezogenen und mit ΔK_j die kostenartenbezogenen Kostenabweichungen bezeichnet. Die Indices i kennzeichnen die Erzeugnisart, r die Kostenstelle und j die Kostenart.

Welcher Ausweis ist nun im allgemeinen bei den bei der Kostenkontrolle analysierten Kostenabweichungen üblich. Sämtliche Preisabweichungen, Leistungsabweichungen etc. sind auf den Kostenträger zu verteilen, wenn — nach den bereits vorgenommenen Aussagen — diese Abweichungen von langfristiger Art und so von Relevanz für zukünftige Kalkulationen sind. Andernfalls bleibt der Bezug auf Kostenstellen und Kostenarten übrig. Preisabweichungen bei Produktionsfaktoren sind grundsätzlich kostenartenorientiert auszuweisen, während Verbrauchs- und Leistungsabweichungen kostenstellenorientiert auszuweisen sind, weil nur dadurch Aussagen über die wirtschaftliche Wirkungsweise der Abteilungen möglich werden.

Das hier für die kurzfristige Erfolgsrechnung bei Vollkostenrechnung Ausgeführte gilt auch für die kurzfristige Erfolgsrechnung nach dem ‚direct costing'. Die Verfahren bei reiner Istkostenrechnung wurden wie folgt beschrieben:

Gesamtkostenverfahren (‚direct costing'):

$$G_B = U + \sum_{i=1}^{\bar{i}} (x_{pi} - x_{ai}) k_{vhi} - \sum_{j=1}^{\bar{j}} K_j$$

Umsatzkostenverfahren (‚direct costing'):

$$G_B = \sum_{i=1}^{\bar{i}} x_{ai} (p_i - k_{vi}) - K_f .$$

Unter Einbeziehung der Verfahren der Kostenplanung und Kostenkontrolle werden diese Verfahren analog der Methodik bei Vollkostenrechnung wie folgt geändert:

Gesamtkostenverfahren (‚direct costing'):

$$G_B = U + \sum_{i=1}^{\bar{i}} (x_{pi} - x_{ai})(K^P_{vhi} + \Delta k_{vhi}) - \sum_{r=1}^{\bar{r}} (K^{PIP}_{vr} + \Delta K_{vr})$$

$$- \sum_{r=1}^{\bar{r}} (K^P_{fr} + \Delta K_{fr}) - \sum_{j=1}^{\bar{j}} \Delta K_j$$

Umsatzkostenverfahren (‚direct costing'):

$$G_B = \sum_{i=1}^{\bar{i}} x_{ai} (p_i - k^P_{vi} - \Delta k_{vi}) - \sum_{r=1}^{\bar{r}} \Delta K_{vr} - \sum_{r=1}^{\bar{r}} (K^P_{fr} + \Delta K_{fr}) - \sum_{j=1}^{\bar{j}} \Delta K_j .$$

Die Kostenplanung und Kostenkontrolle teilt sich im System des ‚direct costing' grundsätzlich auf in Planung und Kontrolle von variablen Kosten einerseits und von fixen Kosten andererseits; erstere sind Inhalt der Kalkulation; daher können auch nur Kostenabweichungen bei den variablen Kosten mit Δk_{vhi} (variable Herstellkosten) bzw. mit Δk_{vi} (variable Selbstkosten) pro Erzeugniseinheit kostenträgerorientiert ausgewiesen werden. Die Analyse und der Ausweis von kostenstellen- und kostenartenorientierten Abweichungen bleibt grundsätzlich unverändert. Die Kosten der Abteilungen werden aufgeteilt in fixe und variable Kosten. Entsprechend aufgeteilt wird auch der Ausweis der Kostenabweichungen mit ΔK_{vr} für die variablen Kosten und mit ΔK_{fr} für die fixen Kosten jeweils für die Kostenstelle r. Die Beschäftigungsabweichung entfällt, da die fixen Kosten nicht Bestandteil der Kalkulation sind und so auch keine kalkulatorischen Über- und Unterdeckungen von fixen Kosten entstehen können. Die kostenartenorientierten Kostenabweichungen werden beim ‚direct costing' gleich der Vorgehensweise bei der Vollkostenrechnung ausgewiesen.

Die kurzfristige Erfolgsrechnung selbst kann immer nur ein Abrechnungsrahmen für das betriebliche interne Rechnungswesen sein. Die kurzfristige Erfolgsrechnung kann aus sich heraus selbst noch keine Planung sein, doch wird sie zur Basis der Planung, Kontrolle und Plananpassung, wenn laufend Soll-Ist-Vergleiche vorgenommen werden [*Schönfeld*, 1970c, Sp. 484]. Mit diesen Ausführungen läßt sich zeigen, wie die Kostenplanung und Kostenkontrolle Eingang in ein integriertes Abrechnungssystem gefunden haben. Im Rahmen der Theorie einer kurzfristigen Erfolgsrechnung mit dem Ziel einer Verbesserung der aufgestellten Planung schlechthin, einer Kontrolle der jeweiligen Planrealisierung schlechthin und einer Durchführung von Korrekturmaßnahmen in allen Bereichen ist die Planung und Kontrolle über die Kostenseite hinaus auch auf die Ertrags- und Liquiditätsseite auszudehnen [*Hahn; Huch*, 1971, 1973, 1975a, 1975b].

9. Die organisatorische Durchführung der Kosten- und Leistungsrechnung innerhalb des betriebswirtschaftlichen Rechnungswesens

9.1 Grundsätzliches

Die organisatorische Durchführung des betriebswirtschaftlichen Rechnungswesens erfolgt im wesentlichen kontenmäßig unter Heranziehung der Doppik. Die Vielzahl der notwendigen Konten macht eine geordnete Übersicht der Konten erforderlich. Aus der Notwendigkeit eines geordneten Kontenverzeichnisses heraus ist der Kontenrahmen entstanden. Dieser Kontenrahmen stellt ein mehr oder minder ausführliches Grundkonzept für den Aufbau des Kontenverzeichnisses (Kontenplanes) und damit für die organisatorische Durchführung des betriebswirtschaftlichen Rechnungswesens dar. Der individuelle Konten-

plan muß jedoch die einzelnen unternehmungsindividuellen Erfordernisse berücksichtigen [*Angermann*, 1973, S. 9]. Da viele Tatbestände und Vorgänge in
den meisten Unternehmungen eine gewisse Gleichartigkeit aufweisen, sind auf
überbetrieblicher Ebene Kontenrahmen erarbeitet worden, deren Verwendung
von den Spitzenverbänden der Wirtschaft als Grundkonzept für individuelle
Kontenpläne empfohlen werden. Diese Kontenrahmen stellen den Versuch dar,
ein für alle Unternehmungen einheitliches und allgemein verwendbares Or-
ganisationsschema des betriebswirtschaftlichen Rechnungswesens zu entwer-
fen. Bei der Entwicklung eines Grundkonzeptes für die organisatorische Durchführung des betriebswirtschaftlichen Rechnungswesens muß beachtet werden,
daß sich das betriebswirtschaftliche Rechnungswesen organisatorisch in die Unternehmungsrechnung einerseits und in die Kosten- und Leistungsrechnung andererseits gliedert. Beide Teilgebiete dieses betriebwirtschaftlichen Rechnungswesens erfüllen jeweils vollständig unterschiedliche Aufgaben, sie sind jedoch
keineswegs voneinander unabhängig. Aus dieser zumindest teilweisen Abhängigkeit beider Teilgebiete des betriebswirtschaftlichen Rechnungswesens sind
nach *Kilger* [1976, S. 452] folgende zwei organisatorische Grundsätze wichtig:
    Erstens muß die Zusammenarbeit zwischen der Unternehmensrechnung
(Finanzbuchhaltung) und der Kosten- und Leistungsrechnung so gestaltet
werden, daß bei belegmäßiger Erfassung und Auswertung der Geschäftsvorfälle Doppelarbeit vermieden wird. Zweitens müssen aber auch die erzielten
Ergebnisse beider Rechnungen miteinander abgestimmt werden, soweit diese
sich auf gleiche Tatbestände beziehen; eventuelle Unterschiede sind zu erklären und aus den unterschiedlichen Rechnungszielen abzuleiten.
    Für die praktische Realisierung dieser Forderung sind mit dem Einkreissy-
stem und dem Zweikreissystem zwei unterschiedliche Organisationsformen
entwickelt worden. Das Einkreissystem erfordert eine vollständige Integrie-
rung der Kosten- und Leistungsrechnung in das Kontensystem der Finanzbuchhaltung; diesem Zweikreissystem ist mit dem „Gemeinschafts-Kontenrahmen der Industrie (GKR)" Rechnung getragen. Nach dem Zweikreissystem
wird die Finanzbuchhaltung einerseits und die Kosten- und Leistungsrechnung andererseits jeweils organisatorisch selbständig voneinander durchgeführt; dieses Prinzip hat seinen organisatorischen Niederschlag gefunden im
„Industriekontenrahmen". Auf beide Systeme soll im folgenden eingegangen
werden.

9.2 Die Organisationsform nach dem Gemeinschaftskontenrahmen (Einkreissystem)

    Da die Finanzbuchhaltung das ältere Teilgebiet des betriebswirtschaftli-
chen Rechnungswesens ist, lag der Versuch nahe, die später hinzukommende

Kosten- und Leistungsrechnung in das Kontensystem der Finanzbuchhaltung zu integrieren. Damit war das Einkreissystem geschaffen [*Kilger*, 1976, S. 453].

Mit dem Ziel, die Abrechnungsmodalitäten im Rahmen eines Einkreis-Systems für alle Betriebe einheitlich zu gestalten, hat *Schmalenbach* im Anschluß an *Schär* einen Kontenrahmen nach dem dekadischen System entwickelt [*Schmalenbach*, 1937]. Verschiedene Tatbestände und Vorgänge werden hier artenmäßig in Kontenklassen zusammengefaßt. Die Systematik läßt sich wie folgt darstellen:

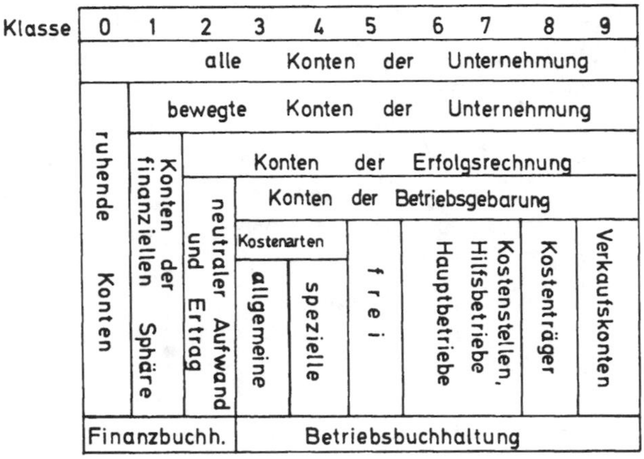

Klasse	0	1	2	3	4	5	6	7	8	9
		alle Konten der Unternehmung								
		bewegte Konten der Unternehmung								
	ruhende Konten	Konten der finanziellen Sphäre	Konten der Erfolgsrechnung							
			Konten der Betriebsgebarung							
			neutraler Aufwand und Ertrag	Kostenarten		frei	Kostenstellen, Hilfsbetriebe Hauptbetriebe	Kostenstellen, Hilfsbetriebe Hauptbetriebe	Kostenträger	Verkaufskonten
				allgemeine	spezielle					
	Finanzbuchh.	Betriebsbuchhaltung								

Abb. 50

Mit gewissen Modifizierungen ist der von *Schmalenbach* nach dem Prozeß-gliederungsprinzip aufgebaute Kontenrahmen als „Gemeinschafts-Kontenrahmen der Industrie (GKR)" der Praxis empfohlen worden. Dieser Gemeinschaftsrahmen der Industrie hat folgenden Aufbau:

Klasse 0: Anlagevermögen und langfristiges Kapital
Klasse 1: Finanz-Umlaufvermögen und kurzfristige Verbindlichkeiten
Klasse 2: Neutrale Aufwendungen und Erträge
Klasse 3: Stoff-Bestände
Klasse 4: Kostenarten
Klasse 5: Kostenstellen
Klasse 6: Kostenstellen
Klasse 7: Bestände an halbfertigen und fertigen Erzeugnissen
Klasse 8: Erträge
Klasse 9: Abschluß

Wird das Prozeßgliederungsprinzip zugrundegelegt, so soll hier die Erfassung der internen Wertbewegungen im Vordergrund stehen. Es ist Aufgabe des internen Rechnungswesens, die internen Wertbewegungen in Anlehnung an den wirklichen betrieblichen Leistungsprozeß abzubilden. Dieser Prozeß vollzieht sich in Anlehnung an *Kosiol* [1962, S. 23f.] in den folgenden Phasen: Kapitalbeschaffung, Beschaffung und Bereitstellung von Einsatzgütern (Produktionsfaktoren), Verbrauch der Einsatzgüter bei Durchführung des Produktionsprozesses, Verwaltung der halbfertigen und fertigen Produkte und Absatz der Erzeugnisse. Damit wird zugleich eine Abrechnungsfolge festgelegt, die sich niederschlägt in der Kontengliederung. Entsprechend den Phasen soll der Buchungsgang nur von links nach rechts erfolgen. Für den Bereich des internen Rechnungswesens führt das zur Kostenartenrechnung, Kostenstellenrechnung und Kostenträgerrechnung mit anschließender Erfolgsrechnung. Die Ermittlung der Erzeugnisselbstkosten und die Erfolgsermittlung sind die primären Ziele eines nach dem Prozeßgliederungsprinzip aufgebauten Rechnungswesens.

Kilger [1976, S. 454f.; *Angermann*, 1973, S. 19ff.] skizziert den technischen Rechnungsablauf im Einkreissystem wie folgt:

Für die Durchführung des Einkreissystems ist die Kontenklasse 2 als Ergänzung der Kontenklasse 4 von entscheidender Bedeutung. In der Kontenklasse 2 erfolgt die Erfassung der neutralen Aufwendungen und der neutralen Erträge, die zwar als erfolgswirksame Größen in der Finanzbuchhaltung berücksichtigt werden müssen, aber außerhalb der Kostenrechnung und damit außerhalb der Kontenklasse 4 zu führen sind. Weiterhin wird in der Klasse 4 die kalkulatorische Abgrenzung der kalkulatorischen Kostenarten durchgeführt. Durch die Siebfunktion der Kontenklasse 2 wird sichergestellt, daß auf die Kostenartenkonten nur Beträge verbucht werden können, die den Grundsätzen einer ordnungsgemäßen Kostenrechnung entsprechen; damit wird die Kosten- und Leistungsrechnung von neutralen Aufwendungen und von neutralen Erträgen freigehalten.

Die Kostenartenrechnung wird in der Kontenklasse 4 geführt. Hier wird zwischen Erzeugniseinzel- und zwischen Erzeugnisgemeinkosten unterschieden. Die Erzeugniseinzelkosten werden direkt auf die Erzeugniskonten der Klasse 7 übernommen. Die in der Klasse 4 erfaßten Erzeugnisgemeinkosten müssen auf die Kostenstellenrechnung innerhalb der Kontenklasse 5 und 6 übernommen werden. Für die Durchführung der Kostenstellenrechnung ergeben sich innerhalb des Einkreissystems zwei Möglichkeiten:

1. In der strengen Form des Einkreissystems wird die Kostenstellenrechnung mit der innerbetrieblichen Leistungsverrechnung nach dem Prinzip der doppelten Buchführung auf den Konten der Kontenklasse 5 und 6 durchgeführt.

2. Die buchungstechnischen Schwierigkeiten des strengen Einkreissystems haben schon sehr bald zu dem Versuch geführt, „eine Überbeanspruchung der Buchhaltung dadurch zu verhindern, daß Rechnungszweige, die den Rahmen der Buchhaltung sprengen würden, grundsätzlich in die Kontenverrechnungsform verwiesen werden" [*Mellerowicz*, 1966, S. 90f.]. Aus diesen Überlegungen heraus wird nach dem gemilderten Einkreissystem die Kostenstellenrechnung mit der innerbetrieblichen Leistungsverrechnung nicht innerhalb der Kontenklasse 5 und 6 nach dem Prinzip der doppelten Buchhaltung durchgeführt, sondern die Kostenstellenrechnung wird der Kontenform ausgegliedert und tabellarisch durchgeführt. Damit bleiben die Kontenklassen 5 und 6 ungenutzt.

Die Kostenträgerstückrechnung (Kalkulation) erfolgt im Einkreissystem grundsätzlich tabellarisch außerhalb der Konten. Nach Fertigstellung der Erzeugnisse werden die betreffenden Herstellkosten auf die Erzeugnisbestandskonten innerhalb der Kontenklasse 7 übernommen. Werden dann die Fertigerzeugnisse verkauft, so werden die Herstellkosten der verkauften Produkte auf die Sollseite des Betriebsergebniskontos innerhalb der Kontenklasse 9 übernommen und dem entsprechenden Bestandskonto in der Kontenklasse 7 gutgeschrieben. Von den Erlöskonten in der Kontenklasse 8 werden die Erlöse auf die Habenseite des Betriebsergebniskontos übernommen. Dieses Betriebsergebniskonto entspricht dann der Kostenträgerzeitrechnung nach dem Umsatzkostenverfahren.

Die Salden der Abgrenzungskonten in der Kontenklasse 2 werden auf das neutrale Ergebniskonto in der Kontenklasse 9 übernommen.

Im übrigen enthält die Kontenklasse 9 das Gewinn- und Verlustkonto und das Schlußbilanzkonto der Finanzbuchhaltung. Der auf dem Gewinn- und Verlustkonto der Finanzbuchhaltung ausgewiesene Erfolg unterscheidet sich vom Betriebsergebnis der Kosten- und Leistungsrechnung nur um den Saldo des Abgrenzungssammelkontos. Weitere Unterschiede bestehen nicht.

Diese sehr strenge organisatorische Form der Integration von Kosten- und Leistungsrechnung in den Ablauf der Finanzbuchhaltung ist von einer außerordentlich großen Logik, wegen der Schwerfälligkeit des Kontensystems aber zugleich durch erhebliche organisatorische Schwerfälligkeiten gekennzeichnet. Daher wird in der Praxis dem Zweikreissystem immer mehr Beachtung entgegengebracht.

9.3 Die Organisationsform nach dem Industriekontenrahmen (Zweikreissystem)

Der *Betriebswirtschaftliche Ausschuss im Bundesverband der deutschen Industrie* hat mit dem Industriekontenrahmen eine Organisationsform vorgelegt, welche eine Durchführung der Finanzbuchhaltung und der Kosten- und Leistungsrechnung nach dem Prinzip des Zweikreissystems ermöglicht [*Bundes-verband der deutschen Industrie*, Betriebswirtschaftlicher Ausschuß]. Dieser Industriekontenrahmen ist für die Belange der Finanzbuchhaltung nach dem Bilanzgliederungsprinzip und für die Belange der Kosten- und Leistungsrech-nung nach dem Prozeßgliederungsprinzip gegliedert. Dieser dual gegliederte Kontenrahmen soll sowohl ein Ordnungsschema für eine nach dem Bilanzglie-derungsprinzip gestaltete Finanzbuchhaltung schaffen, als auch die Möglich-keit für ein den wirklichen Leistungsprozeß abbildendes und daher nach dem Prozeßgliederungsprinzip aufgebautes internes Rechnungswesen geben. Inter-nes und externes Rechnungswesen sind hier entsprechend ihren primären Rech-nungszwecken verschieden gegliedert. Die kontenmäßige Gliederung des ge-samten Rechnungswesens soll damit zugleich die Erstellung der Bilanz und der Gewinn- und Verlustrechnung einerseits und die Durchführung einer Kosten-arten-, Kostenstellen- und Kostenträgerrechnung mit anschließender Betriebs-ergebnisrechnung andererseits ermöglichen. Ein so aufgebauter Kontenrahmen stellt nach den bisherigen Erfahrungen die beste Organisationsform für ein be-triebswirtschaftliches Rechnungswesen dar [*Huch*, 1972a; *Angermann*, 1973, S. 47ff.; *Kilger*, 1976, S. 474ff.].

Der Industriekontenrahmen enthält insgesamt folgende Kontenklassen:
Bilanzkonten:

Klasse 0: Sachanlagen und immaterielle Anlagewerte
Klasse 1: Finanzanlagen und Geldkonten
Klasse 2: Vorräte, Forderungen und aktive Rechnungsabgrenzungsposten
Klasse 3: Eigenkapital, Wertberichtungen und Rückstellungen
Klasse 4: Verbindlichkeiten und passive Rechnungsabgrenzungsposten

Erfolgskonten:
Klasse 5: Erträge
Klasse 6: Material- und Personalaufwendungen, Abschreibungen und Wert-berichtigungen
Klasse 7: Zinsen, Steuern und sonstige Aufwendungen

Eröffnung und Abschluß:
Klasse 8: Eröffnungsbilanz, Abschluß der Gewinn- und Verlustrechnung und Schlußbilanz.

Kosten- und Leistungsrechnung:
Klasse 9: 9.0 Abgrenzungen zur Geschäftsbuchhaltung
          9.1 Kostenrechnerische Korrekturen
          9.2 Verrechnete Leistungen und Kosten
          9.3 Kostenstellen
          9.4 Kostenträger

9.5 Erzeugnisse
9.6 Interne Lieferungen und Leistungen sowie deren Kosten
9.7 Umsatzkosten und sonstige Betriebskosten
9.8 Umsätze
9.9 Ergebnisausweise

Die Konten des Industriekontenrahmens kann man in zwei Regelkreise einteilen [*Angermann*, 1973, S. 47ff.]. *Kilger* [1976, S. 475f.] skizziert die Zusammenhänge wie folgt:

Der Regelkreis I enthält die Kontenklassen 0 — 8 und ist ausschließlich für die Aufgaben der Finanzbuchhaltung vorgesehen. Er entspricht dem Abschlußgliederungsprinzip unter Wahrung der Mindestgliederungsvorschriften der §§ 151—175 AktG 165. Durch die Saldenzeilen führt der Regelkreis I ohne weiteres zum Jahresabschluß. Die Klassen 0 — 4 ergeben die Bilanz und die Klassen 5 — 7 die Gewinn- und Verlustrechnung.

Der Regelkreis II besteht nur aus der Kontenklasse 9 und soll eine freie Gestaltung der Kosten- und Leistungsrechnung ermöglichen. Dabei dient die Kontenklasse 9 einmal der Verbindung zwischen Finanzbuchhaltung einerseits und Kosten- und Leistungsrechnung andererseits, zum andern bildet sie den Organisationsrahmen für den Aufbau einer branchen- bzw. betriebsindividuellen Kosten- und Leistungsrechnung. Innerhalb der Kontenklasse 9 entsprechen die Gruppen 90 und 91 weitgehend dem neutralen Ergebnis bzw. dem Abgrenzungssammelkonto des Gemeinschaftskontenrahmens. Die Gruppe 92 entspricht der Kostenartenrechnung innerhalb der Kontenklasse 4 des Gemeinschaftskontenrahmens. Die Gruppe 93 entspricht den Kostenstellenkonten der Klasse 5 und 6 des Gemeinschaftskontenrahmens. Die Erzeugniskonten der Klasse 7 im Gemeinschaftskontenrahmen sind aufgeteilt in die Gruppen 94 und 95. Die Gruppe 96 erfaßt hier innerbetriebliche Leistungen und deren Kosten. Diese Gruppe ist ebenso neu wie die Gruppe 97 für die Umsatzkosten und sonstige Betriebskosten. Der Kontenklasse 8 des Gemeinschaftskontenrahmens entspricht hier die Gruppe 98. Die Gruppe 99 beinhaltet die Kostenträgerzeitrechnung und damit das Betriebsergebniskonto, welches im Gemeinschaftskontenrahmen in der Kontenklasse 9 enthalten ist.

Die Einführung des dual gegliederten Industriekontenrahmens —Organisationsrahmen nach dem Abschlußgliederungsprinzip für die Finanzbuchhaltung und zugleich Organisationsrahmen nach dem Prozeßgliederungsprinzip für die Kosten- und Leistungsrechnung — ist positiv zu beurteilen, da hierdurch Konsequenzen aus der in den letzten Jahrzehnten immer größer gewordenen organisatorischen Abgrenzung der Kosten- und Leistungsrechnung von der Finanzbuchhaltung gezogen werden, die für die Arbeit der Finanzbuchhaltung von Vorteil sind. Obwohl die Umstellungskosten für den Übergang vom Gemeinschaftskontenrahmen zum Industriekontenrahmen in allen größeren Unternehmungen erheblich sein werden, ist damit zu rechnen, daß sich in den nächsten Jahrzehnten dieser Industriekontenrahmen immer mehr durchsetzen wird.

Allerdings wird auch im Industriekontenrahmen mit der Kontenklasse 9 der Kosten- und Leistungsrechnung eine Organisationsform für eine kontenmäßige Durchführung der Kosten- und Leistungsrechnung vorgegeben, obwohl in der Praxis die Kosten- und Leistungsrechnung sich immer mehr von der buchhalterischen Durchführungsmethode und Heranziehung von Konten entfernt und sich immer mehr der tabellarischen Form bedient. Die Präsentation von Daten im betriebwirtschaftlichen Rechnungswesen ist zwar beherrscht von dem doppischen Gedanken der kontenmäßig geführten Buchhaltung, ist aber nicht an eine bestimmte Form gebunden [*Schmitt*, S. 45]. „Das doppische Prinzip kann auf manche Weise formuliert werden, rein verbal oder in Form von T-Konten, oder von Journaleintragungen, oder von Netz- und Fluß- und Kreislaufsystemen, oder von Identitätsgleichungen, oder von Matrizen und schließlich in Form eines Vektors" [*Mattessich*, S. 64]. Grafische Darstellungen in Form von Netzen und Diagrammen eignen sich gut für die Veranschaulichung funktionaler Größenbeziehungen. Die Matrizenrechnung liefert adäquate mathematische Werkzeuge zur Durchführung umfangreicher Rechnungen unter Heranziehung einer Vielzahl von Daten. So wird in der wirtschaftlichen Praxis die traditionelle Kontoform mit der Einführung von EDV-Anlagen durch neuere Organisationsformen ersetzt. Dieses betrifft allerdings in erster Linie die Kosten- und Leistungsrechnung, gilt aber auch zunehmend für die Finanzbuchhaltung. Die traditionelle Kontendarstellung bietet allerdings den Vorteil, daß die Gesamtzusammenhänge unter Einbeziehung der Rechnungsabläufe unter Wahrung des doppischen Prinzips sehr klar erkannt und nachvollzogen werden können. Die Lösung der Kosten- und Leistungsrechnung von der traditionellen Kontoform ermöglicht allerdings eine sehr flexible Handhabung.

Literaturverzeichnis

Adam, A., F. Ferschl u.a.: Anwendung der Matrizenrechnung auf wirtschaftliche und statistische Probleme, 2. Aufl., Würzburg 1963.

Adam, A., und *J. Roppert*: Betriebliche Leistungsverrechnungen, Würzburg 1962.

Adam, D.: Entscheidungsorientierte Kostenbewertung, Wiesbaden 1970.

Agthe, K.: Die Abweichungen in der Plankostenrechnung, Freiburg i. Br. 1958.

–: Stufenweise Fixkostendeckung im System des Direct Costing, ZfB 29, 1959a, 404–418.

214 Literaturverzeichnis

—: Zur stufenweisen Fixkostendeckung, ZfB **29**, 1959b, 742–748.

—: Kostenplanung und Kostenkontrolle im Industriebetrieb, Baden-Baden 1963.

Alewell, K.: Die Bilanzierung von Werbeinvestitionen, ZfB **34**, 1964, 516–530.

Angermann, A.: Gleichgewichtskalkulation, Meisenheim am Glan 1952.

—: Restwert- oder Verteilungsmethode?, ZfB **25**, 1955, 650–655.

—: Die Verrechnung innerbetrieblicher Leistungen in der Kostenstellenrechnung, in: Festschrift für W.G. Waffenschmidt, hrsg. v. K. Brand, Meisenheim am Glan 1958, 34–54. am Glan 1958, 34–54.

—: Industrielle Planungsrechnung, Bd. 1: Entscheidungsmodelle, Frankfurt/M 1963.

—: Industrie-Kontenrahmen (IKR) und Gemeinschafts-Kontenrahmen (GKR) in der Praxis, Berlin 1973.

Arbeitskreis Diercks der Schmalenbach-Gesellschaft: Der Verrechnungspreis in der Plankostenrechnung, ZfbF **16**, 1964, 613–668.

Baur, W.: Neue Wege der betrieblichen Planung, Berlin–Heidelberg–New York 1967.

Bea, F.X.: Die Grundzüge der Plankostenrechnung, WiSt 1, 1972, 525–529.

Bellinger, B.: Offene Fragen der betrieblichen Substanzerhaltung, in: Gegenwartsfragen der Unternehmung, Festschrift für F. Henzel, hrsg. v. B. Bellinger, Wiesbaden 1961, 13–25.

Berger, K.-H.: Kostenplatzrechnung, in: Handwörterbuch des Rechnungswesens, hrsg. v. E. Kosiol, Stuttgart 1970a, Sp. 952–957.

—: Grundsätze und Richtlinien für das Rechnungswesen der Unternehmungen, in: Handwörterbuch des Rechnungswesens, hrsg. v. E. Kosiol, Stuttgart 1970b, Sp. 646–656.

Bergner, H.: Sonderkosten, in Handwörterbuch des Rechnungswesens, hrsg. v. E. Kosiol, Stuttgart 1970, Sp. 1596–1603.

Beste, Th.: Die Verrechnungspreise in der Selbstkostenrechnung industrieller Betriebe, Berlin 1924.

—: Kalkulation der Kuppelproduktion, in: Handwörterbuch der Betriebswirtschaft, Bd. 3, 3. Aufl., Stuttgart 1960, Sp. 3628–3635.

—: Die kurzfristige Erfolgsrechnung, 2. Aufl., Köln–Opladen 1962.

—: Fertigungswirtschaft und Beschaffungswesen, in: Handwörterbuch der Wirtschaftswissenschaften, Bd. I, 2. Aufl., Köln–Opladen 1966, 111–259.

Böhm, H.H., und *F. Wille*: Direct Costing und Programmplanung, München 1960.

Böhrs, H.: Arbeitsleistung und Arbeitsentlohnung, Wiesbaden 1958.

Börner, D.: Direct Costing als System der Kostenrechnung, Dissertation München 1961.

Bredt, O.: Voraussetzungen und Grundsätze für eine Vereinheitlichung des Kontenplanes, Technik und Wirtschaft 31, 1938, 100–106, 131–138.

—: Der endgültige Ansatz der Planung, Technik und Wirtschaft 32, 1939, (I) 219–224, (II) 249–253.

—: Die Krise der Betriebswirtschaftslehre, Düsseldorf 1956.

Bruhn, E.E.: Die Bedeutung der Potentialfaktoren für die Unternehmungspolitik, Berlin 1965.

Bundesverband der deutschen Industrie, Betriebswirtschaftlicher Ausschuß: Industrie-Kontenrahmen, IKR, Bergisch Gladbach 1971.

Bussmann, K.F.: Industrielles Rechnungswesen, 4. Aufl., Tübingen 1963.

Carlson, S.: A Study on the Pure Theory of Production, New York 1956.

Chmielewicz, K.: Wirtschaftsgut und Rechnungswesen, ZfbF **21**, 1969, 85–122.

Coenenberg, A.G.: Ziele, Systeme und Hauptproblembereiche kosten- und leistungsorientierter Planungs- und Kontrollrechnungen, in: Unternehmensrechnung, hrsg. v. A.G. Coenenberg, München 1976, 1–7.

Deppe, H.-D.: Der Bankbetrieb als Gegenstand von Wachstumsanalysen, ZfB 34, 1964, 353–381.

Diederich, H.: Leitsätze für die Preisermittlung aufgrund von Selbstkosten (LSP), in: Handwörterbuch des Rechnungswesens, hrsg. v. E. Kosiol, Stuttgart 1970, Sp. 1023–1031.

Dopuch, N., J.G. Birnberg und *J. Demski*: An Extension of Standard Cost Variance Analysis. The Accounting Review 42, 1967, 526–536.

Dorn, G.: Die Entwicklung der industriellen Kostenrechnung in Deutschland, Berlin 1961.

–: Aussagemöglichkeiten moderner Kostenrechnungsverfahren, in: Organisation und Rechnungswesen, Festschrift für E. Kosiol, hrsg. v. E. Grochla, Berlin 1964, 441–477.

Eckardt, H.: Die Substanzerhaltung industrieller Betriebe, Köln–Opladen 1963.

Ehrt, R.: Die Zurechenbarkeit von Kosten auf Leistungen auf der Grundlage kausaler und finaler Beziehungen, Stuttgart 1967.

Eller, H.H.: Grundprobleme der betriebswirtschaftlichen Kostenlehre, Berlin 1968.

Emmerich, G.: Bilanzierung, Gewinnausschüttung und Substanzerhaltung, Göttingen 1976.

Endres, W.: Gliederungsgesichtspunkte zur Aufstellung von Kontenrahmen, ZfbF 19, 1967, 561–586.

–: Neue Überlegungen zur Gliederung von Kontenrahmen. Köln–Opladen 1968.

Engelhardt, W., und *H. Raffée*: Grundzüge der doppelten Buchführung, 2. Aufl., Wiesbaden 1971.

Engels, W.: Betriebswirtschaftliche Bewertungslehre im Lichte der Entscheidungslehre, Köln–Opladen 1962.

Farny, D.: Produktions- und Kostentheorie der Versicherung, Karlsruhe 1965.

Fettel, J.: Marktpreis und Kostenpreis, Meisenheim am Glan 1954.

Firmin, P.A., and *J.J. Linn*: Information System and Managerial Accounting. The Accounting Review 43 (1), 1968, 75–82.

Fischer, J., O. Hess, u.a.: Buchführung und Kostenrechnung, Leipzig 1939.

Fuchs, V.R.(Ed.): Production and Productivity in the Service Industries, New York–London 1969.

Fudickar, J.: Zur Gliederung der betriebswirtschaftlichen Bilanz, Berlin 1971.

Gäfgen, G.: Theorie der wirtschaftlichen Entscheidung, Tübingen 1963.

Gail, W.: Gewinnabhängige Steuern als Kosten?, Wpg 18, 1965, 305–310.

Gas, B.: Wirtschaftlichkeitsrechnung bei immateriellen Investitionen, Frankfurt/M.–Zürich 1972.

Göbel, H.: Kostenstellenrechnung und Kostenflußanalyse als Matrizenrechnung, ZfB 35, 1965, 738–752.

Goldammer, K.: Platzkosten und Maschinenzeitsätze, ZfB 23, 1953, 587–592.

Grochla, E.: Mechanisierung und Automatisierung des Rechnungswesens, in: Handwörterbuch des Rechnungswesens, hrsg. v. E. Kosiol, Stuttgart 1970, Sp. 1090–1104.

Gutenberg, E.: Grundsätzliches zum Problem der betriebswirtschaftlichen Leistungsbewertung und der Preisstellung, in: Die Führung des Betriebes, Festschrift für W. Kalveram, hrsg. v. K. Theisinger, Berlin–Wien 1942, 307–322.

–: Abschreibungen, in: Handwörterbuch der Sozialwissenschaften, Bd. 1, Göttingen 1956, 20–24.

–: Einführung in die Betriebswirtschaftslehre, Wiesbaden 1958.

–: Grundlagen der Betriebswirtschaftslehre, 2. Band: Der Absatz, 11. Aufl., Berlin–Heidelberg–New York 1968.

216   Literaturverzeichnis

−: Grundlagen der Betriebswirtschaftslehre, 1. Band: Die Produktion, 15. Aufl., Berlin–Heidelberg–New York 1969.

Haas, Ch.: Unsicherheit und Risiko in der Preisbildung, Berlin–Bonn–Köln–München 1965.

Haasis, C.: Von der Stellenkostenrechnung zur Platzkostenrechnung, KRP, 1961, 69–76.

Haberstock, L.: Grundzüge der Kosten- und Erfolgsrechnung, München 1975.

Hahn, D.: Planungs- und Kontrollrechnung − PuK, Wiesbaden 1974.

Harrmann, A.: Der Fertigungslohn als Zuschlagsbasis in kritischer Sicht, BFuP 14, 1962, 589–594.

−: Zur Kalkulation mit Maschinenstundensätzen, BFuP 24, 1972, 290–296.

Hasenack, W.: „Substanz"-Erhaltung − entscheidendes unternehmerisches Ziel?, in: Rechnungswesen und Betriebswirtschaftspolitik, Festschrift für G. Krüger, hrsg. v. M. Layer und H. Strebel, Berlin 1969, 109–121.

Hax, K.: Die Substanzerhaltung der Betriebe, Köln–Opladen 1957.

Heinen, E.: Reformbedürftige Zuschlagskalkulation, ZfhF, NF 10, 1958, 1–27.

−: Betriebswirtschaftslehre heute, Wiesbaden 1966.

−: Betriebswirtschafliche Kostenlehre, 3. Aufl., Wiesbaden 1970a.

−: Einführung in die Betriebswirtschaftslehre, 4. Aufl. Wiesbaden 1970b.

−: Betriebliche Kennzahlen − eine organisationstheoretische und kybernetische Analyse, in: Dienstleistungen in Theorie und Praxis, Festschrift für O. Hintner, hrsg. v. H. Linhardt, P. Penzkofer, P. Scherpf, Stuttgart 1970c, 227–236.

−: Einige Bemerkungen zur betriebswirtschaftlichen Kostenlehre und zu den Kosteneinflußgrößen, BFuP 22, 1970d, 257–261.

Hellauer, J.: Kalkulation in Handel und Industrie, Wien 1931.

Hennig, K.W.: Betriebswirtschaftslehre der Industrie, Berlin 1928.

−: Zur praktischen Handhabung des Kontenrahmens in der Industrie, BFuP 1, 1949, 265–281.

−: Kalkulationsformen in der Industrie, BFuP 2, 1950, 65–73.

Henzel, F.: Kosten und Leistung, 4. Aufl., Essen 1967.

Hoffmann, F.: Das Rechnungswesen als Subsystem der Unternehmung, ZfB 41, 1971, 363–378.

Huch, B.: Das optimale Sortiment wachsender Industrieunternehmen, Frankfurt/M.–Zürich 1970.

−: Das Modell eines betrieblichen Rechnungswesens im Management-Informationssystem als Subsystem der Betriebswirtschaft, Wpg 24, 1971, 641–648.

−: Zum neuen Industriekontenrahmen als Organisationsbasis für ein Management-Informationssystem, ZfB 42, 1972a, 67–71.

−: Zum Gewinn als Steuerbemessungsgrundlage bei der Erhaltung der entwicklungsadäquaten Ertragskraft wachsender Unternehmen, ZfB 42, 1972b, 237–248.

−: Zur Bedeutung der innerbetrieblichen Leistungsverrechnung im Direct Costing, KRP, 1972c, 5–11 und 79–88.

−: Die Kalkulation von Kuppelprodukten. Eine Modifizierung traditioneller Rechnungssysteme, in: KRP, 1973a, 5–12.

−: Die Kalkulation von Vollkosten im System der Teilkostenrechnung, DB 26, 1973b, 781–782.

−: Das Bredt-System in neuerer betriebswirtschaftlicher Sicht. Operationale Grundlagen für die Steuerung des Unternehmens. In: Instrumente der Unternehmensführung, hrsg. v. K. Hax und K. Pentzlin, München 1973c, 131–152.

−: Das Rechnungswesen als Grundlage der Unternehmenspolitik, Würzburg–Wien 1975a.

—: Aktionsorientierte Rechnungen als Ergänzung der herrschenden Rechnungslegungskonventionen, DB 28, 1975b, 606–609.

—: Unternehmensplanung in einer gewandelten Wirtschaft, DB 29, 1976a, 781–786.

—: Planung und Kontrolle als Führungsinstrument eines Unternehmens, KRP, 1976b, 101–110.

—: Deckungsbeitragsrechnung – Verlustbegründungsrechnung, DB 29, 1976c, 1444–1446.

Ihde, G.-B.: Lernprozesse in der betriebswirtschaftlichen Produktionstheorie, ZfB 40, 1970, 451–468.

Jacobs, O.H.: Aussagemöglichkeiten und Grenzen der industriellen Kostenrechnung aus kostentheoretischer Sicht, Köln–Opladen 1968.

Kern, W.: Kalkulation mit Opportunitätskosten, ZfB 35, 1965, 133–147.

Kilger, W.: Die Verteilung der Abweichungen auf die Kostenträger innerhalb der Plankostenrechnung, ZfB 22, 1952, 503–513.

—: Die Produktions- und Kostentheorie als theoretische Grundlage der Kostenrechnung ZfhF, NF 10, 1958a, 553–564.

—: Produktions- und Kostentheorie, Wiesbaden 1958b.

—: Die Erfolgsanalyse im Industriebetrieb, ZfhF, NF 12, 1960, 299–319.

—: Kurzfristige Erfolgsrechnung, Wiesbaden 1962.

—: Die Verrechnung von Material-, Verwaltungs- und Vertriebsgemeinkosten in Kalkulationen zur Bestimmung von Selbstkostenpreisen für Aufträge mit atypischer Kostenstruktur, ZfB 39, 1969, 475–496.

—: Flexible Plankostenrechnung, 4. Aufl., Köln–Opladen 1970a.

—: Die Plankostenrechnung, in: Handwörterbuch des Rechnungswesens, hrsg. v. E. Kosiol, Stuttgart 1970b, Sp. 1342–1358.

—: Einführung in die Kostenrechnung, Opladen 1976

Kirsch, W., und H. Meffert: Organisationstheorien und Betriebswirtschaftslehre, Wiesbaden 1970.

Knoblauch, H.: Die Kostenstellen-Umlageverfahren, ZfhF, NF 6, 1954, 327–356.

Koch, H.: Die Ermittlung der Durchschnittskosten als Grundprinzip der Kostenrechnung, ZfhF, NF 5, 1953, 303–327.

—: Zur Diskussion über den Kostenbegriff, ZfhF, NF 10, 1958, 355–399.

—: Zum Problem des Gemeinkostenverteilungsschlüssels, ZfbF 17, 1965a, 169–200.

—: Das Prinzip der traditionellen Stückkostenrechnung, ZfB 35, 1965b, 325–337.

—: Grundprobleme der Kostenrechnung, Köln–Opladen 1966.

Kortzfleisch, G. v.: Betriebswirtschaftliche Arbeitsvorbereitung, Berlin 1962.

—: Kostenquellenrechnung in wachsenden Industrieunternehmen, ZfbF 16, 1964, 318–328.

—: Divisionskalkulation, in: Handwörterbuch des Rechnungswesens, hrsg. v. E. Kosiol, Stuttgart 1970a, Sp. 418–430.

—: Äquivalenzziffernkalkulation, in: Handwörterbuch des Rechnungswesens, hrsg. v. E. Kosiol, Stuttgart 1970b, Sp. 41–49.

Kosiol, E.: Kalkulatorische Buchhaltung (Betriebsbuchhaltung), 5. Aufl., Wiesbaden 1953.

—: Verrechnung innerbetrieblicher Leistungen, 2. Aufl., Wiesbaden 1959.

—: Kontenrahmen und Kontenpläne der Unternehmungen, Essen 1962.

—: Kostenrechnung, Wiesbaden 1964.

—: Kostenrechnung und Kalkulation, Berlin 1969.

—: Zur Theorie und Systematik des Rechnungswesen, in: Analysen zur Unternehmenstheorie, Festschrift für L.L. Illetschko, hrsg. v. K. Lechner, Berlin 1972, 133–147.

Kühnemund, K.: Zur Diskussion des Kausalitätsprinzips im Rechnungswesen, BFuP 22, 1970, 237–243.

Kürpick, H.: Die Auswertung der Kostenrechnung, Berlin 1966.

Kwiecinski, A.: Selbstkostenermittlung unter exakter Berücksichtigung gegenseitiger Abhängigkeiten, Technik und Wirtschaft 18, 1925, 221–224.

Langen, H.: Istkostenrechnung in Matrizendarstellung, ZfB 34, 1964, 2–14.

Lassmann, G.: Die Produktionsfunktionen und ihre Bedeutung für die betriebswirtschaftliche Kostenlehre, Köln–Opladen 1958.

Lehmann, W.: Das Abzugskapital bei der Ermittlung des betriebsnotwendigen Kapitals, KRP, 1950, 5ff., 65ff..

Leitherer, E.: Absatzlehre, 2. Aufl., Stuttgart 1969.

Leontief, W.: Input-Output-Analysis and the General Equilibrium Theory, in: The Structural Interdependence of the Economy, hrsg. v. T. Barna, New York 1955, 39–49.

Lesourne, J.: Unternehmensführung und Unternehmensforschung, München 1964.

Lindemann, P.: Die Organisation des Rechnungswesens bei automatisierter Datenverarbeitung. IBM Nachrichten 18, 1968, 177–183.

–: Die Organisation von Rechnungsmodellen, in: Das Rechnungswesen bei automatisierter Datenverarbeitung, hrsg. vom Studienkreis Finanzpräsident Schröder, Wiesbaden 1971, 27–40.

Lohmann, M.: Einführung in die Betriebswirtschaftslehre, 4. Aufl., Tübingen 1964.

Lücke, W.: Fehlschätzung der Nutzungsdauer in der kalkulatorischen Abschreibung, KRP, 1959, 61–66.

–: Das „Gesetz der Massenproduktion" in betriebswirtschaftlicher Sicht, in: Zur Theorie der Unternehmung, Festschrift für E. Gutenberg, hrsg. v. H. Koch, Wiesbaden 1962, 313–365.

–: Die kalkulatorischen Zinsen im betrieblichen Rechnungswesen, ZfB 35, 1965, Ergänzungsheft, 3–28.

–: Verbrauchsfunktionen und Kostenverlauf, in: Essays in Honour of Marco Fanno, hrsg. v. T. Bagiotti, Padua 1966, 392–412.

–: Mehrstufige Divisionskalkulation bei geschlossener Erzeugung, KRP, 1968, 157–158.

–: Produktions- und Kostentheorie, 2. Aufl., Würzburg–Wien 1970a.

–: Probleme zur Ermittlung des substantiellen Gewinns, in: The Annals of the School of Business Administration, Kobe University, No. 14, Kobe 1970b, 1–31.

Männel, W.: Bemerkungen zu den Begriffsreihen ‚Auszahlungen, Ausgaben, Aufwendungen, Kosten' und ‚Einzahlungen, Einnahmen, Erträge, Leistungen', KRP, 1975, 215–221.

Mattessich, R.: Die wissenschaftlichen Grundlagen des Rechnungswesens, Düsseldorf 1970.

Matz, A.: Plankostenrechnung, Wiesbaden 1954.

–: Planung und Kontrolle von Kosten und Gewinn, Wiesbaden 1964.

Meffert, H.: Betriebswirtschaftliche Kosteninformationen, Wiesbaden 1968.

–: Systemtheorie aus betriebswirtschaftlicher Sicht, in: Systemanalyse in den Wirtschafts- und Sozialwissenschaften, hrsg. v. K.E. Schenk, Berlin 1971, 174–206.

Mellerowicz, K.: Kosten und Kostenrechnung, Bd. I: Theorie der Kosten, 4. Aufl., Berlin 1963.

–: Kosten und Kostenrechnung, Bd. II: Verfahren, 1. Teil: Allgemeine Fragen der Kostenrechnung und Betriebsabrechnung, 4. Aufl., Berlin 1966.

—: Kosten und Kostenrechnung, Bd. II: Verfahren, 2. Teil: Kalkulation und Auswertung der Kostenrechnung und Betriebsabrechnung, 4. Aufl., Berlin 1968.

—: Neuzeitliche Kalkulationsverfahren, 3. Aufl., Freiburg i. Br. 1970.

Menrad, S.: Der Kostenbegriff, Berlin 1965.

—: Kosten und Leistung, in: Handwörterbuch des Rechnungswesens, hrsg. v. E. Kosiol, Stuttgart 1970, Sp. 870–879.

Michel, H.: Grenzkosten und Opportunitätskosten, ZfbF 16, 1964, 82–93.

Moews, D.: Zur Aussagefähigkeit neuerer Kostenrechnungsverfahren, Berlin 1969.

Münstermann, H.: Bedeutung der Opportunitätskosten für unternehmerische Entscheidungen, ZfB 36, 1966, 1. Ergänzungsheft, 18–36.

—: Verrechnung innerbetrieblicher Leistungen mit Hilfe des Matrizenkalküls, in: Beiträge zur Lehre von der Unternehmung, Festschrift für K. Käfer, hrsg. v. O. Angehrn und H.P. Künzi, Stuttgart 1968, 185–224.

—: Unternehmungsrechnung, Wiesbaden 1969.

Neth, M.: Die Berechnung der Herstellungskosten als bilanzpolitisches Mittel, Düsseldorf 1971.

Norden, H., und F. Wille: Der Betriebsabrechnungsbogen, 10. Aufl., Stuttgart 1965.

Neumayer, W.W.: Platzkosten in der Plankostenrechnung, ZfB 23, 1953, 1–8.

Nowak, P.: Kostenrechnungssysteme in der Industrie, 2. Aufl., Köln–Opladen 1961.

Opfermann, K., und H. Reinermann: Opportunitätskosten, Schattenpreise und optimale Geltungszahl, ZfB 35, 1965, 211–236.

Philipp, F.: Risiko und Risikopolitik, Stuttgart 1967.

Pichler, O.: Anwendung der Matrizenrechnung auf betriebswirtschaftliche Aufgaben, Ingenieur-Archiv 21, 1953a, 119–140.

—: Anwendung der Matrizenrechnung zur Erfassung von Betriebsabläufen, Ingenieur-Archiv 21, 1953b, 157–175.

Plaut, H.-G.: Die Grenzplankostenrechnung, ZfB 25, 1955, 25–39.

—: Die Grenzplankostenrechnung in der Diskussion und ihrer weiteren Entwicklung, ZfB 28, 1958, 251–266.

—: Unternehmenssteuerung mit Hilfe der Voll- und Grenzplankostenrechnung, ZfB 31, 1961, 460–482.

Raffée,H.: Kurzfristige Preisuntergrenzen als betriebswirtschaftliches Problem, Köln–Opladen 1961.

Riebel, P.: Das Rechnen mit Einzelkosten und Deckungsbeiträgen, ZfhF, NF 11, 1959, 213–238.

—: Industrielle Erzeugungsverfahren in betriebswirtschaftlicher Sicht, Wiesbaden 1963.

—: Die Preiskalkulation auf Grundlage von „Selbstkosten" oder von relativen Einzelkosten und Deckungsbeiträgen, ZfbF 16, 1964, 549–607.

—: Die Fragwürdigkeit des Verursachungsprinzips im Rechnungswesen, in: Rechnungswesen und Betriebswirtschaftspolitik, Festschrift für G. Krüger, hrsg. v. M. Layer und H. Strebel, Berlin 1969, 49–64.

—: Kuppelprodukte, Kalkülation der, in: Handwörterbuch des Rechnungswesens, hrsg v. E. Kosiol, Stuttgart 1970, Sp. 994–1006.

—: Einzelkosten- und Deckungsbeitragsrechnung, Opladen 1972.

Rieger, W.: Einführung in die Privatwirtschaftslehre, Nürnberg 1928.

Riehl, K.: Mehrstufige Divisionskalkulation bei geschlossener Erzeugung, KRP, 1969, 107–116.

RKW-Veröffentlichung: Direct Costing – das Rechnen mit Grenzkosten, Berlin–Frankfurt/M. 1960.

Rummel, K.: Einheitliche Kostenrechnung auf Grundlage einer vorausgesetzten Proportionalität der Kosten zu betrieblichen Größen, 3. Aufl., Düsseldorf 1949.

—: Die Laufstundenkalkulation, ZfhF, NF 6, 1954, 62–60.

Sabel, H.: Entscheidungsprobleme auf der Basis von Kosten- und Leistungsrechnungen, WPg 26, 1973, 17–26.

Sandig, C.: Der Ruf der Unternehmung, Stuttgart 1962.

Schäfer, E.: Über einige Grundfragen der Betriebswirtschaftslehre, ZfB 20, 1950, 553–563.

—: Die Unternehmung, 5. Aufl., Köln–Opladen 1963.

—: Absatzwirtschaft, in: Handbuch der Wirtschaftswissenschaften, hrsg. v. K. Hax und Th. Wessels, Bd. 1: Betriebswirtschaft, 2. Aufl., Köln–Opladen 1966, 277–341.

Schär, J.F.: Buchhaltung und Bilanz, 2. Aufl., Berlin 1914.

Schmalenbach, E.: Der Kontenrahmen, 5. Aufl., Leipzig 1937.

—: Pretiale Wirtschaftslenkung, Bd. 1: Die optimale Geltungszahl, Bremen 1948.

—: Kostenrechnung und Preispolitik, 8. Aufl., Köln–Opladen 1963.

Schmitt, H.J.: Planungsbuchhaltung, Berlin 1971.

Schneider, D.: Kostentheorie und verursachungsgemäße Kostenrechnung, ZfhF, NF 13, 1961, 677–707.

—: „Lernkurven" und ihre Bedeutung für Produktionsplanung und Kostentheorie, ZfbF 17, 1965, 501–515.

—: Grundlagen einer finanzwirtschaftlichen Theorie der Produktion, in: Produktionstheorie und Produktionsplanung, Festschrift für K. Hax, hrsg. v. A. Moxter, D. Schneider, W. Wittmann, Köln–Opladen 1966, 337–382.

—: Ausschüttungsfähiger Gewinn und das Minimum an Selbstfinanzierung, ZfbF 20, 1968, 1–29.

—: Investition und Finanzierung, Köln–Opladen 1970.

Schneider, E.: Die innerbetriebliche Leistungsverrechnung in der Kostenarten- und Kostenstellenrechnung, ZfhF 35, 1941, 251–275.

—: Industrielles Rechnungswesen, 4. Aufl., Tübingen 1963.

—: Einführung in die Wirtschaftstheorie, II. Teil: Wirtschaftspläne und wirtschaftliches Gleichgewicht in der Verkehrswirtschaft, 11. Aufl., Tübingen 1967a.

—: Einführung in die Wirtschaftstheorie, III. Teil: Geld, Kredit, Volkseinkommen und Beschäftigung, 10. Aufl., Tübingen 1967b.

Schönfeld, H.-M.: Die Führungsausbildung im betrieblichen Funktionsgefüge, Wiesbaden 1967.

—: Kostenrechnung I, 5. Aufl., Stuttgart 1970a.

—: Kostenrechnung II, 5. Aufl., Stuttgart 1970b.

—: Erfolgsrechnung, kurzfristige, in: Handwörterbuch des Rechnungswesens, hrsg. v. E. Kosiol, Stuttgart 1970c, Sp. 476–484.

Schubert, W.: Kostenträgerstückrechnung als (primäre) Kostenartenrechnung?, BFuP 17, 1965, 358–371.

—: Das Rechnen mit stückbezogenen primären Kostenarten als Entscheidungshilfe, in: Das Rechnungswesen als Instrument der Unternehmungsführung, hrsg. v. W. Busse von Colbe, Bielefeld 1969, 57–74.

Schulz, D.: Aufwand und Ertrag, in: Handwörterbuch des Rechnungswesens, hrsg. v. E. Kosiol, Stuttgart 1970a, Sp. 74–79.

—: Ausgaben und Einnahmen, in: Handwörterbuch des Rechnungswesens, hrsg. v. E. Kosiol, Stuttgart 1970b, Sp. 79–82.

Schulze, H.H.: Kontenrahmen und Kontenplan, in: Handwörterbuch des Rechnungswesens, hrsg. v. E. Kosiol, Stuttgart 1970, Sp. 839–849.

Schwantag, K.: Der heutige Stand der Plankostenrechnung in deutschen Unternehmungen, ZfB 20, 1950, 391–395.

Seischab, H.: Kalkulation und Preispolitik, Leipzig 1944.

–: Demontage des Gewinns durch unzulässige Ausweitung des Kostenbegriffs, ZfB 22, 1952, 19–28.

Sperner, E.: Einführung in die Analytische Geometrie und Algebra, 1. Teil, 6. Aufl., Göttingen 1963.

Stackelberg, H. v.: Grundlagen einer Kostentheorie, Wien 1932.

–: Grundlagen der theoretischen Volkswirtschaftslehre, 2. Aufl., Tübingen–Zürich 1951.

Swenson, K.H.: Die Platzkostenrechnung in der Praxis, DB 3, 1950, 465–466.

Szyperski, N.: Rechnungswesen als Informationssystem, in: Handwörterbuch des Rechnungswesens, hrsg. v. E. Kosiol, Stuttgart 1970, Sp. 1510–1523.

Ulrich, H.: Die Unternehmung als produktives soziales System, 2. Aufl., Bern–Stuttgart 1970.

Unterguggenberger, S.: Kybernetik und Deckungsbeitragsrechnung, Wiesbaden 1974.

Vischer, P.: Simultane Produktions- und Absatzplanung, Wiesbaden 1967.

Vormbaum, H.: Kalkulationsarten und Kalkulationsverfahren, 2. Aufl., Stuttgart 1970.

Walb, E.: Die Erfolgsrechnung privater und öffentlicher Betriebe, Berlin–Wien 1926.

Wandel, L.: Risiko und Kosten, BFuP 1, 1949, 513–537.

Weber, H.K.: Funktionsorientierte und produktorientierte Organisation der industriellen Unternehmung, ZfB 38, 1968, 587–604.

–: Die Definition der Einnahmen und Ausgaben als Größen des betriebswirtschaftlichen Rechnungswesens, BFuP 24, 1972, 191–202.

–: Betriebswirtschaftliches Rechnungswesen, München 1974.

Weblus, B.: Produktionseigenarten der chemischen Industrie, ihr Einfluß auf Kalkulation und Programmgestaltung, Berlin 1958.

Wedell, H.: Das Geldkapital als systemabhängiger betriebswirtschaftlicher Produktionsfaktor, BFuP 21, 1969, 207–226.

Wegmann, W.: Der ökonomische Gewinn, Wiesbaden 1970.

Wenke, K.: Kostenanalysen mit Matrizen, ZfB 16, 1956, 558–576.

–: Matrizenmodelle in der Großindustrie, in: Anwendung der Matrizenrechnung auf wirtschaftliche und statistische Probleme, hrsg. v. A. Adam, F. Ferschl u.a., Würzburg 1959, 112–119.

Wirtschaftsprüferhandbuch Düsseldorf 1968.

Wissenbach, H.: Betriebliche Kennzahlen und ihre Bedeutung im Rahmen der Unternehmerentscheidung, Berlin 1967.

Witte, E.: Forschung, Werbung und Ausbildung als Investitionen, in: Hamburger Jahrbuch für Wirtschafts- und Gesellschaftspolitik 7, 1962, 210–226.

Wöhe, G.: Betriebswirtschaftliche Steuerlehre, Bd. II 2, 2. Auflage, Berlin–Frankfurt/M. 1965.

–: Einführung in die Allgemeine Betriebswirtschaftslehre, 8. Aufl., Berlin und Frankfurt/M. 1968.

Zwehl, W.v.: Zuschüsse im Jahresabschluß, Wpg 23, 1970, 4–13.

–: Die Substanzerhaltung als Minimalzahl des Unternehmers in Zeiten steigender Preise, in: Unternehmensführung und Organisation, hrsg. v. W. Kirsch, Wiesbaden 1973, 175–192.

Abkürzungen

BFuP	Betriebswirtschaftliche Forschung und Praxis
DB	Der Betrieb
KRP	Kostenrechnungs-Praxis
WiSt	Wirtschaftswissenschaftliches Studium
Wpg	Die Wirtschaftsprüfung
ZfB	Zeitschrift für Betriebswirtschaft
ZfbF	Zeitschrift für betriebswirtschaftliche Forschung
ZfhF	Zeitschrift für handelswissenschaftliche Forschung

Sachregister